Ernesto Cardenal
Die Stunde Null

Ernesto Cardenal
Die Stunde Null

Von der Heiligkeit der Revolution · Gebet für Marilyn Monroe · Für die Indianer Amerikas · Das Buch von der Liebe

Peter Hammer Verlag · Wuppertal

Die Stunde Null

Taschenbuchausgabe
gemeinsam herausgegeben
mit der
Arbeitsgemeinschaft Dritte-Welt-Läden e. V.
und der
GEPA (Gesellschaft zur Förderung
der Partnerschaft mit der Dritten Welt mbH)

Diese Taschenbuchausgabe enthält ungekürzt:

Von der Heiligkeit der Revolution
Aufgezeichnet und übersetzt von
Anneliese Schwarzer de Ruiz und Hermann Schulz
Jugenddienst-Verlag, Wuppertal 1972

Gebet für Marilyn Monroe
Herausgegeben und übertragen von Stefan Baciu
Peter Hammer Verlag, Wuppertal 1972

Für die Indianer Amerikas
Aus dem Spanischen von Anneliese Schwarzer de Ruiz
und Stefan Baciu
Peter Hammer Verlag, Wuppertal 1973

Das Buch von der Liebe (Vida en el amor)
Aus dem Spanischen von Anneliese Schwarzer de Ruiz
Peter Hammer Verlag, Wuppertal 1971

CIP-Kurztitelaufnahme der Deutschen Bibliothek

Cardenal, Ernesto:
[Sammlung ⟨dt.⟩]
Die Stunde Null / Ernesto Cardenal. [Aufgezeichn. u. übers. von Anneliese Schwarzer de Ruiz u. Hermann Schulz . . .]. – Taschenbuchausg. / [gemeinsam hrsg. mit d. Arbeitsgemeinschaft Dritte-Welt-Läden e. V. u. d. GEPA (Ges. zur Förderung d. Partnerschaft mit d. Dritten Welt mbH], 2. Aufl. – Wuppertal: Hammer, 1980.
Enth.: Von der Heiligkeit der Revolution. – Gebet für Marilyn Monroe. – Für die Indianer Amerikas. – Das Buch von der Liebe.
ISBN 3-87294-147-x

2. Auflage 1980

Umschlagfoto: Koen Wessing
Umschlaggestaltung: hammerteam
Druck: Clausen & Bosse, Leck
ISBN: 3-87294-147-x

Inhalt

Über Ernesto Cardenal 11

Von der Heiligkeit der Revolution
Ein Gespräch mit Ernesto Cardenal in Solentiname 14

Gebet für Marilyn Monroe
Gedichte ohne Titel sind mit dem Beginn der ersten Zeile aufgeführt

Frühe Gedichte 1946–1953
Greytown 46
Leon 47
Aquarell 48
Beim Lesen eines Buches von Squier 49
Raleigh 52

Stunde Null 1954–1956
Tropische Nächte 58
Die Bauern von Honduras 59
Es gab einen Nicaraguaner 63
Im April 71

Gethsemany, Kentucky 1960
Es wurde Frühling 78
Wie die Schwärme der Enten 79
Da ist ein Lärmen 80
Der Frühling kam mit seinem Duft 81
All jene Tage 82
Die Autos kommen und gehen 83
Wenn die ersten Reklamen aufleuchten 84
Vor dem Kloster an der Straße 85
Mich weckt in der Zelle 86
In der Nacht leuchten die Wörter 87
2 Uhr morgens 88

Wie leere Bierdosen 89
Pfeift da eine Fabrik 90
Frater Zyprian 91
Heute nacht hat es geregnet 92
Diese Autohupe 93
Die Bäume sind wie die Haare 94
Ich löschte das Licht 95
Du umfängst uns wie der Nebel 96
Es ist, als finde im Wald 97
Ich weiß nicht, wer da im Schnee ist 98
Hinter dem Friedhof 99
Epigramme 1961
Dir geb ich, Claudia 102
Gib acht, Claudia 102
Nichts wird bleiben 103
Als ich dich verlor 103
Sie sagten mir 104
Man hat sie verkauft 104
Ich habe Flugblätter verteilt 104
Ich mache Properzius nach 105
Zwanzig Jahre hast du gearbeitet 105
Du verdienst nicht 105
Plötzlich heult nachts die Sirene 106
Man hörte Schüsse 106
Abends aber 107
Mein süßes Kätzchen 107
In Costa Rica 107
Grabschrift für Adolfo Baéz Bone 108
Somoza enthüllt Somozas Denkmal im Somozastadion 109
Jeden Tag kam sie 109
Hier wanderte er durch die Straßen 110
Die Guardia Nacional 110
Unsere Gedichte können noch nicht veröffentlicht werden 111
Mag sein 111
Lied 112

Glaubst du 112
(Corn-Island) 113
Hast du nicht gelesen 113
Man wacht auf von Kanonen 114
Wenn sie mich 114
Gebet für Marilyn Monroe 1965
Gebet für Marilyn Monroe 116
DC–7B 119
»Die preiswertesten Paradiese in der Karibischen See ...« 121
Murder Inc. 122
Sterne 124
Foto 125
Kentucky 126
Managua 6.30 127
Apokalypse 128
Die ungewisse Meerenge (Fragmente) 1966
»Das Land ist schön« (1) 136
Was ihre Lebensweise ... (2) 139
Pedrarias schickte ... (3) 141
In Santiago de Guatemala (4) 144
Der letzte Abend (4) 148
Strophen beim Tode Mertons 1970
Unsere Leben sind Flüsse 152

Für die Indianer Amerikas
Nele von Katule 169
Die verlorenen Städte 179
Mexikanische Gesänge (I) 183
Mexikanische Gesänge (II) 187
Mayapán 191
Ökonomie von Tahuantinsuyu 203
Katun 11 Ahau 211
Kayanerenhkowa 215
8 Ahau 225
Archillas de los tunes de un Katún 227

Tehirassawichi in Washington 229
Netzahualcóyotl 233
Die Landstraße 249
Maisfeld 251
Die Wanderungen der Pawnees 253
Orakel von Tikal (von einem Ah Kin de Ku) 257
Der Tanz des Geistes 261
Erklärungen 271

Das Buch von der Liebe

Der Durst 277
Initialen 279
Gottes Ebenbild 281
Identität 284
Die Liebe aller Lieben 287
Leidenschaft, unendlich 290
Ego 292
Mittelpunkt 295
Die Natur 298
Sucht 300
Gott, Nichts 303
Der unendliche Spiegel 306
Licht, Dunkelheit 309
Schauen 312
Der unendliche Augenblick 315
Der innerste Raum 317
Ruf und Berufung 319
Lust, Güte 321
Zweiheit 324
Sexualität der Mönche 326
Lossagung 330
Die unerschöpliche Quelle 333
Strukturen 337
Sünde, Unfreiheit 339
Armut 342

Materialismus, Götzendienst 346
Der einige Besitz 348
Schein, Erscheinung 351
Die Seele 354
Abbild und Urbild 357
Der Wille Gottes 360
Die natürlichen Wunder 365
Verdammnis, Selbstverneinung 369
Ewigkeit 372
Sein wie Gott 375
Paradies, Leid 379
Ruhm, Erkenntnis 382
Evolution 385
Vermenschlichung der Menschheit 388
Weltall, Mensch 392
Das ewige Fest 395

Über Ernesto Cardenal

In wenigen Jahren wurde der Name des Priesters und Dichters aus dem zentralamerikanischen Land Nicaragua weltberühmt. Den einen war er durch seine Dichtungen bekannt, anderen durch den Kampf gegen die Somoza-Diktatur in seiner Heimat, und Millionen Menschen in aller Welt erfuhren von der christlichen Kommune auf den Solentiname-Inseln. Die Werke Ernesto Cardenals werden heute in aller Welt gelesen, von Japan bis Schweden, Manila bis Feuerland, Türkei bis Mexico erschienen Übersetzungen ebenso wie in den beiden Teilen Deutschlands und allen Ländern Europas.

Cardenal wurde am 20. Januar 1925 in Granada/Nicaragua geboren. Sein Literaturstudium begann er in Managua und setzte es von 1942 bis 1946 in Mexico fort. Bereits seine ersten literarischen Arbeiten (»Die Stunde Null« in der Sammlung »Gebet für Marilyn Monroe« u. a.) waren geprägt von Geschichte und politischer Gegenwart Zentralamerikas. Von 1947 bis 1949 studierte er in New York und verbrachte die Jahre 1949 bis 1950 in Europa (enge Freundschaft mit Octavio Paz in Paris, Reisen nach Italien, Spanien und der Schweiz). Im Juli 1950 kehrte er nach Nicaragua zurück und widmete sich als Herausgeber und Autor literarischen Arbeiten. 1954 beteiligte er sich aktiv an der »April-Rebellion« gegen Somoza, die vorzeitig verraten worden war und mit dem Tod vieler seiner Freunde endete. Für alle, die ihn kannten, kam der Entschluß, in das Kloster Gethsemani/Kentucky einzutreten, völlig unerwartet, standen ihm doch alle Möglichkeiten zu einer Hochschulkarriere offen. Am 8. 5. 1957 traf er in Gethsemani ein und wurde Novize des Dichtermönchs Thomas Merton (»Wie der Mond stirbt«, Wuppertal 1977). 1959 verließ er das Kloster und studierte in Guernavaca/Mexico Theologie, 1961 übersiedelte er nach Columbien, um die Studien fortzusetzen und um als Lehrer in einem Priesterseminar zu arbeiten. Hier entstanden die

»Psalmen«, die zu den wichtigsten Werken der lateinamerikanischen Poesie dieses Jahrhunderts zählen.
Im 40. Lebensjahr, am 15. August 1965, wurde Cardenal in Managua zum Priester geweiht. Am 13. Februar gelangte er mit William Agudelo und Carlos Alberto nach Solentiname, um dort eine christliche, klosterähnliche Kommune zu gründen. Durch diese Gemeinschaft wurde Solentiname als Ort der Besinnung, der Poesie und der Solidarität mit den Ärmsten der Armen weltberühmt. Neben Cardenals literarischen Arbeiten, die dort entstanden sind (»Orakel über Managua«, »In Kuba« etc.), ist vom Zusammenleben und -arbeiten mit den Bauern und Fischern dieser 38 Inseln im großen See von Nicaragua ein unvergleichbares Dokument entstanden: »Das Evangelium der Bauern von Solentiname«.
Im Oktober 1977 ging Cardenal ins Exil und wurde einer der wichtigsten Sprecher der »Sandinistischen Befreiungsfront von Nicaragua FSLN«. Solentiname mit allen Einrichtungen wurde von der Guardia Nacional des Diktators Somoza dem Erdboden gleichgemacht.
In der Regierung des Nationalen Wiederaufbaus nach dem Sturz der Diktatur wurde Ernesto Cardenal Kultur-Minister, der erste in der Geschichte seines Landes. Im Oktober 1980 erhielt er den Friedenspreis des deutschen Buchhandels.

Von der Heiligkeit der Revolution

Ein Gespräch mit Ernesto Cardenal in Solentiname

Aufgezeichnet von
Anneliese Schwarzer de Ruiz
und
Hermann Schulz

Frage: Ernesto, wir wollen dieses Gespräch mit der Frage beginnen, welches die Ursachen für dich waren, auf diese Insel zu gehen. In Europa fasziniert dieses Exempel der Armut; es gibt aber auch Gruppen, die darin eine Flucht vor der politischen revolutionären Front der nicaraguanischen und lateinamerikanischen Wirklichkeit sehen.

Ernesto Cardenal: Man könnte sagen, daß es sich um eine Flucht aus der kapitalistischen Welt handelt. Wir sind unzufrieden mit dieser Welt, und ich glaube, es ist unser gutes Recht, uns von ihr zurückzuziehen und unser Leben auf andere Weise zu gestalten, auf eine nichtkapitalistische Weise. Man könnte auch sagen: Dies ist eine Flucht vor dem Kapitalismus. Von dieser monströsen Welt muß man sich einfach zurückziehen, von dieser Welt des Konsums, von dieser bourgeoisen Welt.
Das Leben eines Kontemplativen, eines Mönches, war immer eine Flucht vor der Welt. Aber es ist eine Flucht vor einer Welt voller Ungerechtigkeit, um eine bessere Welt vorzubereiten. An dem Tage, an dem es eine gerechte Welt gibt, eine Welt des vollkommenen Kommunismus – das heißt das Reich Gottes auf Erden, was für mich dasselbe ist –, an dem Tage ist es nicht mehr nötig, sich von der Gesellschaft zurückzuziehen. Der heilige Chrysostomus sagte, wenn die Städte christlich wären, brauchte man keine Klöster zu bauen. Aber solange diese neue Gesellschaft nicht besteht, glaube ich, haben wir das Recht, uns in kleine Gemeinschaften abzusondern, in Gruppen, die Zeichen des Protestes setzen. Ich meine nicht, daß es sich in unserem Fall um eine Flucht vor dem politischen Kampf handelt, denn wir setzen diesen Kampf ja hier fort. Eigentlich bin ich erst durch das kontemplative Leben zu einem politischen Menschen geworden. Die Meditation, das Sich-Vertiefen ins Mystische, hat mich politisch radikalisiert. In Wirklichkeit bin ich durch das Evangelium zur Revolution

gekommen, also nicht durch Karl Marx, sondern durch Christus. Das Evangelium hat mich zum Marxisten gemacht.

Frage: Beschränkt sich dein Beispiel nicht nur auf dein Leben und das deiner Freunde hier, während das des Volkes unverändert bleibt? Es gibt für einen Revolutionär noch andere Alternativen: Vorlesungen an Universitäten zu halten oder sich hier in Nicaragua der FSLN anzuschließen, oder wo immer man einen größeren Wirkungsradius hat.

EC: Nun ja, jeder hat seine eigene Berufung. Meine Berufung ist die eines Dichters und Propheten und nicht die eines politischen Führers oder Lehrers. Und ich glaube, daß jeder nach seiner Berufung für die Befreiung kämpfen muß. Ein Kontemplativer hat durchaus seine politische Mission. Ich glaube, ein Kontemplativer, ein Mönch, und selbst ein Einsiedler, sind in Wirklichkeit Revolutionäre. Sie bewirken soziale Veränderung. Sie legen davon Zeugnis ab, daß es hinter den sozialen und politischen Wirklichkeiten und Veränderungen eine transzendente Wirklichkeit gibt, auch jenseits des Todes. Ich halte es für wichtig, daß es Menschen gibt, die die Menschheit daran erinnern, daß die Revolution nach dem Tode noch nicht zu Ende ist. Und daß die Menschheit auch für eine Hochzeit mit Gott geschaffen ist, nachdem sie zu ihrer wirklichen Volljährigkeit gelangt ist, das heißt ein einziger Leib wurde.

Im Augenblick ist die Menschheit wie ein Mädchen von 13 Jahren, das noch keine Sehnsucht nach Vereinigung hat; sie denkt, sie kann allein leben, sie hat kein Bedürfnis nach einem Gefährten. Aber wenn die Menschheit volljährig wird, wenn der soziale Organismus reif ist, dann fühlt sich

die Menschheit vereinsamt und sehnt sich nach Begleitung. Und dann kommt der Bräutigam.
Jetzt sind wir, die Menschen, in einem Stadium, in dem wir die Notwendigkeit eines Liebhabers noch nicht spüren. Die Kontemplativen sind wie Hormone, die den Reifungsprozeß fördern. Sie lassen den Organismus reifen und erinnern den Körper daran, daß eines Tages die Vereinigung, die Ehe, stattfinden wird. Im Augenblick ist es das wichtigste, daß die Gesellschaft heranreift, sich entwickelt, daß sie zu einem Leib wird. Wir bauen die Menschheit auf. Aber die Revolution ist damit nicht zu Ende. Die Revolution findet statt, damit die Menschheit reif für diese Hochzeit wird.

Frage: Ernesto, könntest du ein Resümee der ersten sieben Jahre in Solentiname, das heißt dieser Kommune, ziehen?

EC: Eine so persönliche Frage kann ich nicht aus dem Stegreif beantworten, das möchte ich gerne in Ruhe niederschreiben. Ich werde so leicht verlegen, wenn ich von mir selbst sprechen muß.
(Hier die später nachgereichte Darstellung Cardenals.)
Wir kamen 1966 zu dritt nach Solentiname, William Agudelo, Carlos Alberto und ich. William und Carlos Alberto waren wie ich im Priesterseminar in Kolumbien gewesen, wollten dann aber doch keine Priester werden. Nun wollten sie mit mir zusammen die Lebensweise in einer Kommune versuchen.
Als wir ankamen, war hier nur Urwald und verfilztes Buschwerk. Von dort aus, wo heute die Gebäude stehen, konnte man nicht einmal den See sehen. Wir rodeten mit Äxten und Macheten, und langsam öffnete sich uns eine herrliche Aussicht auf den See und die umliegenden Inseln. Ich hatte dieses Grundstück schon einige Zeit vorher mit

dem Geld eines Literaturpreises und mit Hilfen von Freunden und Verwandten gekauft. Mit dem Geld konnten wir auch die Hütten bauen. Das erste Gebäude aber war das Fertighaus (aus Holz), in dem wir heute noch wohnen. Es war von einer Firma bei einer Verlosung als Preis ausgesetzt, den aber niemand abholte. Die Firma schenkte es uns. Es wurde mühsam in Einzelteilen von Managua hierhergebracht und zusammengebaut. Eigentlich sollte dieses Haus nur für Besucher sein, weil es uns zu luxuriös war. Wir wollten in genauso einfachen, strohbedeckten Häusern leben wie die Bauern hier. Aber aus Geldmangel konnten wir zu Anfang kein zweites Haus bauen und wohnten so immer gemeinsam mit den Besuchern. Inzwischen ist aber ein weiteres einfaches Holzhäuschen mit Strohdach fertig, so daß wir das Fertighaus für Besucher freimachen können. Es ist paradox, daß wir aus Geldmangel nicht früher in eine ärmere Wohnung ziehen konnten.
Als zweites Gebäude entstand das, was wir das »große Haus« nennen, ein großer Gemeinschaftsraum für Zusammenkünfte der Kommune. Dies Haus sollte ein Strohdach bekommen, aber auch hier war es paradox, daß ein so großes Strohdach viel mehr gekostet hätte als ein Wellblechdach. In Solentiname ist gutes Stroh für Dächer knapp. Aber eines Tages wird auch dieses Haus ein Strohdach haben und sich so der Landschaft besser anpassen.
Carlos Alberto blieb nicht lange hier, weil er spürte, daß er zu diesem Leben nicht berufen war. Später ging auch William, um Teresita zu heiraten, weil auch er fand, daß er für das mönchische Leben nicht geschaffen ist. Ich fand seine Idee, zu heiraten, gut und änderte meinen ursprünglichen Plan, eine nur aus »Mönchen« im traditionellen Sinne bestehende Gemeinschaft zu gründen. Thomas Merton schrieb mir damals, die Idee, auch Ehepaare anzunehmen, könne eine Bereicherung und Belebung des mönchischen Lebens bedeuten. Unser Leben hier ist allerdings auch nicht

mönchisch im herkömmlichen Sinne des Wortes. Wir sind dabei, eine neue Lebensform, die zu uns paßt, zu erfinden, das ist alles. Aber vielleicht würde Merton auch das als eine Belebung des mönchischen Lebens angesehen haben. Ich könnte mir denken, daß er das gesagt haben würde, aber ich bin nicht sicher.

Am Anfang versuchten wir, uns durch Ackerbau zu ernähren. Aber hier ist es fast unmöglich, von dem, was die Erde gibt, zu leben. Es sei denn, auf dem unvorstellbar miserablen Niveau der Bauern dieser Gegend. Wir hätten noch schlechter leben müssen als sie, weil wir körperlich gar nicht in der Lage waren, so hart zu arbeiten.

Solange unser wirtschaftliches System, das die Arbeiter und vor allem die Bauern ausbeutet und systematisch unterentwickelt hält, sich nicht ändert, kann das Leben der Landbewohner nur unmenschlich, fast möchte ich sagen untermenschlich, genannt werden. Zu unserem Leidwesen mußten wir also die Landwirtschaft fast ganz aufgeben. Wir haben uns auf die Herstellung kunstgewerblicher Gegenstände umgestellt und auch die Bauern für diese Arbeit interessiert, um ihnen ein paar zusätzliche Einkünfte neben denen von Reis und Bohnen zu verschaffen. Wenn wir einen besseren Markt in Managua oder im Ausland hätten, könnte diese Arbeit eine wirkliche Hilfe für sie sein.

Aber der Verkauf unserer Produkte wird, seitdem ich anfing, das Kuba-Regime zu verteidigen, immer schwieriger. Die meisten Leute, die uns anfangs noch halfen, zogen sich zurück. Nur noch wenige helfen uns weiter. Auch die Regierung übt einigen Druck in der Richtung aus. Als ich Fidel Castro bei meinem Besuch in Kuba davon erzählte, sagte er: »Das ist für uns nichts Neues. Sobald man sich sozialistisch erklärt, wird einem der Boykott angehängt.«

Unsere Gemeinschaft, oder besser unsere Kommune – dieser Ausdruck paßt besser zu unserer Gruppe, und so nennen wir uns jetzt auch –, ist sehr klein, aber ich möchte auch nicht, daß sie größer wird. Ich habe überhaupt kein organisatorisches Talent und würde mit den praktischen Aspekten einer größeren Gruppe nicht mehr fertig. Um der Gruppe einen größeren Kommunikationsradius zu geben, wäre aber, vor allem im Hinblick auf William und Teresita, ein weiteres Ehepaar nötig. Es müßte aber ein Ehepaar mit so außergewöhnlichen Eigenschaften und Fähigkeiten sein, wie William und Teresita sie haben. Im Augenblick gehören außer den beiden und mir noch drei Jungen aus Solentinamer Bauernfamilien – Alejandro, Laureano und Elvis – zur Kommune. In Kürze erwarten wir einen jungen Mann, dessen Vater in Managua Millionär ist. Mit diesem jungen Mann und einem weiteren Ehepaar wäre unsere Kommune zunächst komplett.

Frage: Ernesto, du hast in den letzten beiden Jahren Gelegenheit gehabt, nach Chile, Peru und Kuba zu reisen. Die Tatsache, daß man dir diese Ausreise nach Kuba gestattet hat, paßt nicht in die europäischen Vorstellungen von einer Diktatur, es sei denn, man hoffte, du würdest dort bleiben.
Danach hast du Vorträge über Kuba an den Universitäten gehalten. Wir konnten feststellen, daß dein Einfluß in der Öffentlichkeit seitdem stark gewachsen ist. Was hast du nach deinen Kuba- und Chileerfahrungen der Jugend Nicaraguas und vielleicht auch der Jugend Europas, die deine Bücher kennt, zu sagen?
Hat sich dein Begriff von Revolution gewandelt? Wir haben den Eindruck, daß du früher überzeugter Pazifist warst, während du heute mit den Guerillagruppen sympathisiert und ihre Strategie gutheißt.

EC: Die Regierung Nicaraguas hat mir nicht erlaubt, nach Kuba zu reisen. Ich beantragte ein Visum für Mexiko und flog von dort nach Kuba. Die Regierung Nicaraguas erlaubt keinem, nach Kuba zu reisen. Wenn jemand Kuba besuchen will, muß er es heimlich tun, und wenn die Regierung davon erfährt, wird er eingesperrt und verhört. Bei mir wagten sie das nicht, weil ich ein Poet bin, der in anderen Ländern ziemlich bekannt ist, und auch, weil ich Priester bin. Nachträglich mußten sie einfach tolerieren, daß ich in Kuba war.
Die Frage, was ich der Jugend nach diesen Erfahrungen zu sagen habe, habe ich praktisch mit meinem Buch »In Kuba« beantwortet. Es war eigentlich nicht geplant, dieses Buch zu schreiben. Vorher hatte ich eher an eine Reportage oder eine Artikelserie gedacht. Ich hatte mir auch vorgestellt, daß ich viel Schlechtes über Kuba zu berichten haben würde. Ich erwartete in Kuba eine Diktatur, Autoritarismus und Despotismus, eben all das, was die Propaganda von Kuba zu berichten weiß. Natürlich hoffte ich auch einiges zu finden, was man positiv bewerten könnte. Aber dann war dieser Besuch von einschneidender Bedeutung für mich, und ich schrieb das Buch. Mir wurde klar, daß der Marxismus die einzige Lösung für Lateinamerika ist. Nicht nur die Tage, die ich in Kuba verbrachte, waren wie eine Erleuchtung für mich, sondern ebenso die Zeit danach, während ich diese Erfahrungen verarbeitete. Dazu beigetragen haben auch neue Bücher, die ich las, Gespräche, die ich mit den Besuchern in Solentiname führte. Und hierher kommen fast nur Revolutionäre, Revolutionäre aus verschiedenen Ländern Europas, aus den USA und Lateinamerika. Durch dies alles wurden ich und auch die anderen Mitglieder der Kommune noch radikaler in unserer politischen Haltung. Das muß auch im Zusammenhang mit der politischen Entwicklung in Chile, in Peru und mit den Erfahrungen der revolutionären Gruppen anderer Länder

Lateinamerikas gesehen werden. Der Wandel, den wir in unseren Anschauungen durchmachten, ist der gleiche Wandel, der sich in ganz Lateinamerika vollzieht, nämlich eine Wendung zur Linken, zur extremen Linken. Das betrifft die Intellektuellen, die Jugend und selbst die Kirchen, einschließlich der Bischöfe. Wir wandeln uns im Gleichmaß mit der Geschichte und den sozialen Verhältnissen. Auch die USA sind in diesen Prozeß eingeschlossen. Wir sind ganz einfach in Übereinstimmung mit den aktuellen Gegebenheiten, mit Mentalitätsveränderungen, die die ganze Welt durchmacht, alle Jugendlichen, die ja die neue Welt und die Zukunft verkörpern. Heute kann man sagen, daß die ganze Jugend, ich meine die Jugend, die denkt und sich für soziale und politische Probleme interessiert, extrem links ist. Selbst die fünfzehnjährigen Mädchen, die in Nonnenschulen erzogen werden und fromm christlich sind, fühlen sich als Kommunisten. Sie sehen keinen Konflikt zwischen der marxistischen Revolution und dem Christentum.

Frage: Ernesto, ist es in dieser Situation besser, Bewußtseinsbildung zu betreiben oder die offene Rebellion anzustreben?

EC: Ich glaube, alle lateinamerikanischen Revolutionäre sind der Meinung, daß eine friedliche Revolution vorzuziehen ist. Fidel Castro sagte in Chile, Gewalt solle nur im Extremfall angewendet werden, und eine friedliche Revolution sei besser. Das war auch die politische Praxis Mao Tse-tungs in China. Der wirkliche Revolutionär ist ein Feind der Gewalt, er will das Leben und nicht den Tod.
Aber es kann der Fall eintreten, daß die Revolution gewalttätig sein muß. Manchmal muß sie Gewalt benutzen, weil die Machthaber die Macht nicht freiwillig hergeben, das heißt dem Volk übergeben. Und diese Gewalt ist voll-

kommen gerechtfertigt. Das ist das Recht auf Widerstand, das auch die Kirche immer allen Völkern zugestanden hat. Ich meine damit nicht den Begriff vom »gerechten Krieg«; den kann es vielleicht heute nicht mehr geben. Aber der Befreiungskampf und der Widerstand eines Volkes kann nicht nur gerecht sein, sondern ist immer gerecht. Er kann gar nicht anders als gerecht sein. Eine Befreiung kann nicht ungerecht sein, sie ist immer gerecht.

Frage: Aber wärst du fähig, ein Gewehr in die Hand zu nehmen und auf Menschen zu schießen?

EC: Es kann Situationen geben, in denen es Pflicht ist zu schießen. Ich habe noch nie ein Gewehr angelegt, nicht einmal auf einen Vogel. Aber um einen Unschuldigen zu verteidigen, wäre es meine Pflicht, es zu tun. Es wäre gegen meine innere Haltung, gegen meine Idiosynkrasie. Ich müßte meine Natur vergewaltigen, um das zu tun. Aber selbst Gandhi sagte, Gewalt sei der Feigheit vorzuziehen, der Feigheit der Zusammenarbeit mit dem Feind. Gewaltlosigkeit ist besser als Gewalt, aber Gewalt ist besser als Feigheit.
In Wirklichkeit nahm ich früher eine anarchistische Haltung ein. Auch jetzt bin ich noch Anarchist, aber ich glaube, daß eine anarchistische Gesellschaft erst nach einer sozialistischen Gesellschaft möglich ist, wenn der Staat nicht mehr existiert. Doch im Augenblick müssen wir erst durch die Etappe des sozialistischen Staates. Früher habe ich das nicht so gesehen; ich überzeugte mich, daß ein sozialistischer Staat möglich ist, besser gesagt: Ich überzeugte mich nach meiner Kuba-Reise davon, daß der sozialistische Staat geschaffen werden kann. Kuba hat den Sozialismus in die Praxis umgesetzt und damit bewiesen, daß der Sozialismus die Lösung ist, die dem gesamten Volk zugute kommt.

Frage: Die Jugend in Europa ist heute in einem Stadium der Resignation. Sie hat sich mit den politischen und ökonomischen Verhältnissen in den Ländern der Dritten Welt auseinandergesetzt, betreibt Informationsarbeit in der Öffentlichkeit und versucht, auf die Regierenden der Industrienationen einzuwirken, ihre Entwicklungspolitik zu ändern, Zölle abzubauen, zinsarme oder zinslose Kredite zu geben. Das ist ein langer ermüdender Marsch durch die Institutionen. Viele wollen wissen, was sie jetzt und sofort und konkret tun können, um Hunger, Krankheit und Verelendung abzuschaffen oder zu lindern.
Wenn eine Veränderung der Strukturen notwendig ist, welche Aufgabe hat dann der einzelne?

EC: Ich meine, daß die Jugend auf keinen Fall resignieren darf, sondern weiterkämpfen muß. Denn überall auf der Welt sind die kapitalistischen Strukturen schon in Gefahr, einzustürzen. Selbst in den Vereinigten Staaten schreitet die Revolution immer weiter fort. Es gibt dort eine Jugend, die mitten im Kampf um die Veränderung des Systems ist. Vielleicht wird sich auf ganz natürliche Weise, indem die Alten sterben und die Jungen nachrücken, das System ändern. Vielleicht ist so ein Systemwechsel ohne Gewaltanwendung selbst in einem Staat wie den USA möglich.
Jugendliche aus Europa könnten ja auch in die Länder der Dritten Welt kommen. Viele Jugendliche aus den Industrienationen, aus den europäischen Ländern und den USA sind nach Kuba und in andere Länder gegangen, um dort eine Zeitlang zu arbeiten oder für immer zu bleiben.

Frage: Gewinnen sie damit aber Einfluß auf ihre eigenen Regierungen?

EC: Nun ja, jeder Revolutionär kämpft dort, wo gerade sein Platz ist. Die Revolution ist ja die Sache der ganzen Welt, es ist eine einzige, weltumfassende Revolution. Man kämpft in Vietnam, man kämpft in unseren lateinamerikanischen Ländern, und man kämpft zum Beispiel auch in Deutschland. Wir alle wollen schnelle Resultate sehen, aber der lange Marsch ist kein Grund zur Resignation. In Vietnam haben sie nach zwanzig Jahren den Mut noch nicht verloren.

Frage: Was kann aber nun der einzelne innerhalb der Strukturen tun? Wenn jemand zum Beispiel Familie und Kinder hat, sehen die Möglichkeiten des politischen Kampfes anders aus. Ohne Anpassung an das System gibt es kaum Chancen zu überleben.

EC: Ich glaube, es gibt viele Möglichkeiten, die Strukturen zu unterwandern, jeder an dem Platz, wo er gerade steht: Bücher veröffentlichen, in Schulen unterrichten, Informationsarbeit betreiben. In jedem Beruf gibt es Möglichkeiten, seine Umwelt zu beeinflussen. Ich glaube, jeder hat seine speziellen Möglichkeiten, für die Revolution zu kämpfen. Wenn das am Arbeitsplatz nicht möglich ist, kann man immer noch im Familien- und Freundeskreis miteinander reden, kann andere wachrütteln durch Bücher und Zeitschriften. Besonders wichtig ist die Erziehung der Kinder.
Das ist der Bau des Reiches Gottes, und jeder kann in irgendeiner Form etwas dazu beitragen, auch wenn es ein ganz bescheidener Beitrag ist. Nicht jeder kann ein Che Guevara sein. Viele, die einen bescheidenen Beitrag leisten, gehören nicht weniger zur Revolution als die großen politischen Führer.

Frage: Was sind deiner Meinung nach die wesentlichen Merkmale des Neuen Menschen, den der Sozialismus hervorbringt oder hervorbringen will?

EC: Der Neue Mensch ist der Mensch ohne Egoismus, der solidarische Mensch, der für seinen Nächsten lebt, der dafür lebt, seinem Nächsten zu dienen; es ist der Mensch einer sozialistischen Gesellschaft, in der der Mensch den Menschen nicht mehr ausbeutet, in der der Wert eines Menschen nicht mehr nach dem gemessen wird, was er einem anderen wegnimmt, sondern nach dem, was er einem anderen gibt. In Kuba werden die Kinder im Geiste Che Guevaras erzogen, das heißt im Geist der Nächstenliebe. Und ich glaube, in der kubanischen Jugend sieht man schon sehr deutlich diesen Typ des Neuen Menschen. Man sagt dort, der Prototyp des Neuen Menschen war Che Guevara; er ist Vorbild für die kubanischen Kinder. Che Guevara war ein Mensch, der keinen Egoismus kannte. In meinem Buch über Kuba habe ich viele Anekdoten vom Che erzählt, Anekdoten von der Heiligkeit des Che. Der Neue Mensch in Kuba ist der gleiche Neue Mensch, von dem auch im Neuen Testament die Rede ist, der neue christliche Mensch.

Frage: In den USA und den westlichen Ländern Europas kann man unter der Jugend zwei Phänomene beobachten: die Jesus-People-Bewegung und die Gruppen der sogenannten Subkultur, im allgemeinen Hippies genannt. Meinst du, daß sich diese beiden Gruppen prinzipiell unterscheiden, und welche Bedeutung mißt du ihnen zu?

EC: Ich glaube nicht, daß die Jesus-People-Leute direkt Hippies sind, obwohl sie vielleicht den gleichen Ursprung haben. Außerdem haben nicht alle Hippies die gleichen religiösen Interessen. Viele der Hippies suchen die Religion nicht in Jesus, sondern in der Droge oder im Sex oder in der Musik oder in vielen anderen Dingen. Aber ich glaube, alle Hippies sind religiös. Eine der Richtungen ist die Jesus-Revolution, wie die Jesus-People-Leute das nennen. Die Hippies sehe ich als etwas Positives an, weil sie das Establishment ablehnen. Aber ich meine, daß sie in unterentwickelten Ländern wie dem unsrigen keine Rolle spielen und auch keinen Sinn haben.

Auch die Jesus-Revolution hat in unseren Ländern keinen Sinn, denn die Sinnlosigkeit der Konsumgesellschaft hat sie auf diesen Weg geführt, auf diese neue Suche nach der Mystik. Aber die Jesus-Revolution bleibt im religiösen Formalismus stecken.

Für mich ist die Religion als Religion bereits überholt; die religiösen Riten gehören den primitiven Gesellschaftsformen an. Das Christentum ist keine Religion, sondern die Praxis der Liebe, die Verwirklichung der Brüderlichkeit unter den Menschen. Das ist die wahre Religion des Christen. Riten, Liturgie und religiöse Formeln können, soweit sie dieser Brüderlichkeit irgendwie dienen, gut sein. Ist das aber nicht der Fall, so sind sie überflüssig und interessieren nicht mehr. In Lateinamerika könnte die Religion noch nützlich sein; die Volksfrömmigkeit, die Prozessionen, die Marien- und Heiligenverehrungen könnten der Befreiung dienen. Aber es wird der Augenblick kommen, in dem das Volk diese religiöse Phase seiner Entwicklung überwunden hat.

Die Jesus-People sind ein Rückfall in primitive Formen der Religiosität; sie bleiben an der Oberfläche und sind entpolitisiert. Die wirklichen Hippies dagegen suchen Mystik und Kontemplation – nicht nur im Christentum, sondern auch in anderen Religionen.

Frage: Obwohl beide Gruppen – so oder so – religiöse Elemente haben, verhalten sich die etablierten Kirchen außerordentlich zurückhaltend, wenn nicht abweisend. Wie denkst du über diese Ängstlichkeit der Kirchen?

EC (lachend): Na ja, die offizielle Kirche hat fast immer alles Gute zurückgewiesen. Sie weist auch das wirkliche Christentum zurück. Viele Heilige und Mystiker sind von ihr nicht angenommen worden; so hat sie zum Beispiel auch Camilo Torres nicht akzeptiert.

Frage: Könnten die Hippies Freunde in Solentiname finden?

EC: In Solentiname ist jeder willkommen. Eine Invasion wäre uns allerdings nicht so lieb, weil wir sie nicht verkraften könnten. Auch weil wir nicht genug Platz haben, sind kleine Gruppen uns lieber. Das ist auch eine Frage unserer wirtschaftlichen Mittel. Glücklicherweise leben wir hier mitten in der Wildnis, und zu uns zu gelangen ist schwierig. Der Reiseweg ist kompliziert, und so waren unsere Besucher nie sehr zahlreich.
Wir haben schon sehr interessante Hippies zu Besuch gehabt. Einmal kam ein heiliger Hippie zu uns, der ein wirklich heiliges Leben führte. Er nannte sich Bruder Juan. Er kam aus den USA; seinen wirklichen Namen kenne ich nicht, im Spanischen nannte er sich Bruder Juan. Er ist in ganz Lateinamerika bekannt, weil er eine unvergeßliche Gestalt ist. Andere Hippies auf Wanderschaft, die hier waren, hatten uns schon von ihm erzählt, wie bekannt er sei und wie viele Freunde er habe. Bruder Juan lebt wirklich im Geiste des heiligen Franz von Assisi und reist mit einem Armutsgelübde. In den ersten Jahren seiner Pilgerfahrt hatte er auch das Gelübde abgelegt, um nichts zu bitten,

sondern nur das anzunehmen, was man ihm freiwillig schenkte. Später fühlte er sich frei genug, zu betteln, und so ist er – selbst per Schiff und Flugzeug – durch ganz Lateinamerika gereist, ohne einen eigenen Centavo.
Er kam auch hierher nach Solentiname. Er hatte einen großen Einfluß auf die Menschen; durch seine Persönlichkeit, sein Aussehen und sein Flötenspiel. Er trug eine Art priesterliches Gewand, hatte herrliche lange Locken und auch sonst das Aussehen des herkömmlichen Jesus-Bildes. Er erzählte allen Menschen von der Liebe. Er predigte die Liebe, wohin er kam. Er sprach alle Menschen mit Bruder oder Schwester oder auch Brüderchen an, und seine Philosophie von der Liebe war schön und sehr christusähnlich. Er glich eigentlich gleichzeitig Jesus und dem heiligen Franz. Die ihn hören, laden ihn gewöhnlich zum Essen und zum Schlafen ein oder bezahlen ihm das Fahrgeld. Manchmal steigt Bruder Juan einfach in einen Bus und erzählt dem Fahrer von seinem Armutsgelübde und bittet ihn, ihn mitzunehmen. Gewöhnlich läßt der Fahrer ihn dann neben sich sitzen und aus seinem Leben erzählen, bis die Fahrt zu Ende ist.
Als er nach Managua kam, führte ihn ein Bettler durch die ganze Stadt und zeigte ihm alle Kirchen und Denkmäler. Sie wurden Freunde.
In Solentiname hinterließ er einen unauslöschlichen Eindruck. Wenn er unterwegs einen wirklichen Hippie träfe, würde er ihn nach Solentiname schicken, sagte er mir.
In Kolumbien schenkte ihm jemand die Fahrt nach St. Andres. Dort hatte er auch von Solentiname gehört, war zum Bischof gegangen und hatte ihn um das Reisegeld gebeten; für eine Pilgerfahrt nach Solentiname. Und der Bischof kannte weder Solentiname noch Ernesto Cardenal und schenkte ihm doch das Geld. Später ging Bruder Juan nach Costa Rica, um sich nach Indien einzuschiffen.

Frage: Du weißt, daß die Kirchen und auch die Regierungen Europas Hilfsprogramme für die Dritte Welt haben. Welchen Sinn haben in deinen Augen diese Entwicklungsprogramme, und mit welchen Projekten kann am besten geholfen werden, ohne daß sich damit überholte Strukturen noch festigen?
Was denkst du in diesem Zusammenhang über die Theorien Ivan Illichs?

EC: Ich glaube, daß den Ländern der Dritten Welt nur geholfen werden kann, indem man die Strukturen der Ausbeutung zerschlägt, die kapitalistischen Strukturen. Der einzige Weg, aus der Unterentwicklung herauszukommen, ist der Sozialismus. Alle anderen Hilfsmaßnahmen sind nur Flickwerk, kleine Pflaster, die aber dem Übel nicht an die Wurzeln gehen. In Nicaragua zum Beispiel gibt es ein Hilfswerk, das von einem Priester geleitet wird und »Haus meines Bruders« heißt. Es will Häuser für Obdachlose bauen (allein in Managua im Sommer 1972: 60000 Obdachlose). Bisher wurde erst ein Haus fertig, weil keine Mittel mehr da sind. Das Ziel ist, 50 Häuser fertigzustellen. Aber selbst wenn man 100 oder 500 baute, wäre das Grundproblem damit nicht gelöst. Denn es sind allein die Besitzverhältnisse in diesem Land, die bewirken, daß es Obdachlose gibt. Der Kapitalismus produziert am laufenden Band Arme. Anstatt den Armen zu helfen, sollte man vermeiden, daß Arme produziert werden.
Natürlich kenne ich die Theorien Ivan Illichs und halte sie für sehr wichtig. In Peru fängt man bereits an, sie in die Praxis umzusetzen. Die Schulreform der peruanischen Revolution ist eindeutig von Ivan Illich inspiriert, ebenso von Paulo Freire. Das Gesetz dieser Schulreform, das ich hier liegen habe, ist sehr fortschrittlich, wahrscheinlich das fortschrittlichste der Welt; fortschrittlicher, glaube ich, als die Erziehungssysteme in Kuba oder China. Ich denke vor al-

lem an die außerschulische Erziehung, für die Illich sich ja sehr einsetzt. Im Augenblick ist sie in Peru nicht vollständig in die Praxis umgesetzt, aber man arbeitet darauf hin, also auf eine Bildung ohne Schule. Alle sollen Lehrer, alle sollen Schüler sein. Diese Idee ist nicht leicht zu verwirklichen. Aber in Peru versucht man schon, alle sozialen Einrichtungen irgendwie als Bildungszentren zu benutzen, nicht nur die Schulen. Zum Beispiel Kinos, Parkplätze oder Tankstellen, Sportstadien, Krankenhäuser, alle nur möglichen öffentlichen Einrichtungen sollen als Versammlungsstätten und Bildungsmedien nutzbar gemacht werden: zum Erlernen von Sprachen, von Musik oder der Praxis aller möglichen Berufe. Ebenso werden sie für akademische Kurse benutzt. Und die Erziehung soll sich nicht nur auf die Kinder beschränken, sondern auch die Erwachsenen mit einschließen. Kinder sollen von Erwachsenen und Erwachsene von Kindern lernen, in einem lebenslangen Lernprozeß. Jeder Mensch kann etwas lernen und gleichzeitig anderes weitergeben. Ein Arbeiter kann die ihm geläufigen Handgriffe weitergeben und dabei von anderen theoretisches Wissen erwerben. Jeder weiß etwas, das andere nicht wissen. In unseren unterentwickelten Ländern können selbst Marginale (Randgruppen der Gesellschaft) Wissen weitergeben. Marginale oder einfache Landbewohner wissen zum Beispiel, wie man die Heilkräfte der Kräuter nutzt, einen Schlangenbiß behandelt oder einen Rancho baut, Dinge also, die ein Akademiker nicht weiß. Alles Wissen sollte festgehalten und weitergegeben werden, besonders auch das Wissen um jene praktischen Dinge, das in herkömmlichen Schulen nicht vermittelt wird. Außerdem soll es Pflicht für alle Akademiker sein, ein Handwerk zu erlernen. Keiner soll nur Arbeiter oder nur Intellektueller sein; alle sollen gleichzeitig Hand- und Kopfarbeit leisten. Das gleiche Ziel haben auch Fidel in Kuba und Mao in China.

Frage: Wenn das Mein und das Dein, das heißt der Privatbesitz, die Wurzel allen Übels ist, wie du in deinem Buch über Kuba sagst, wären dann nicht auch Ehe und Zölibat ein Übel, da beide ihren Ursprung im Privatbesitz und in hierarchischen Strukturen haben?

EC: Im Grunde ist das nicht meine eigene Aussage, sondern die der Kirchenväter. Und nach den Lehren des Marxismus ist der ungerechte Privatbesitz nur der Besitz von Produktionsmitteln, nicht aber der Besitz von Konsumgütern. In der Sowjetunion und in Kuba kann man durchaus sein eigenes Haus und seinen eigenen Wagen haben und alle Dinge des persönlichen Gebrauchs. Aber man darf zum Beispiel keine Eisenbahn oder Fabrik besitzen, denn das bedeutet Menschen besitzen und abhängig halten.

Frage: Ist aber nicht in der herkömmlichen Ehe die gleiche Struktur anzutreffen, da für den Mann normalerweise Frau und Kinder sowohl Konsumgut als auch Produktionsmittel sind?

EC: Ohne Zweifel muß im Sozialismus ein neuer Typ von Familie geschaffen werden; die Ehe muß eine Partnerschaft auf gleichberechtigter Basis werden, das ist ja auch der unverfälschte christliche Sinn der Ehe.
Das Zölibat ist ein Verzicht auf die individuelle Ehe, um sich mit der ganzen Menschheit verheiraten zu können. Daß das nicht für alle Priester obligatorisch sein sollte, liegt auf der Hand. Ich glaube, der Entschluß zum Zölibat muß eine freie Entscheidung sein. Aber ich glaube auch, daß das Zölibat nützlich und ratsam ist, sowohl für den Priester als auch für den Revolutionär; aus praktischen und ideellen Gründen, um sich besser auf seine Aufgabe konzentrieren zu können, um besser der Gemeinschaft dienen zu können.

Deshalb ist das Zölibat etwas Revolutionäres. Ich glaube, das hat auch Fidel in seinem Gespräch mit mir gemeint, als er sagte, die Eigenschaften eines guten Revolutionärs seien auch die Eigenschaften eines guten Priesters.

Frage: Auf welche Weise könnte deiner Meinung nach eine neue Form der Familie gefunden werden?

EC: Zunächst einmal muß auch die Frau sich befreien. In einer Revolution ist die Frau frei. In Kuba ist die Befreiung der Frau schon verwirklicht. Dort arbeiten die Frauen im allgemeinen, und das schafft die Basis für ihre Gleichberechtigung mit den Männern.
In Lateinamerika und anderswo verlangt das System, daß der Mann das Brot nach Hause bringt. Die Frau ist ausschließlich eine Hausdienerin, und dadurch nimmt der Mann auf ganz natürliche Weise eine bevorzugte Stellung ein, in den meisten Fällen die Stellung des Ausbeuters, wenngleich er selbst auch ausgebeutet wird. Aber wenn die Frau arbeitet, trägt sie wie der Mann zum Unterhalt der Familie bei. Im sozialistischen Staat übernimmt die Öffentlichkeit die sogenannten häuslichen Dienste wie Kochen, Waschen oder Kinder erziehen. Damit sind die Grundlagen zur Befreiung der Frau geschaffen, auf die der innere Prozeß des Verhältnisses der Geschlechter zueinander folgen muß.

Frage: Wie kann der Sozialismus den Neuen Menschen schaffen, wenn zweitausend Jahre Christentum das nicht erreicht haben? In deinem Kuba-Buch sagst du, das Argument, der Sozialismus sei utopisch, könne man auch den Christen entgegenhalten. Aber eine zum Christentum gezwungene Menschheit bringt keine guten Christen hervor. Wird der Sozialismus unter Zwang den Neuen Menschen hervorbringen können?

EC: Ich glaube, das ist umgekehrt. Es ist das System, das den Menschen verdorben hat. Wir leben in einem System, in dem wir nicht gut sein können. Wir müssen andere ausbeuten, um zu überleben. Im Kapitalismus ist man entweder Ausbeuter oder Ausgebeuteter oder beides. Wenn einer nicht ausgebeutet werden will, so muß er ausbeuten, da gibt es keine Alternative. Oft ist der Kapitalist ein guter Mensch. Selbst Karl Marx sagt, der Kapitalist an sich sei nicht schlecht. Es mag schlechte Menschen unter den Kapitalisten geben, aber normalerweise ist der Kapitalist ein guter Familienvater, der keinem übel will. Aber er lebt in einem System, in dem er ausbeuten muß, indem er den Arbeitern den Mehrwert kürzt. Erst mit der Abschaffung dieses Systems können sich die guten Instinkte des Menschen entfalten. In Wirklichkeit tendiert der Mensch zum Guten. Er hat auch eine Tendenz zum Schlechten, aber im Grunde ist der Mensch gut. Das ist durch die Gnade Christi dokumentiert. Das Christentum hat nur darum den Neuen Menschen nicht schaffen können, weil es ihm nicht gelungen ist, die Strukturen zu verändern. Teilweise hat es sie sogar mitgeschaffen, weil es Komplize der Mächtigen wurde. Von Konstantin bis heute hat die Kirche mit den Staaten paktiert, aber das ist nur eine Etappe des Christentums; vergessen wir nicht, daß die ersten Christen die besten Christen waren: nämlich revolutionäre und subversive Christen.

Dann aber wollten die kirchlichen Hierarchien an der Macht teilhaben. Trotzdem glaube ich, daß das Christentum den Menschen verwandelt hat; das Individuum, wenn auch nicht die Gesellschaft. Und jetzt brauchen wir einen Strukturwandel, eine gesellschaftliche Veränderung. Ich glaube, das Christentum hat eine große Aufgabe vollbracht, indem es den Menschen als Individuum veränderte.

Auch der Marxismus ist eine Frucht des Christentums. Ohne das Christentum wäre der Marxismus nicht möglich;

und Marx ohne die Propheten des Alten Testaments nicht denkbar. Mit der Veränderung des Produktionssystems kann man den Neuen Menschen des Evangeliums endgültig schaffen; in der veränderten Gesellschaft kann man dem Evangelium leben: nicht nur auf der individuellen, sondern auch auf der sozialen Ebene. Wir müssen jetzt die Gesellschaft verändern, das heißt, die letzte Frucht des Evangeliums einbringen.

Frage: Spricht nicht das 10. Gebot »Du sollst nicht begehren ...« eindeutig gegen die Interessen der Armen und für die Interessen der Reichen? Die Zehn Gebote werden leider immer noch als Argument für die kapitalistischen Strukturen benutzt.

EC: Die Zehn Gebote haben alle eine soziale Grundlage und schützen Eigentum und Recht des einzelnen, des Nächsten. Wenn die Ausgebeuteten die Veränderung der Strukturen fordern, begehren sie nicht das Eigentum der anderen, sondern das, was ihnen eigentlich gehört. Die Kapitalisten haben kein Recht, das zu besitzen, was sie haben. Sie haben sich der Güter der anderen bemächtigt: das ist Raub. Es geht ja nicht um ihre persönlichen Gebrauchsgegenstände, sondern um Kapital, Produktionsmittel und Grundbesitz, um die Erde, die der Kapitalist nicht selbst bearbeitet. Von der Erde ist alles andere gekommen. Das erste, was es gab, war der Besitz der Erde – und sie wurde gestohlen. Ein Feudalherr hat sein Land ja nicht selbst produziert, sondern hat es jenen weggenommen, die auf ihm wohnten. Dieser Reichtum war es, der sich später in industriellen Reichtum verwandelte, zu Beginn des Industriezeitalters. Landbesitz wurde zu Fabriken. Alles geht auf die Erde zurück.
Und was die Zehn Gebote angeht: seit Christus gelten sie

ja nicht mehr für uns. Er gab uns das Gebot der Liebe. In Israel haben die Zehn Gebote früher eine Funktion erfüllt; und es war eine soziale Funktion. Der mexikanische Jesuit José M. Miranda sagt in seinem Buch »Marx und die Bibel«, daß die Zehn Gebote marxistisch seien, selbst das erste Gebot, Gott zu lieben. Jehova über alle Dinge zu lieben, bedeutet für ihn Gerechtigkeit. Jehova ist die zukünftige Befreiung. Das ist es, was alle Menschen über alle Dinge lieben sollen. Und so seien auch alle anderen Gebote gegen die Ausbeutung gerichtet, die Ausbeutung in der Familie, die sexuelle Ausbeutung und die, die sich auf den Besitz bezieht. Wenn die Kirche jemals etwas anderes behauptet hat, so ist das eine Ungeheuerlichkeit.

Frage: Kommt diese Neubesinnung der Kirche auf ihre eigentliche Bestimmung nicht etwas spät?

EC: Gewiß, aber man muß unterscheiden zwischen der Kirche als Institution und der Kirche, die alle Menschen umfaßt. Denn wir wissen nicht, was die Kirche ist. Ich glaube, daß auch die Kommunisten zur Kirche gehören. Der heilige Augustinus sagte, seit Anbeginn der Welt habe es Christen gegeben, auch wenn sie sich nicht so nannten. Ich glaube, die wirkliche Kirche Christi schließt viele ein, die sich selbst nicht als Christen verstehen, selbst jene, die sich als Atheisten fühlen. Viele von ihnen gehören eher zur Kirche als manche, die in der Römischen Kurie sitzen.
So ist es eine der Aufgaben des Christen, gegen eine Kirche zu arbeiten, die hinter überfälligen Entwicklungen herhinkt. Wir müssen die Finger auf die Wunden legen. Die Heiligen in der Geschichte der Kirche haben immer gegen die Prostitution der Kirche gekämpft. Der heilige Bernhard sagte, daß die Bischöfe, die im Reichtum lebten, aus der Braut Christi eine Hure gemacht hätten, eine Nutte

könnte man sagen. Journalisten in Lima (Peru) haben an Ivan Illich die gleiche Frage gerichtet, und er verursachte fast einen Skandal mit der Antwort, wir Christen seien gleichzeitig Kinder einer Jungfrau und einer Nutte. Ich glaube, seine Antwort ist richtig.

Seit Konstantin hat sich die Kirche immer wieder mit dem Kapital ins Bett gelegt. Das müssen wir heute festhalten und anklagen, das müssen wir diffamieren. Wenn Christen und Marxisten gegenseitig ihre Schriften lesen würden, gäbe es heute keine Konflikte zwischen Christen und Sozialisten. Aber das scheiterte bisher an Unduldsamkeit und mangelnder Kommunikation. Hätte der so kluge und kultivierte Papst Leo XIII. Marx gelesen, bevor er seine Enzyklika schrieb – und immerhin gab es Marx schon seit 50 Jahren –, hätte sich das Verhältnis zwischen Christen und Marxisten vielleicht anders entwickelt.

Wenn wir nun heute sehen, daß irgendeine Lehre der Kirche gegen das Evangelium ist, so dürfen wir sie nicht befolgen, sondern müssen allein unserem Gewissen folgen. Und wenn Arbeiterpriester und Revolutionäre für die Zukunft arbeiten, dann folgen sie ihrem Gewissen. Mir scheint, daß diese fortschrittlichste Gruppe der Kirche unmittelbar vom Heiligen Geist inspiriert ist. Der Heilige Geist ist immer fortschrittlich.

Frage: Jene Staaten, die eine neue Gesellschaftsform aufbauen, haben häufig Schwierigkeiten mit dem Begriff der Freiheit, so wie er bis heute verstanden wird. Selten gestehen sie dem Individuum einen eigenen Wirkungskreis zu. Glaubst du, daß unser Begriff von Freiheit überholt ist, oder kann es sein, daß diese Gesellschaft eine Zeitspanne der Entwicklung als Selbstschutz braucht und daß man Freiheitsbeschränkungen in sozialistischen Staaten unter diesem Gesichtspunkt sehen muß?

EC: Ich glaube, daß das zuletzt Gesagte richtig ist. Die einzige Freiheit im Sozialismus, die es nicht gibt – und ich spreche von Kuba, das ich persönlich kenne –, ist die Freiheit, andere Menschen auszubeuten, die bürgerliche Freiheit also, die Freiheit des Kapitalismus, die Freiheit des Geldes. Dort gibt es wirkliche persönliche Freiheit in dem Sinne, daß der Mensch frei wird von der Tyrannei des Geldes. In Kuba braucht keine Frau als Prostituierte auf die Straße zu gehen, keiner muß seine Arbeitskraft oder die seiner Kinder verkaufen. Pressefreiheit zum Beispiel gibt es nicht, aber ich glaube auch nicht, daß das viel mit Freiheit zu tun hat. Die kapitalistische Presse ist ein Meinungsmonopol. Das ist keine Freiheit. In Kuba gibt es durchaus ausreichend Kritik in den Zeitschriften, vor allem in Fachzeitschriften aller Richtungen wie Politik, Soziologie etc. In der Beziehung gibt es Meinungsfreiheit, natürlich immer im Rahmen der sozialistischen Gesamtrichtung. Es gibt keine Freiheit, das System zu unterminieren, denn das empfindet Kuba als ein Attentat auf die Freiheit, besonders jetzt, wo Kuba noch von Gefahren und Feinden umgeben ist.
Fidel hat gesagt, daß man eines Tages selbst konterrevolutionäre Bücher in Kuba verlegen wird, aber im Augenblick könnten sie sich diesen Luxus noch nicht leisten, schon wegen der Papierknappheit (Cardenal lacht). Im Augenblick fehlt sogar das Papier für Schulbücher und revolutionäre Schriften.
Daß es in Kuba kein Parlament und keine freien Wahlen gibt, ist meiner Meinung nach kein Zeichen für Unfreiheit. Denn parlamentarische Demokratien gibt es in allen Ländern Lateinamerikas, sogar in den »Gorilla-Regimes« (Bezeichnung für brutale Militärdiktaturen, wie zum Beispiel in Nicaragua). Der Parlamentarismus ist hier nicht mehr als eine Formsache. Das Parlament repräsentiert nicht das Volk, sondern spielt Komödie. Dem Feudalismus gegen-

über war die bürgerliche Demokratie durchaus ein Fortschritt, aber es kann von wirklicher Volksvertretung keine Rede sein. Diese Volksvertretung kann es nicht geben, ehe das Volk nicht von der wirtschaftlichen Ausbeutung befreit ist. Zunächst darf es kein Volk von Analphabeten mehr sein, denn in jenen Ländern, in denen 60, 70 oder 80 Prozent der Bevölkerung Analphabeten sind, kann das Volk nicht Herr seines Schicksals sein. Nachdem das Volk Bildung erworben hat und nachdem es auch über die Produktionsmittel verfügt und die Ökonomie des Landes in Händen hat, kann es auch Anteil am politischen Leben haben. In Kuba werden in den Fabriken wichtige Entscheidungen allein durch Abstimmung getroffen und durch Wahlen. Parteimitglieder, also diejenigen, die Macht ausüben, sind in Fabriken, in den Werkstätten und Arbeitszentren gewählt worden, gewählt vom Volk, auch von jenen, die nicht zur Partei gehören. Das heißt doch, daß es in Kuba Mitbestimmung des Volkes am politischen Leben gibt.

Ich glaube, daß so das Volk wirklich die Macht kontrolliert. Die Macht, die Fidel hat, ist die Macht des Volkes. Wenn er seine Popularität verlöre, würde er augenblicklich fallen. Denn seine Macht liegt nicht in Waffen, sondern im Vertrauen des Volkes. Dort kauft man die Macht nicht mit Geld und hält sie auch nicht mit Waffen aufrecht. Aber dadurch, daß Kuba immer bedroht ist und in ständiger Gefahr einer Invasion, ist die Regierung zu Restriktionen gezwungen, was das persönliche Leben angeht, zum Beispiel Ausreisen aus Kuba etc. Aber das wird kein Dauerzustand sein.
Ich glaube, dort herrscht ein Klima authentischer Freiheit. Man gesteht dem Volk ein Höchstmaß an Freiheit zu, soviel, wie die Revolution im Augenblick zugestehen kann. Und das ist in Wirklichkeit eine größere Freiheit als in den

anderen lateinamerikanischen Ländern; ohne die Karikatur einer Demokratie, die wir haben, mit Wahlen und Abgeordneten.

Frage: Wie stehst du zu den »linken« Reichen in Lateinamerika und in den Industrienationen?

EC: Ich glaube, ein Reicher kann seine Seele retten, wenn er für die Revolution arbeitet und alle seine Möglichkeiten, die er mehr hat als jeder andere, einsetzt. Es nützt der Revolution aber gar nichts, wenn er sein letztes Hemd weggibt.
Es gibt natürlich viele Reiche, die »Revolution« schreien wie »Herr, Herr«, aber nicht daran denken, ihre Macht und ihr Geld – sei es in Banken, Fabriken oder Unternehmen – für den revolutionären Kampf einzusetzen. Armut möchte ich so definieren: Losgelöst sein, unabhängig sein von den Dingen, nicht an ihnen hängen. Der Reiche, der für die Revolution kämpft, muß wissen, daß er alles, was er hat, eines Tages verlieren wird, selbst sein Leben.
Ich habe gerade gestern in dem Buch von P. Gustavo Gutiérrez »Theologie der Befreiung« einen Absatz über die Armut gelesen. Er sagt darin, daß das Wort Armut ein zweideutiges Wort sei: einerseits bedeute Armut eine degradierende Situation (die Armut der ausgebeuteten Länder), andererseits aber ein menschliches und religiöses Ideal; es umfasse also gleichzeitig eine materielle und eine geistige Situation. Gutiérrez erklärt diese Zweideutigkeit anhand des Begriffs der Armut in der Bibel. Die materielle Armut ist in der Bibel ein Skandal, etwas, das man bekämpfen muß, etwas, das es im Volke Gottes nicht geben darf. Diese Art von Armut steht im direkten Widerspruch zum Sinn der mosaischen Religion. Gott wollte Israel als ein brüderliches Volk, in dem es keine Armen gibt. Die

Existenz dieser Armut ist ein Bruch in der Solidarität zwischen den Menschen und verhindert die Begegnung mit Gott.

Es gibt in der Bibel aber auch den Begriff der geistigen Armut. Das ist die Armut derer, die vor Gott arm sind, die Armut der Demütigen, die Armut der Seligpreisungen. Wenn nun die materielle Armut, führt Gutiérrez aus, nach der Bibel etwas Verabscheuungswürdiges ist, so kann sie kein christliches Ideal sein. Das würde auch gleichzeitig bedeuten, gegen den Strom der Geschichte anzuschwimmen, denn auch die moderne Welt lehnt wie die Bibel diese Armut ab. Materielle Armut als christliches Ideal anzusehen, bedeutet in letzter Konsequenz, die Ausbeutung gutzuheißen. Christliche Armut bedeutet für Gutiérrez Solidarität mit den Armen und Kampf gegen die Ausbeutung; mit anderen Worten: revolutionär zu sein.

Und er sagt auch, daß es nicht gut sei, das Wort »Armut« zu benutzen, wenn man ein Lebensideal damit beschreiben wolle, weil es ein zweideutiges und verwirrendes Wort sei und weil Armut in der Welt heute eine infrahumane Situation bedeutet, gegen die man kämpfen müsse. Er zitiert einen Satz des heiligen Thomas, der sagte, daß ein vollkommenes Leben nicht in der Armut liege, sondern in der Nachahmung des Lebens Christi.

Sich mit den Armen solidarisch erklären, heißt natürlich, auf viele Dinge verzichten, oft auf die eigene soziale Klasse, auf Privilegien und Bequemlichkeiten. Und es kann bedeuten, viel zu wagen, vielleicht sogar sein eigenes Leben aufs Spiel zu setzen.

Das Ideal liegt nicht in der Armut, sondern im Überfluß, aber in einem gleichmäßig verteilten Überfluß. Es gibt einen schönen Satz von Mounier, den Gutiérrez auch zitiert: »Nachdem die Menschheit die geistige Armut durch die materielle Armut erfahren hat, ist sie jetzt zu Schwierigerem berufen: nämlich diese geistige Armut inmitten des materiellen Überflusses zu praktizieren.«

Frage: Viele Christen fühlen sich abgestoßen vom Gottesverständnis des Marxismus-Leninismus. Wie verstehst du das Verhältnis zwischen dem Gott der Bibel und dem Gottesverständnis des Dialektischen Materialismus?

EC: Für mich ist der Gott der Bibel auch der Gott des Marxismus-Leninismus. Weil es zwei Klassen des Atheismus gibt und auch zwei Klassen des Materialismus. Der Gott der Bibel ist der Gott, der mit den Menschen eins geworden ist. Es ist der Gott, den wir nur verstehen können durch den Menschen und durch die Liebe zum Menschen. Wir können keinen direkten Kontakt zu ihm haben. Der Apostel Johannes sagt: »Gott, den niemand gesehen hat.« Und die Aussage, die die atheistischen Marxisten machen, scheint mir der des heiligen Johannes ähnlich zu sein: »Gott, den niemand gesehen hat.«
Der wirkliche Atheismus, die wahrhaftige Verneinung Gottes, das sind für mich die Gesellschaften ESSO und STANDARD OIL; das ist der wirkliche Materialismus, der atheistische Materialismus in dem Sinne, wie wir die Verneinung Gottes verstehen müssen. Die DOW-Company, die ihr Geld mit Napalm-Bomben verdient, das ist Gottesverleugnung.

Ernesto Cardenal

Gebet für Marilyn Monroe
und andere Gedichte

Herausgegeben und übertragen von
Stefan Baciu

FRÜHE GEDICHTE

1946-1953

GREYTOWN

Greytown! Greytown!
Amerikaner, Deutsche, Iren,
Franzosen, Mulatten, Chinesen, Spanier
kamen, trafen sich hier und gingen wieder.
What's the news from New York? New Orleans? Havanna?
Sie bezahlten Guavenbirnen mit Mark, eine Flasche Rum
mit Dollars, Francs, Pfund Sterling.
Any new anextion?
Und durch die Lichtstrahlen des Laubwerks,
entfernte sich der »Daniel Webster« . . .

Edwards E. Brand aus Kentucky war der letzte Nordamerikaner,
der in Greytown blieb und den Kanal abwartete.
Er hat sein ganzes Leben gewartet. Und er lebte ein volles
Jahrhundert.
Immer trug er Überrock, Weste, Krawatte und Pittahanfhut.
Während der letzten Jahre gaben ihm die Einwohner zu essen,
er hatte keine Schuhe mehr und ging barfuß,
immer aber im Überrock, mit Weste, Krawatte und Pittahanfhut.

Greytown! Greytown! Graue Stadt.
Jetzt gibt es nur grauen Sand und graues Meer unter dem grauen
Himmel.
Alte Schiffsrümpfe am trockenen Strand.
Hütten aus trockenem Stroh unter trockenen Kokospalmen.
Sonne über trockenen Salzhügeln. Salz von aschener Farbe.
Flache Salzhügel. Flacher Strand. Und flaches Meer.
Alles so feucht. Alles so unfruchtbar. Alles so grün.
Ein verrostetes Baggerschiff am Ufer des Meers.
Eine Fregatte im Heu
mit Lianenseilen angebunden.
Auf dem King George Platz weiden die Kühe.
Ein Jahrhundert der Verwüstung verging wie ein langsamer
Sturmwind.

Nachts bellt das schmutzige Meer wie ein Hund,
wühlt zwischen Knochen, trockenen Ästen, Büchsen und Flaschen.
Der Wind vom Meer spült warmen Sand
über trockene Hölzer auf die fast begrabenen
zerfressenen Schienen, auf die alten leeren Waggons,
auf das alte verlassene Zollamt aus verrostetem Blech.
Und plötzlich scheint sich ein Schiff mit seinen Masten
durch den Urwald den Weg zu bahnen.
Auf der Grünstraße heult ein Affe unter dem Mond.
Auf dem Strand glänzen Berge von Flaschen ...

LEON

Ich wohnte in einem großen Haus bei der Kirche des Heiligen
Franz,
das im Flur eine Aufschrift trug mit den Worten
AVE MARIA
und die Flure waren rot und aus Lehm,
aus alten roten Ziegeln
und Fenster mit rostigen Gittern,
und da war ein beängstigend großer Hof, in dem an windlosen
Tagen
eine traurige Rohrdommel die Stunden schlug,
und eine weiße Tante betet im Hof ihren Rosenkranz.
Nachmittags hörte man das Läuten des Angelus
(»Der Engel des Herrn brachte Maria
die Botschaft ...«)
man hörte die Hand eines fernen Mädchens einen Ton anschlagen
auf dem Klavier
und die Trompete einer Kaserne.
Nachts stieg ein riesiger roter Mond den Kalvarienberg hinauf.
Man erzählte mir Geschichten von Seelen im Fegefeuer und von
Gespenstern.
Um Mitternacht
ritt der Schatten des Generals Arechabalda durch die Straßen.

Und das Geräusch eines Tors, das sich schließt . . . Ein schwarzer
Wagen . . .
Ein leerer Leiterwagen rollt holpernd durch die Hauptstraße,
und dann krähten alle Hähne der Nachbarschaft,
und da war der Gesang der Rohrdommel,
und meine Tante, die täglich zur 4-Uhr-Messe ging,
mit dem Schlag der Glocken vom Heiligen Franz,
läutend
am Kalvarienberg
und im Hospiz des Heiligen Hans,
und die Kannen der Milchmänner, die auf das Pflaster schlagen,
und ein Bäcker, der im Flur klopft
und ruft
Brot!
Brot!

AQUARELL

Die goldenen Hütten, von Disteln umgeben;
Schweine in den Straßen;
ein Wagenrad
an eine Hütte gelehnt, ein Klo im Hof,
ein Mädchen, das ihren Krug füllt,
und der Momotombo*,
blau, hinter den lustig wehenden Unterhosen in
gelb, weiß und rosa.

---

* Vulkan am Großen See von Nicaragua.

BEIM LESEN EINES BUCHES VON SQUIER*

Nindirí**:
Wie kann ich dich beschreiben,
Nindirí,
schönes Nindirí.
Unter grünen Gewölben:
Alleen, die sauber gefegten
Alleen von Nindirí.
Einfache Hütten aus Stroh
unter den grünen Ästen
wie Nester.
Nindirí:
der klingende Namen, den man dir gab,
(Ninda, das Wasser und Diria, die Erde)
spricht uns in einer alten und
vergessenen Sprache
vom See und vom Vulkan.
Nindirí, schönes Nindirí:
Gold zwischen den Blättern.
Orangen, Goldbananen, Icacos,
Mädchen mit der Farbe von Schokolade,
mit nackten Brüsten,
weiße Wolle spinnend unter den Bäumen.
Ruhiges, einfaches Nindirí,
Sitz der alten Häuptlinge und ihrer Höfe,
Vision der Nacht, Arkade des Traums!
So unwirklich!
Wie kann ich dich vergessen!

---

* E. Squier (1821–1888), amerikanischer Diplomat und Reisender, der in Nicaragua lebte und ein Buch über das Land schrieb.

** Dorf in Nicaragua.

Kleine grüne Inseln mit schwarzen Felsen und mit
Icacos, Bananenfeldern, mit Palmen und Papayas,
Strohhütten zwischen den Bananenfeldern,
die gelben Glocken der Gloria de Nicaragua
hängen in den Bäumen
und über die Steine gleitend schaukeln sie auf dem Wasser.
Und im Spiegel des Wassers
auf den Kopf gestellt die kleinen grünen Inseln
mit den schwarzen Steinen und den Icacos,
mit Bananenfeldern, Palmen und Papayas.
Ein schwarzes Boot am Ufer des Wassers;
im Wasser eine Frau mit nackten Brüsten
in einem purpurnen Rock,
Wäsche waschend auf einem weißen Stein,
das Wasser reicht ihr bis an die Knie,
ihr langes, welkes Haar fällt lose aufs Wasser,
und der purpurne Rock,
die nackten Brüste,
das schwarze Haar,
das schwarze Boot,
                    spiegeln sich im Wasser.
Und in der Ferne
biegt die Silhouette eines Bootes mit zwei Leuten
um eine Insel.

Auf dem nassen Weg, auf dem die Mädchen mit ihren Krügen
kommen und gehen,
die Stiegen sind in den Stein gehauen,
hängen wie Haarsträhnen oder wie Schlangen
die Lianen der Bäume.
Und etwas wie Aberglaube schwebt über allem.
Und unten:
                    der zitronenfarbene See
                    wie Jade poliert.
Vom Wasser steigen die Rufe auf
und das Tönen der Körper aus Lehm gegen das Wasser.
Etwas wie Aberglaube ...

Die Mädchen kamen und gingen mit ihren Krügen,
sangen ein altes Liebeslied.
Sie stiegen hinauf, aufrecht schreitend wie Statuen
unter ihren frischen, bemalten Krügen,
die frischen Körper wie Krüge geformt.
Und sie stiegen hinunter,
springend und laufend wie Rehe,
und im Wind öffneten sich ihre Röcke wie Blumen.

Trübes und nebliges Morgengrauen,
duftend nach Milch, grünem Dünger und Heu,
mit dem Brüllen von Kühen und jungen Kälbern,
und die Zanate* singt über der Kuh.
Trockene, rauchige Hütten im trockenen Feld.
Oder feuchte Hütten, grünes, taufrisches Gras,
und weiße Häuser mit nassen, roten Dächern
unter dem blauen Himmel.
Die blassen Leuchtkäfer des Nachmittags
und die traurigen Zikaden,
die Zikaden
und der Karren
und der Gesang des Kutschers.
Und die Zanate singt auf dem Zaun.
»Adieu, meine Herren!«
»Gute Reise, mein Herr!«
Es stand da immer ein Kreuz am Wegrand
mit trockenen Blumen ...
Und das winzige Licht im Gebirge und das ferne Gebell.
Und die Waldfeuer in der Ferne.

---

* Schwarzglänzender Vogel Mittelamerikas.

RALEIGH

Im Osten Perus, zum Meer hin, in Höhe der Tag- und Nachtgleiche,
auf einem weißen See, salzig, zweihundert Meilen breit,
liegt Manoa,
Manoa, Wohnsitz der Sonne, Spiegel des Mondes,
Manoa, das Juan Martín eines Tages sah,
als man ihm mittags um zwölf die Binde abnahm,
und er jenen ganzen Tag bis in die Nacht durch die Stadt ging.
Und ich hatte seit langem von ihr erzählen gehört,
wie sie schimmerte nachts im See gleich dem Mond,
und daß sie glänzte wie Gold am Mittag.
Alles Geschirr seines Hauses, Tische und Küche waren aus Gold,
sagt Gomara*,
und man fand zweiundfünfzigtausend Mark in gutem Silber
und eine Million dreihundertundzwanzigtausendfünfhundert
Pesos in Gold,
aus dem Schatz Atahualpas** in Cuzco, sagt er,
und man fand zweiundfünfzigtausend Mark in gutem Silber
und eine Million dreihundertsechsundzwanzigtausend-
fünfhundert Pesos in Gold.
Weshalb sagten sie, daß die Steine, die wir brachten, nicht Gold
waren?

Und ich sprach mit den Kaziken in ihren Häusern
und gab in Trinidad Wein den Spaniern, damit sie redeten.
Und ich kannte alle Flüsse und alle Königreiche;
von der Grenze Perus bis zum Meer des Ostens,
vom Orinoco südwärts bis hin zum Amazonas
und bis zur Gegend von Maria Tamball***,
alle Königreiche.
Und das Leben, das man dort lebte, und die Gebräuche.
Orenqueponi, Taparimaca, Winicapora.
Es war, als sähe ich sie vor mir.

---

* Lopez de Gomara, spanischer Chronist.
** Inka.
*** Früherer Name einer Region in Brasilien.

Die Indios an den Küsten, die von den Inseln, die Kannibalen,
Kannibalen aus Guanipe,
die Indios, die man Assawai, Coaca, Aiai nennt,
die Tuitas auf den Bäumen, die Kopflosen,
und im Norden des Orinoco die Wikiri,
und im Süden der Mündung des Orinoco die Arwaca,
und weiter fort die Kannibalen,
und im Süden die Amazonen.
Und es wurde April,
und die Königinnen des Amazonas versammelten sich an den Ufern
und tanzen nackt, gesalbt mit Balsam und Gold,
bis zum Ende des Mondes –
Es wurde April,
die Boote sehr fern von uns im Meer verankert,
aufs Geratewohl –
100 Menschen mit ihren Flößen und mit Proviant für einen Monat,
schlafend im Regen,
auch bei schlechtem Wetter, auch unter freiem Himmel, auch
in der sengenden Sonne,
und die Pflanzen kleben am Körper und die Kleider sind naß,
und der Schweiß so vieler Menschen mischt sich mit der Hitze der
Sonne –
(und ich, ich denke an den königlichen Hof)
und eine Traurigkeit, die am Abend zunahm und das Summen der
Sümpfe,
und wir hörten die Affen vor Angst weinen in der Nacht,
den Schrei eines Tieres, von einem andern erschreckt,
und das Schlagen von Rudern,
das Schleifen der Zweige im Fluß,
das Tasten zarter Pfoten in den Ästen.
Stimmen: die Traurigkeit dieser Stimmen . . .
Es gibt kein Gefängnis in England, das so einsam ist.

Und das Brot wird knapp. Und kein Wasser.

Die Nächte in hängenden Betten unter dem Himmel Brasiliens –
diese Betten, die man »Hängematten« nennt,
im Dunkel hört man das Brausen des Stroms
und die Trommeln von Stamm zu Stamm über die Berge hin,
und das Brausen des Wassers wird lauter.

Ohne Brot. Ohne Wasser.
Die Ohren betäubt von der Stille.
Die Bäume so hoch, daß wir die Luft nicht spüren.
Und das Brausen des Wassers wird lauter.

Ohne Brot. Ohne Wasser.
Nur das schwere und trübe Wasser des Flusses.
Und es gibt einen roten Fluß, der Ebbe und Flut hat,
er wird giftig, wenn die Sonne sich senkt,
und man hört, wie er klagt, wenn keine Sonne mehr scheint,
und er wird krank.
Und schwarze und zähe Lagunen, wie Teer . . .
Und die Hitze, wenn wir uns der Linie nähern.
Und der Geruch nach feuchtem Laub und der Geschmack von Müdigkeit.
Und von Strömung zu Strömung, von Wasserfall zu Wasserfall
das nächtliche Lachen der grünen Jungfrau des Flusses
und das Klatschen des Wassers gegen das Wasser.

Und ohnmächtig die Luft. Und der einsame Urwald . . .

Die Gruppe begann zu verzweifeln.
Und einen Tag noch bis zu dem Ort, wo man haben kann, was man will!
Und an den Ufern Blumen und reife Früchte, auch grüne.
Und grüne Vögel –
lange Zeit sahen wir sie vorüberziehen –
und Brotfrüchte und Affen und der Glockenvogel
und ein süßer Duft von Balsam und Zynamon
und der Wachs, der aus dem Karamanabaum fließt,
und der Schweiß von Sandelhölzern und Kampfer:

aus den Bäumen quoll Milch und Honig,
quollen Amber und aromatische Harze –
und eine Frucht, die mit einem Knall zerplatzte –
aus der Ferne hörten wir sie bersten des Nachts.
Und Blätter so groß wie Boote fielen auf den Fluß.
Und wir sahen den Kristallberg, wir sahen ihn in der Ferne,
über dem Horizont ragte er auf wie eine Kirche von Silber,
und ein Fluß entsprang seinem Gipfel mit dem Läuten von
tausend Glocken.

Und die Töchter des Orinoco lachten zwischen den Bäumen ...
Und Wasserfälle, die von Ferne wie Städte funkelten,
wie der Rauch, aufsteigend über einem großen Dorf,
und das Tosen und das Donnern und das Überschlagen der Wasser.
Und nie sah ich ein besseres Land:
die grünen Täler leer,
die Vögel gegen den Abend ansingend in jedem Baum,
die Hirsche, die zahm zum Wasser kamen wie auf das Pfeifen des
Herrn
und der frische Wind von Osten
und das Funkeln der goldenen Steine im Sonnenlicht.

Fünfzehn Tage später sahen wir in der Ferne mit großem Jubel
Guayana,
und ein kräftiger Wind blies von Norden an diesem Tag,
und in der Nacht kamen wir an einen Ort, an dem sich der Fluß
in drei Arme teilt,
und wir warfen die Anker in jener Nacht unter den Sternen,
spürten den Duft Guayanas.

So nah die Erde Guayanas!
Aber wir mußten nach Osten zu,
weil die Regen begannen: jene riesigen Fluten
und die überschwemmten Flüsse und die endlosen Sümpfe –
ließen Guayana mit seinem Säbel von Feuer hinter uns,
ließen Guayana, angebetet von der Sonne,
und wir stachen wieder in See, voll Trauer ...

STUNDE NULL

1954-1956

Die Gedichte »Stunde Null« wurden in Nicaragua geschrieben; zwischen der April-Rebellion 1954, an der Cardenal teilnahm, und der Ermordung des Diktators Anastasio Somoza am 21. September 1956. 1957, bereits im Kloster »Our Lady of Gethsemany« in Kentucky/USA, autorisierte er die Veröffentlichung in der Revista Mexicana de Literatura.
Zu Ehren des nicaraguanischen Revolutionärs und Volkshelden Augusto César Sandino erschien »Stunde Null« geschlossen zum 26. Todestag Sandinos am 21. Februar 1960; herausgegeben von Ernesto Mejía Sánchez, gedruckt in der Gráfica Panamericana, S. de R. L. (Parroquia, 911), Mexico 12, D. F., gestaltet von Pedro Coronel.

Tropische Nächte Zentralamerikas,
mit Lagunen und Vulkanen im Mondschein
und mit den Lichtern von Präsidentenpalästen,
mit Kasernen und traurigen Hornsignalen.
»Oft habe ich bei einer Zigarette
den Tod eines Menschen beschlossen«,
sagt Ubico* bei einer Zigarette ...
In seinem Palast, der wie eine rosa Torte aussieht,
sitzt Ubico, ist erkältet. Draußen wird das Volk
mit Phosphorbomben auseinandergetrieben.
San Salvador im Dunkel der Nacht und der Spionage,
mit Geflüster in den Häusern und in den Pensionen
und Schreien in den Polizeistationen.
Carías** Palast vom Volk mit Steinen beworfen.
Ein Fenster seines Büros wurde zerschlagen,
und die Polizei schoß in die Menge.
Und auf Managua werden Maschinengewehre angelegt
vom Schokoladenplätzchen-Palast,
und Stahlhelme durchstreifen die Straßen.
Wache! Welche Stunde ist's in der Nacht?
Wache! Welche Stunde ist's in der Nacht?

---

* Diktator Guatemalas.
** Diktator Honduras'.

Die Bauern aus Honduras trugen das Geld im Hut,
als sie ihre Saat säten
und die Leute aus Honduras Herren ihrer Erde waren.
Als es Geld gab
und keine fremde Anleihen
und auch die Steuern nicht für Pierpont Morgan & Cie
und als die Frucht-Gesellschaft nicht mit dem kleinen Bauern
konkurrierte.
Aber da kam die *United Fruit Company*
mit ihren Niederlassungen *Tela Railroad Company*
und *Trujillo Railroad Company*
vereinigt mit der *Cuyamel Fruit Company*
und der *Vaccaro Brothers & Company*
später *Standard Fruit & Steamship Company*
zur *Standard Fruit & Steamship Corporation:*
die *United Fruit Company*
mit ihren Revolutionen zur Erlangung von Konzessionen
und mit der Befreiung von Millionen an Importsteuer
und Exportsteuer, Revision alter Konzessionen
und Subventionen für neue Ausbeutungen,
mit Vertragsbrüchen, Verletzungen
der Verfassung ...
Und alle Bedingungen werden von der *Company* diktiert
mit Auflagen für den Fall der Beschlagnahmung
(Auflagen für die Nation, nicht für die *Company*),
und mit Bedingungen, die sie stellt (die *Company*),
die Pflanzungen der Nation zurückzugeben
(von der Nation gratis der *Company* gegeben)
nach 99 Jahren ...
»und alle anderen Pflanzungen jeder anderen
Person oder Gesellschaft oder jedes anderen Unternehmers,
die abhängig sind von den Vertragschließenden, und an welchen
die Letztere später Interessen jeder Art vertritt
oder vertreten kann, sind folglich in die obengenannten
Daten und Bedingungen eingeschlossen ...«

(Weil die *Company* auch die Prosa korrumpierte.)
Die Bedingung war, daß die *Company* die Eisenbahn baute,
doch die *Company* baute sie nicht,
weil die Maultiere in Honduras billiger waren als die Eisenbahn,
und »ein Abgeordneter mehr billig als eine Maultier« –
wie Zemurray sagte* –
wenn sie dafür auch Steuerfreiheit bekamen
und 175 000 Acres als Subvention für die Company,
mit der Verpflichtung, für jede nicht gebaute Meile
an die Nation zahlen zu müssen, aber sie zahlte nichts,
baute auch keine einzige Meile (Carias ist der Diktator,
der die meisten Meilen Eisenbahnstrecke nicht baute),
und nach all dem nützte die Scheißbahn
der Nation kein bißchen,
weil diese Bahn zwischen zwei Pflanzungen verlief
und nicht zwischen Trujillo und Tegucigalpa.

Sie korrumpieren die Prosa und korrumpieren das
Abgeordnetenhaus.
Die Banane bleibt in den Pflanzungen, um zu verfaulen,
oder sie verfault in den Waggons entlang der Eisenbahnlinie,
oder sie wird reif geschnitten, um zurückgewiesen zu werden,
wenn sie am Kai ankommt, oder sie wird ins Meer geworfen;
man behauptet, die Büschel seien beschädigt oder zu mager
oder welk oder grün oder zu reif oder krank:
damit es keine billigen Bananen gibt
oder um billige Bananen einzukaufen.
Bis dann Hunger herrscht an der Atlantikküste Nicaraguas.
Und die Bauern eingesperrt werden, weil sie nicht für 30 Cts
verkaufen wollen,
und ihre Bananen mit Bajonetten zerhackt werden,
und die *Mexican Trader Steamship* ihre Boote versenkt,
und die Streikenden mit Gewehren überwältigt werden.
(Und die Abgeordneten Nicaraguas werden zu einem Gartenfest
geladen.)

---

* Samuel Zemurray, Gründer der *United Fruit Company.*

Aber der Neger hat sieben Kinder.
Und was soll man machen. Essen muß man.
Und man muß ihre Zahlungsbedingungen annehmen.
24 Cts das Büschel.
Inzwischen kabelt die Niederlassung *Tropical Radio* nach Boston:
»Hoffen daß die Geldzuwendungen an Abgeordnete der Mehrheit in Nicaragua für die unschätzbaren Dienste
die sie der *Company* erwiesen haben Bostons Zustimmung hat.«
Und von Boston nach Galveston per Telegraph
und von Galveston per Kabel und Telegraph nach Mexico
und von Mexico per Kabel nach San Juan del Sur
und von San Juan del Sur per Telegraph nach Puerto Limón
und von Puerto Limón per Kanu in die Wälder
geht der Befehl der *United Fruit Company:*
»Die Yunai* kauft keine Bananen mehr.«
Und in Puerto Limón wird Arbeitern gekündigt.
Die kleinen Werkstätten werden geschlossen.
Niemand kann seine Schulden bezahlen.
Und die Bananen in den Eisenbahnwaggons verfaulen.
Damit es keine billigen Bananen gibt.
Und damit die Bananen billig sind.
– 19 Cts das Büschel.
Die Arbeiter bekommen Gutscheine statt Lohn.
Statt Geld Schulden.
Und sie verlassen die Pflanzungen, die völlig nutzlos sind,
übergeben an Heere von Arbeitslosen.
Und die *United Fruit Company* in Costa Rica
mit ihren Niederlassungen *Costa Rica Banana Company*
und *Northern Railway Company* und
der *International Radio Telegraph Company*
und der *Costa Rica Supply Company*
kämpfen vor den Gerichten gegen ein Waisenkind.
Fürs Entgleisen zahlt man 25 Dollar Schadenersatz
(aber es wäre teurer gewesen, die Eisenbahnstrecke zu reparieren).

* Spanische Aussprache der *United Fruit*-Kurzform.

Und die Abgeordneten, billiger als die Maultiere, wie Zemurray
sagt.
Sam Zemurray, der türkische* Bananeneinzelhändler
aus Mobile, Alabama, der eines Tages eine Reise nach New Orleans
machte
und auf den Kais der *United* sah, wie man die Bananen ins Meer
warf,
und der anbot, alles zu kaufen, um daraus Essig zu machen,
alles kaufte und wieder in New Orleans verkaufte,
und die *United* mußte ihm Land in Honduras geben,
damit er auf seinen Vertrag in New Orleans verzichtete,
und so kam es, daß Sam Zemurray in Chonduras Bräsidenten
ernannte**.
Er provozierte Grenzstreitigkeiten zwischen Honduras und
Guatemala
(die eigentlich zwischen der *United Fruit Company*
und seiner *Company* bestanden),
und erklärte, daß Honduras (seine *Company*) »keinen Zoll Erde«
verlieren dürfe,
»weder in der umstrittenen Gegend, noch
in irgendwelchen anderen, nicht umstrittenen Gebieten
Honduras« (seiner *Company*) ...
(während die *United* die Rechte Honduras verteidigte
in ihrem Prozeß mit der *Nicaragua Lumber Company*)
bis der Streit plötzlich beendet war, man sich mit der *United*
zusammenschloß, und anschließend alle Aktien an die *United* gingen
und mit den Aktien der Vorstand in Boston überrannt wurde
(gemeinsam mit den Geschäftsführern in Honduras) –
und man wurde Herr über Honduras und Guatemala,
und der Streit um die erschöpften Gebiete war zu Ende,
und sie nützten niemandem mehr, weder Guatemala noch Honduras.

---

* In Lateinamerika werden arabische und jüdische Kaufleute »Türken« genannt; S. Zemurray war aus Bessarabien.

** Wie schon gesagt, Zemurrays Aussprache des Spanischen war nicht besonders.

Es gab einen Nicaraguaner im Ausland,
einen »Nica«* aus Niquinohomo,
der arbeitete in der Huasteca Petroleum Co. in Tampico.
Und er hatte fünftausend Dollar gespart.
Und er war weder Militär noch Politiker.
Und er nahm dreitausend Dollar von den fünftausend
und ging nach Nicaragua zu Moncadas Revolution**.
Doch als er ankam, ergab sich Moncada.
Der Nica blieb drei Tage traurig im *Cerro del Común****.
Traurig, ohne zu wissen, was er nun tun sollte.
Und er war weder Militär noch Politiker.
Er dachte und dachte, und schließlich sagte er zu sich:
Jemand muß es tun.
Und dann schrieb er sein erstes Manifest.

Der General Moncada telegraphiert den Amerikanern:
ALLE MEINE MÄNNER ERGEBEN SICH AUSSER EINEM.
Mr. Stimpson**** stellt ihm ein Ultimatum.
»Das Volk wird Ihnen nicht danken . . .«
läßt ihm Moncada sagen.
Er versammelt seine Männer im Chipote-Gebirge,
29 Mann (und mit ihm 30) gegen die USA
. . . AUSSER EINEM.
(»einer aus Niquinohomo« . . .)
Und mit ihm 30.
»Wer den Erlöser spielt, stirbt am Kreuz«,
läßt ihm Moncada noch einmal sagen.
Weil Moncada und Sandino Nachbarn waren,
Moncada aus Masatepe und Sandino aus Niquinohomo.

---

* Spitzname für Leute aus Nicaragua.

** Moncada, Präsident Nicaraguas, hatte sich gegen Soldaten Nordamerikas aufgelehnt.

*** Gebirge in Nicaragua.

**** Leiter der amerikanischen Intervention.

Und Sandino antwortet Moncada:
»Der Tod bedeutet mir nichts.«
Und schreibt an Stimpson: »Ich vertraue auf den Mut meiner
    Leute.«
Und an Stimpson, nach der ersten Niederlage:
»Wer glaubt, wir seien besiegt,
        kennt meine Männer nicht.«

Und er war weder Militär noch Politiker.
Und seine Männer:
        viele waren Jungen,
mit Palmstrohhüten und mit Sandalen,
oder barfuß, mit Buschmessern, Alte
mit weißen Bärten, zwölfjährige Kinder mit ihren Gewehren,
Weiße, undurchdringliche Indios, und Blonde, und Schwarze
mit zerrissenen Hosen und ohne Proviant,
die Hosen in Fetzen,
in Indianerreihe marschierend, die Fahne voran,
– ein Lumpen an einen Stock gebunden –
schweigend durch den Regen, und müde,
die Sandalen waten durch die Pfützen des Dorfes
        Viva Sandino!
Und sie kamen vom Gebirge, und sie gingen ins Gebirge zurück,
marschierend, watend, mit der Fahne voran.
Eine Armee auf nackten Füßen oder in Sandalen, fast ohne Waffen,
in der weder Disziplin noch Unordnung herrschte,
und in der weder Führer noch Truppe Sold erhielten,
doch niemand war gezwungen zu kämpfen:
und es gab militärische Ränge, aber alle waren gleich
ohne Unterschied bei der Verteilung des Essens
und der Kleidung, dieselbe Ration für alle.
Und die Führer hatten keine Adjutanten:
eher eine Gemeinschaft als eine Armee
und einig eher durch Liebe als durch Militärdisziplin,
und doch gab es nie eine größere Einigkeit in einem Heer.
Ein fröhliches Heer, mit Gitarren, mit Umarmungen.
Ein Liebeslied war ihr Kriegsgesang:

Wenn Adelita mit einem anderen ginge,
Würde ich ihr folgen übers Land, übers Meer.
Auf dem Meer nähm ich ein Kriegsschiff,
Auf dem Land einen Zug des Militär.*

»Die Umarmung ist unser aller Gruß«,
sagte Sandino – und niemand hat so umarmt wie er.
Und immer, wenn sie von sich sprachen, sagten *alle*:
»Wir alle ...« »Wir alle sind gleich.«
»Hier sind wir alle Brüder«, sagte Umanzor**.
Und alle blieben zusammen, bis man sie umgebracht hatte.
Gegen Flugzeuge kämpften sie mit Bauerntruppen,
einziger Sold das Essen, die Kleidung und die Waffen,
und jede Kugel, als sei sie aus purem Gold,
geschossen wurde mit Mörsern, aus Eisenrohren,
und mit Bomben aus Steinen und Glasstücken,
gefüllt mit Dynamit aus den Minen und in Felle gepackt,
mit Granaten aus Sardinenbüchsen.

»He is a bandido«, sagte Somoza, »a bandolero.«
Und Sandino hatte nie Eigentum.
Was übersetzt heißt:
Somoza nannte Sandino einen Straßenräuber.
Und Sandino hatte nie Eigentum.
Und Moncada nannte ihn Bandit bei den Banketten,
und Sandino hatte in den Bergen nicht mal Salz,
und seine Männer zitterten im Gebirge vor Kälte,
und auf das Haus seines Schwiegervaters hatte er Geld
aufgenommen,
um Nicaragua zu befreien, während im Präsidentenhaus
Moncada auf Nicaragua Geld aufnahm.
»Natürlich ist er kein Räuber«, meinte der amerikanische Minister
lachend, »aber wir nennen ihn bandolero im technischen Sinne.«

---

* Mexikanisches Volkslied, das die Soldaten Pancho Villas sangen.
** Guerillageneral in Sandinos Armee.

Was ist das für ein Licht in der Ferne? Ist es ein Stern?
Es ist das Licht Sandinos in den schwarzen Bergen.
Da ist er mit seinen Männern neben dem roten Strohfeuer,
die Gewehre geschulter und in Decken gehüllt,
rauchend oder traurige Lieder aus dem Norden singend,
reglos die Männer, ihre Schatten bewegt.

Sein Gesicht war ausdruckslos wie das eines Geistes,
entrückt beim Meditieren und in Gedanken
und ernst in Aktionen und bei Unwettern.
Und Sandino hatte kein Soldatengesicht,
sondern das eines Dichters, der Soldat wird aus Notwendigkeit,
und das eines unruhigen Menschen, der beherrscht ist von
Heiterkeit.
Zwei Gesichter waren in seinem Gesicht:
ein Ausdruck, der dunkel war und gleichzeitig leuchtend;
traurig wie ein Nachmittag in den Bergen
und fröhlich wie der Morgen in den Bergen.
Im Licht verjüngte sich sein Gesicht,
und im Schatten wuchs darin die Erschöpfung.
Und Sandino war weder klug noch gebildet,
doch er kam klug zurück aus den Bergen.

»In den Bergen lernt sich alles«, sagte Sandino
(und er träumte von der Provinz Segovia – voller Schulen),
und er bekam Nachrichten von allen Bergen,
und es schien, als spioniere jede Hütte für ihn
(dort, wo der Fremde wie der Bruder aufgenommen wird,
jeder Fremde, auch der »americano«)
»auch die Yankees ...«
Und: »Gott wird für die Segovianer sprechen ...« sagte er.
»Nie habe ich geglaubt, daß ich lebend diesen Krieg überstehe,
aber immer habe ich geglaubt, daß er notwendig war ...«
Und: »Glaubt ihr, daß ich Großgrundbesitzer werde?«

Es ist Mitternacht in den Bergen Segovias.
Und das Licht ist Sandino! Ein Licht und ein Lied ...
Wenn Adelita mit einem anderen ginge.

Aber die Nationen haben ihr Schicksal.
Und Sandino war nie Präsident,
doch der Mörder Sandinos war Präsident,
und er war Präsident 20 Jahre lang.
Wenn Adelita mit einem anderen ginge,
Würd ich ihr folgen übers Land, übers Meer.
Die Entwaffnung wurde beschlossen. Man lud die Waffen auf Karren.
Mit Pittahanfstricken gebunden, verrostete Gewehre
und einige alte Maschinengewehre.
Und die Karren fahren herab vom Gebirge.
Auf dem Meer nähm ich ein Kriegsschiff,
Auf dem Land einen Zug des Militär.

Telegramm des amerikanischen Ministers (Mr. Lane)
an den Staatssekretär – aufgegeben in Managua
am 14. Februar 1934 um 18.05 Uhr
und empfangen in Washington um 20.50 Uhr:
»Aus amtlicher Quelle erfahren wir,
daß das Flugzeug nicht in Wiwilí landen konnte,
folglich verzögert sich die Ankunft Sandinos ...«

Das Telegramm des amerikanischen Ministers (Mr. Lane)
an den Staatssekretär vom 16. Februar,
die Ankunft Sandinos in Managua betreffend,
Not Printed
wurde nicht im Bericht des Ministeriums veröffentlicht.

Wie die Guardatinaja, die aus dem Gebüsch
auf die Landstraße kommt und von Hunden in die Enge getrieben wird,
und vor den Schützen verharrt,
weil sie weiß, daß sie nirgendwohin kann ...

I talked with Sandino for half an hour
– sagte Somoza dem amerikanischen Minister –
but I can't tell you what he talked about
because I don't know what he talked about
because I don't know what he talked about.

»Und ihr werdet schon sehen, daß ich nie Eigentum haben werde ...«
Und: »Es ist ver-fas-sungs-wi-drig!« sagte Sandino.
»Die Guardia Nacional* ist verfassungswidrig.«
»An insult!« sagte Somoza dem amerikanischen Minister
am EINUNDZWANZIGSTEN FEBRUAR um 18.00 Uhr.
»An insult! I want to stop Sandino.«

Vier Gefangene gruben ein Grab.

»Wer ist gestorben?« fragte ein Häftling.
»Niemand«, sagte die Wache.
»Wofür ist dann das Grab?«
»Was geht es dich an,« sagte die Wache, »grab weiter.«

Der amerikanische Minister ißt zu Mittag mit Moncada.
»Will you have coffee, Sir?«
Moncada sieht unbewegt zum Fenster.
»Will you have coffee, Sir?«
»It's very good coffee, Sir.«
»What?« Moncada sieht vom Fenster weg,
sieht den Diener an: »Oh yes, I'll have coffee.«
Und lacht. »Certainly.«

In einer Kaserne sind fünf Männer in einem verschlossenen Raum
mit Wachen vor Türen und Fenstern.
Einem der Männer fehlt ein Arm.
Kommt der fette Chef mit den Orden, sagt zu ihnen: »Yes.«

Ein anderer Mann wird in dieser Nacht mit dem Präsidenten zu Abend speisen
(als der Mann, für den man das Grab grub),
und er sagt seinen Freunden: »Gehen wir. Es ist Zeit.«
Und sie fahren hinauf, um mit dem Präsidenten von Nicaragua
zu Abend zu speisen.

---

* Nationalgarde, bestehend aus Armee und Polizei. Die Somozas (Vater und Sohn) waren bisher die einzigen Kommandanten.

Um 10 Uhr nachts steigen sie in Managua aus dem Auto.
An der Stadteinfahrt hält sie die Guardia an.
Die beiden Älteren nimmt man in einem Auto mit,
und die anderen drei in einem anderen Auto in eine andere
Richtung,
wo vier Gefangene ein Grab gegraben hatten.
»Wohin fahren wir?«
fragte der Mann, für den man das Grab geschaufelt hat.
Und niemand antwortete ihm.

Später hielt das Auto, und die Guardia sagte:
»Steigt aus.« Die drei stiegen aus,
und der Mann, dem ein Arm fehlte, rief: »Feuer!«

»I was in a concierto«, sagte Somoza.
Und so war es, er war in einem Konzert
oder bei einem Bankett oder er ließ eine Tänzerin tanzen oder
wer weiß welche Scheiße sonst –.
Und um 10 Uhr nachts hatte Somoza Angst.
Plötzlich schrillte das Telefon.
»Sandino möchte Sie sprechen.«
Und er hatte Angst. Einer seiner Freunde meinte:
»Sei nicht feige, du Bock.«
Somoza befahl, den Hörer nicht abzunehmen.
Die Tänzerin fuhr fort, für den Mörder zu tanzen.
Und draußen im Dunkel schrillte
und schrillte das Telefon.

Beim Schein einer Taschenlampe
schaufeln vier Männer ein Grab zu.
Und beim Schein eines Februarmondes.

Es ist die Stunde, da der Morgenstern die Mädchen weckt
von Chontales, daß sie Maisbrei kochen,
und der Gummisammler, der Holzfäller und der Wurzelsammler
aufbrechen,
die Bananenfelder vom Mond noch in Silber getaucht,

da: das Heulen des einsamen Präriewolfs und der Schrei des kleinen Papagei
und das Pfeifen der Schleiereule im Mondlicht.
Die Guardatinaja und die Guatuza kommen aus ihren Löchern,
und die Pocoyos und die Gespensterhunde verkriechen sich wieder.
Die Weinende heult am Ufer der Flüsse:
»Hast du's gefunden?« »Nein.« »Hast du's gefunden?« »Nein.«
Ein Vogel klagt wie das Stöhnen eines Baumstumpfs,
dann schweigt die Schlucht, als horche sie auf etwas,
und da: ein Schrei... Von weither spricht der Vogel
dasselbe traurige Wort, dasselbe traurige Wort.
Die Bauern beginnen ihre Kühe zu rufen:
Tóooo-tó-tótó, Tóooo-tó-tótó, Tóooo-tó-tótó,
die Fischer setzen die Segel auf ihren Booten,
der Telegraphist von San Rafael del Norte telegraphiert:
GUTEN MORGEN NICHTS NEUES IN SAN RAFAEL DEL NORTE
und der Telegraphist aus Juigalpa: NICHTS NEUES IN JUIGALPA
Und die Stämme kommen den Rio Escondito herunter
mit den Enten, die schreien cuá-cuá-cuá, und die Echos,
die Echos, während der Schlepper mit den Stämmen entschwindet
auf dem grünen Grasfluß,
hinunter zum Atlantik...

Und in den Salons des Präsidentenpalasts
und in den Höfen der Gefängnisse und in den Kasernen
und in der amerikanischen Botschaft und auf der Polizeistation
sehen sich die, die wach waren während der Nacht, im blassen
Morgenrot an, die Gesichter und Hände befleckt wie von Blut.

»I did it«, sagte später Somoza.
»I did it for the good of Nicaragua.«

Und William Walker* meinte, bevor man ihn umbrachte:
»Der Präsident Nicaraguas ist Nicaraguaner.«

---

* Amerikaner, der sich im 19. Jahrhundert selbst zum Präsidenten Zentralamerikas ernannt hatte.

Im April sind die Felder Nicaraguas trocken.
Das ist der Monat der Feldbrände,
der Hitze und der glühenden Koppeln
und der Wälder, die die Farbe von Kohlen haben,
des heißen Winds und der Luft, die verbrannt riecht,
und der Felder, die blau sind im Rauch
und der Staubwolken der Traktoren, die Stümpfe ausreißen,
der trockenen Flüsse, die wie Wege sind,
und der Äste, kahl wie Wurzeln,
der verschwommenen roten Sonnen wie Blut
und der riesigen roten Monde wie Sonnen
und der fernen Brände des Nachts wie Sterne.

Im Mai kommen die ersten Regen.
Das zarte Gras wird aus der Asche neu geboren.
Die verschmierten Traktoren brechen die Erde auf.
Die Wege sind voller Schmetterlinge und voll Pfützen,
und die Nächte sind kühl und voller Käfer,
und es regnet die ganze Nacht. Im Mai
blühen die Malinchebäume in den Straßen Managuas.
Aber der April ist in Nicaragua der Monat des Todes.

Im April wird man umgebracht.
Ich war mit ihnen in der Aprilrebellion
und lernte ein Rising-Gewehr zu bedienen.
Und Adolfo Baéz Bone* war mein Freund:
Man verfolgte ihn mit Flugzeugen, mit Lastwagen,
mit Scheinwerfern, mit Tränengasbomben,
mit Radios, mit Hunden, mit Guardias,
und ich erinnere mich der roten Wolken über dem Präsidentenhaus
wie blutige Wattefetzen
und des roten Mondes über dem Präsidentenhaus.
Der Geheimsender sagte, er lebt.

---

* Freiheitskämpfer.

Das Volk glaubte nicht, daß er tot sei.
(Und er ist nicht tot.)
Weil manchmal ein Mensch geboren wird auf einer Erde,
die diese Erde ist.
Und die Erde, in der dieser Mensch begraben ist,
ist dieser Mensch.
Und die Menschen, die später in dieser Erde geboren werden,
sind dieser Mensch.
Und Adolfo Baéz Bone war dieser Mensch.

»Wenn man mir sagte, ich solle mein Schicksal wählen
(hatte mir Baéz Bone drei Tage vorher gesagt),
zwischen: ermordet wie Sandino,
und: Präsident wie der Mörder Sandinos –
ich würde das Schicksal Sandinos wählen.«
Und er wählte sein Schicksal.
Ruhm ist nicht das, was in den Geschichtsbüchern gelehrt wird:
Ruhm ist ein Schwarm Geier auf einem Feld und ein starker
Gestank.
Doch wenn ein Held stirbt,
stirbt man nicht:
dieser Held wird wiedergeboren
in einer Nation.

Dann schickten die USA für Somoza mehr Waffen;
fast einen halben Morgen lang fuhren die Waffen vorbei;
Lastwagen um Lastwagen mit Kisten voll Waffen;
alle gestempelt: USA, MADE IN USA,
Waffen, um noch mehr Gefangene zu machen, um Bücher zu
verfolgen,
um Juan Potosme* fünf Pesos zu stehlen.
Ich sah diese Waffen durch die Roosevelt-Allee fahren.
Und die schweigenden Menschen auf den Straßen sahen sie
entlangfahren:
der Magere, der Barfüßige, der mit dem Fahrrad,

---

* Der kleine Mann auf der Straße.

der Schwarze, der mit der dicken Nase, die in Gelb,
der Große, der Blonde, der Kahlkopf, der mit dem Schnurrbart,
der Plattnäsige, der Glatthaarige, der Kraushaarige, der
Rachitische,
und das Gesicht all dieser Menschen
war das eines toten Ex-Leutnants.

Die Musik der Mambos klang bis Managua hinunter.
Mit seinen roten und trüben Haifischaugen,
Haifisch mit Leibwachen und Kriegsgerät
(*Eulamia nicaraguensis*),
tanzte Somoza den Mambo
Mambo Mambo
den tollen Mambo,
als man ihn umbrachte.
Und Tachito Somoza (der Sohn) geht ins Präsidentenhaus hinauf,
um ein blutbeflecktes Hemd zu wechseln
mit einem sauberen.
Befleckt mit Blut und Betrug.
Die Hunde des Gefängnisses heulten vor Mitleid.
Die Nachbarn der Kaserne hörten die Schreie.
Zuerst war's ein einziger Schrei mitten in der Nacht
und später noch mehr Schreie und noch mehr Schreie
und dann Schweigen . . . Dann ein Entladen
und ein einziger Schuß. Dann wieder Schweigen,
und ein Krankenwagen.

Und im Kerker heulen die Hunde schon wieder.
Das Kreischen des Eisentors, das sich schließt
hinter dir, und dann fangen die Fragen an
und die Anklage, die Anklage wegen Verschwörung
und das Geständnis und später die Wahngebilde,
das Foto deiner Freundin brennt wie das grelle Licht
vor dir und die Nächte sind voller Geschrei
und Lärm und Schweigen, ein Grabesschweigen,
und von neuem dieselbe Frage, dieselbe Frage
und dasselbe Kreischen noch einmal und das grelle Licht in den Augen

und später die langen folgenden Monate.
Ach, wenn man sich diese Nacht in sein Bett legen könnte
ohne Angst, geweckt und aus dem Haus geschleppt zu werden
mit Schlägen ans Tor und dem Klingeln in der Nacht.

Schüsse bellen in der Nacht, oder es scheinen Schüsse zu sein.
Schwere Lastwagen fahren vorbei, sie halten an
und fahren weiter. Jemand hat ihre Stimmen gehört.
Da an der Ecke. Vielleicht lösen sie die Wache ab.
Jemand hat ihr Lachen und ihre Waffen gehört.
Der Schneider von gegenüber hat das Licht angemacht.
Und es ist, als hätten sie hier geklopft. Oder beim Schneider.
Wer weiß, ob du diese Nacht nicht auf der Liste stehst.
Und die Nacht hat kein Ende. Und da sind noch viele Nächte.
Und der Tag wird nur eine Nacht mit Sonne sein.
Die Ruhe der Nacht unter dem riesigen Sonnenball.

Der amerikanische Minister, Mr. Whelan,
nimmt an der Fiesta im Präsidentenhaus teil.
Man sieht die Lichter des Präsidentenhauses von überall in Managua.
Die Musik der Fiesta dringt bis in die Zellen der Gefangenen
in der lauen Brise Managuas unter dem Ausnahmezustand.
Die Gefangenen können in ihren Zellen die Musik hören
zwischen den Schreien der in den Brunnen Gefolterten.
Oben im Präsidentenhaus sagt Mr. Whelan:
Fine party!

Wie der sonofabitch* Roosevelt zu Sumner Welles sagte:
»Somoza is a sonofabitch
but he's ours.«
Sklave der Ausländer
und Tyrann seines Volkes,
aufgezwungen von der Intervention,
aufrechterhalten von der Nicht-Intervention.
SOMOZA FOREVER

---

* Vulg.-amerik.: Hurensohn.

Der Spion, der tagsüber ausgeht,
der Agent, der ausgeht des Nachts,
und die nächtliche Haft:
Die, die verhaftet werden, weil sie in einem Bus geredet
oder *Viva* gerufen
oder einen Witz erzählt haben.
»Angeklagt, über den Herrn Präsidenten schlecht gesprochen zu
haben ...«
Und die Prozesse mit einem froschgesichtigen Richter
oder vor Kriegsgerichten mit hundegesichtigen Guardias:
Über jene, die man zwang, Urin zu trinken und Scheiße zu fressen
(wenn ihr eine Verfassung habt, denkt daran!),
die mit dem Bajonett im Mund und mit der Nadel im Auge,
mit den elektrischen Kontakten und dem grellen Licht in den
Augen.
– »Er ist ein Hurensohn, Mr. Welles, aber er ist unser.«
Und in Guatemala, in Costa Rica, in Mexico
wachen die Verbannten auf in der Nacht,
träumen davon, daß man ihnen das »Maschinchen« anlegt
oder daß sie gefesselt sind, von neuem,
und sie sehen Tachito mit der Nadel kommen.
»Und galán*, Mensch ...«
(sagte ein Bauer).
»Ja, er war's. Und galán, Mensch ...
Weiß, in seinem gelben Hemdchen
mit kurzen Ärmeln,
Galán, der Bock.«

Wenn es Nacht wird in Nicaragua, füllt sich das Präsidentenhaus
mit Schatten. Und es erscheinen Gesichter.
Gesichter im Dunkel.
Blutbefleckte Gesichter.
Adolfo Baéz Bone, Pablo Leal ohne Zunge,
Luis Gabuardi, den man lebendig verbrannte

---

* Bedeutet »hübscher Mann« und »Liebhaber«, ist auch der Name eines berüchtigten Offiziers der Guardia Nacional.

und der sterbend schrie: TOD DEM SOMOZA!
Das Gesicht des 16jährigen Telegraphisten
(man kennt nicht einmal seinen Namen),
der bei Nacht geheime Botschaften weitergab
nach Costa Rica, zitternde Telegramme
durch die Nacht, hinaus aus Tachos düsterem Nicaragua
(und er wird nicht in den Geschichtsbüchern stehen),
und er wurde entdeckt, und er starb angesichts dieses Tachito,
sein Gesicht sieht ihn noch immer an. Der Junge,
den man des Nachts antraf, wie er Plakate anklebte:
SOMOZA IST EIN DIEB
und er wird im Gebirge gejagt von lachenden Guardias . . .
Und so viele andere Schatten, so viele andere Schatten;
die Schatten der Schwärme von Geiern aus Wiwilí,
der Schatten Estradas*, der Schatten Umanzors**;
der Schatten von Socrates Sandino***;
und der riesige Schatten des riesigen Mordes,
der Schatten Augusto César Sandinos;
jede Nacht füllt sich das Präsidentenhaus in Managua
mit Schatten.

Aber der Held wird geboren, wenn er stirbt,
und das grüne Gras wird wiedergeboren aus der Asche.

---

* Guerillageneral in Sandinos Armee.
** Guerillageneral in Sandinos Armee.
*** Bruder Sandinos.

GETHSEMANY, KENTUCKY

1960

Es wurde Frühling im trappistischen Friedhof,
im grünen Friedhof mit frisch gemähtem Gras,
mit den eisernen Kreuzen in Reihen wie die Saat auf den Feldern,
wo der Kardinalvogel seine Geliebte ruft und die Geliebte
dem Ruf ihres roten Geliebten antwortet.
Wo der Zaunkönig Zweige sammelt für sein Nest
und man das Rattern des gelben Traktors hört
jenseits der Landstraße, hinter dem Zaun.
Jetzt seid ihr Phosphor, Stickstoff und Pottasche.
Und mit dem nächtlichen Regen, der Wurzeln auswäscht
und Knospen öffnet, ernährt ihr die Pflanzen,
wir ihr die Pflanzen gegessen habt, die vor dem Menschen waren
und Pflanzen davor und Phosphor davor, Stickstoff und Pottasche.
Doch wenn der Kosmos zurückkehrt zum einstigen Wasserstoff
– weil wir Wasserstoff sind und zu Wasserstoff werden –
aufersteht ihr nicht allein, wie ihr begraben seid,
sondern in eurem Körper wird auferstehen die ganze Erde:
der nächtliche Regen, das Nest des Zaunkönigs,
die schwarzweiße Holsteinkuh dort auf dem Hügel,
die Liebe des Kardinalvogels und der Traktor im Mai.

Wie die Schwärme der Enten, die schreiend vorüberziehn,
die in den Nächten des Herbstes schreiend vorüberziehn,
zu südlichen Seen, die nie sie gesehen,
und die nicht wissen, wer sie lenkt, nicht wissen, wohin:
so wurden wir gelenkt hin zu dir, ohne zu wissen, wohin.
Und wie die Schwärme der Enten, die von Süden kommen,
im Frühling, vom Süden Amerikas,
und die durch Kentucky ziehn, schreiend des Nachts.

Da ist ein Lärmen von Traktoren auf den Wiesen.
Die rosa Pflaumenbäume stehen in Blüte.
Sieh: in Blüte stehen die Apfelbäume.
Geliebter, dies ist die Zeit der Liebe.
Die Stare singen im Maulbeerbaum.
Die Landstraßen riechen frisch asphaltiert,
und die Autos fahren vorbei mit dem Lachen von Mädchen.
Sieh: die Zeit der Liebe ist da.
Jedem Vogel folgt fliegend ein andrer.

Der Frühling kam mit seinem Duft nach Nicaragua:
dem Duft von regenfeuchter Erde, dem Duft von Wärme,
von Blumen, von freigewaschenen Wurzeln und tropfenden
Blättern
(und ich hörte das Muhen des Viehs in der Ferne . . .)
Oder ist es der Duft von Liebe? Doch dies ist nicht deine Liebe.
Noch die Liebe zum Vaterland jenes Diktators: des fetten
Diktators im Sportanzug und mit Texashut,
mit prächtiger Yacht durch die Landschaften deines Schlafs:
er hat dies Land geliebt und bestohlen und dann besessen.
Und nun ruht in seinem geliebten Land der einbalsamierte Diktator,
da dich die Liebe in die Verbannung trieb.

All jene Tage fährt der »Louisville & Nashville«
über die Felder Kentuckys singend vorüber,
und es scheint mir, als hörte ich das Bähnlein aus Nicaragua,
wenn es am Ufer des Sees von Managua entlangfährt,
zu Füßen des Momotombo, kurz vor der Ankunft
in Mateare, oder wenn er die Kurve durchfährt
vor der Insel des Vogels, pfeifend und singend
sein eisernes Lied aus Rädern und Schienen,
die ersten Lichter von Managua dort
in der Ferne, gespiegelt im Wasser ...
Und der »Louisville & Nashville« entfernt sich singend.

Die Autos kommen und gehen vorüber
vor dem Noviziat, wie die Wellen des Meeres.
Man hört, wie das Brausen von Ferne zunimmt,
mehr und mehr, das Heulen des Motors,
das Singen der Reifen auf dem nassen Asphalt,
und dann wird es leiser und leiser, und dann hört man nichts mehr.
Und noch ein Motorenlärm wächst in der Ferne.
Wie die Wellen des Meeres. Und ich lief wie die Wellen
über geteerte Straßen, die nirgendwohin gehn.
Und manchmal ist mir, als liefe ich immer noch,
und nur im Traum komm ich irgendwo an,
und ich sehe nicht einfach die Autos vorüberfahren,
sondern erblicke diesen Ort mit Zerstreutheit
vom Auto aus, das soeben vorüberfährt.

Wenn die ersten Reklamen aufleuchten
und die Marquisen der Kinos angestrahlt werden,
kann man hier nur noch die Schwalben hören.
Um sieben Uhr legen Trappisten sich schlafen.
Noch ist es hell, als sei Mittag,
und Vollmond ist, als sei Mitternacht.
Die Pferde stehn schweigend im Stall.
Die Lastwagen schlafen in ihren Garagen,
und die arbeitslosen Traktoren stehn vor der Scheune.
Und über dem Wassertank: der Mond von Aluminium.

Vor dem Kloster an der Straße
steht eine Ampel, die rot und gelb
angeht und ausgeht, bei Tag und bei Nacht.
Gelb für die Straße
und Rot für das Kloster.
Nachts geht niemand die Straße entlang,
und niemand kommt aus dem Kloster.
Doch da steht die einsame Ampel,
hängt an der Straße zwischen den Sternen,
an und aus geht das rote
und gelbe Licht; rot – rot – rot
STOP – STOP – STOP
immer nur Rot für das Kloster!

Mich weckt in der Zelle der lange Güterzug,
den man des Nachts von fern kommen hört,
und da fährt er vorbei, und er pfeift, und es scheint,
als käme er nie mehr wieder.
Wagen um Wagen rattert dahin.
Ich drehe mich um, will schlafen, und immer noch fährt er vorbei,
schnaubt dort in der Ferne und pfeift noch,
und zwischen zwei Träumen frage ich mich, warum da noch Züge
sind,
und wem sie die Güter bringen, und was sie bringen,
und woher die Wagen kommen, und wohin sie gehen.

In der Nacht leuchten die Wörter:
PEPSI-COLA
PALMOLIVE CHRYSLER COLGATE CHESTERFIELD
erlöschen und flammen auf und erlöschen und flammen auf,
rote, grüne, blaue Lichter an Hotels und an Bars
und an Kinos, die Trappisten erheben sich zum Chorgebet
und entzünden die fluoreszierenden Lampen
und öffnen die großen Psalter und Antiphonen
inmitten von Tausenden Radios, inmitten von Tausenden
Fernsehern.
Das sind die Lampen der klugen Jungfrauen, die auf den
Bräutigam warten in der Nacht der Vereinigten Staaten.

2 Uhr morgens. Die Stunde des Nachtgebets, und die Kirche
scheint im Halbschatten voller Dämonen zu sein.
Dies ist die Stunde der Finsternis und der Fiestas.
Die Stunde all meiner Dinge. Und meine Vergangenheit kehrt
zurück.
»Und meine Sünde steht immer vor mir.«
Und während wir Psalmen singen, tritt die Erinnerung
in mein Gebet wie ein Radio, wie eine Musikbox.
Alte Bilder aus Filmen kommen zurück. Alpträume, Stunden
allein in Hotels, Bälle, Reisen, Küsse, Bars.
Und vergessene Gesichter stehn auf. Unheimliche Dinge.
Somoza, ermordet, kommt aus seinem Grab. (Mit
Sehun, dem König der Liebesgeschichten, und Og, dem König von
Basán.)
Die Lichter des »Copacabana« glitzern im schwarzen Wasser,
das aus den Kloaken Managuas quillt, hinter der Mole.
Absurde Gespräche, des Nachts, und betrunken,
wieder und wieder, wie eine Platte mit Sprung.
Und das Rufen des Roulette, und die Musikbox.
»Und meine Sünde steht immer vor mir.«
Das ist die Stunde, da die Lichter funkeln an den Bordellen
und Kneipen. Das Haus des Kaiphas ist voller Menschen.
Die Lichter brennen im Palast des Somoza.
Das ist die Stunde, da sich das Kriegsgericht trifft
und die Folterknechte hinuntersteigen zum Kerker.
Die Stunde der Geheimpolizei und der Spione,
wenn die Räuber und Ehebrecher die Häuser umschleichen
und man die Leichen versteckt. Ein Bündel fällt ins Wasser.
Das ist die Stunde, da die Sterbenden mit dem Tode ringen.
Die Stunde des Schweigens im Garten und der Versuchungen.
Draußen singen traurig die Vögel,
sie rufen die Sonne. Das ist die Stunde der Finsternis.
Und die Kirche ist kalt, wie voller Dämonen,
während wir weiter des Nachts unsere Psalmen singen.

Wie leere Bierdosen und kalte
Kippen, so waren meine Tage.
Wie Gestalten, die über den Fernsehschirm huschen
und wieder fort sind, so ist mein Leben vergangen.
Wie die Autos, die eilig die Straße entlangziehn
mit dem Lachen von Mädchen, mit Musik aus dem Radio . . .
Und das Schöne ging schnell dahin, wie neue Automodelle
und wie die Schlager im Radio, die nicht mehr modern sind.
Und nichts blieb von jenen Tagen, nichts,
als leere Bierdosen und kalte Kippen,
als ein Lachen auf bräunlichen Fotos, Fahrscheine, zerrissen,
und das Sägemehl, mit dem man morgens die Bars kehrt.

Pfeift da eine Fabrik im Feld
wie ein Schiff pfeift:
Wie das Dampfboot »Victoria« pfiff
auf dem See. (Bevor die alte »Victoria«
im See versank.)

Frater Zyprian, Frater Anselm, Frater Alberich,
Frater Plazidus: meine Brüder, deren Namen ich nicht kenne
– verborgen in ihren weißen Kapuzen und schweigsam –
noch woher sie sind. Heißen sie Bill, Tom, Bob, Jack,
Jim? Sind sie aus Detroit, aus St. Louis, aus New York?
In welchen Städten haben sie mit Freunden in Bars getrunken,
sind sie mit Mädchen ins Kino gegangen und in Geschäfte,
jagten sie in ihren Cabrios durch leuchtende Alleen?
Ihre weißen Kutten kehrten zurück in die Kleiderkammern
oder werden von neuen Novizen getragen. Andere heißen jetzt
Frater Anselm, Frater Alberich, Frater Plazidus.
Und Jim oder Jack sind nach Detroit oder New York
zurückgekehrt.
Meine weißen Gefährten so vieler Stundengebete
und so vieler Stunden im Wald, wo wir Holz fällten,
und in den Kreuzgängen, unter den Kapuzen, schweigend:
die Freunde, die ich geliebt hab, von denen ich nicht weiß, wo sie sind
noch ihre Namen, nicht, wer sie sind.

Heute nacht hat es geregnet, und jetzt steht der Regen
auf, weiß von den Feldern.
Das Land, wie in weiße Nacht getaucht,
und weiß strahlt die Sonne wie ein Mond.
Die welken Blätter fallen und fallen.
Alle Blätter des Waldes werden fallen!
Die Krähe kreischen
im Nebel.
Und im Wald bellt ein Schuß.
(Jemand schießt.)

Diese Autohupe da kenne ich,
und dieser Wind, der durch die Fichten braust
und das Wellblechdach des Noviziats zum Zittern bringt,
erinnert mich an zu Hause. Jemand ruft aus dem Wagen.
Aber mein Haus, nah bei der Straße,
auf der stets die Autos vorbeifuhren,
ist seit Jahren verkauft, und Fremde wohnen darin.
Der Wagen war unbekannt, und schon ist er fort.
Nur der Wind ist derselbe. Nur das Brausen
dieses Tages, regnerisch im Herbst, ist mir vertraut.

Die Bäume sind wie die Haare von roten und
blonden Mädchen. Die tropfenden Blätter, rote und goldene,
fallen und fallen, wie Haare.
Wieder ist Herbst. Schnell ist ein Jahr vorbei,
wie der Zug, der pfeifend vorbeifuhr hinter den Bäumen,
wie das silbrige Flugzeug, das vorüberflog und nicht mehr umkehrt,
wie die Vögel, die über uns hinziehn, gen Spanischamerika.

Ich löschte das Licht, um den Schnee zu sehn.
Und sah den Schnee durch das Fenster und sah den Neumond.
Doch dann sah ich, daß Schnee und Mond nur wieder Fenster sind,
und durch diese Fenster sahst Du mich an.

Du umpfängst uns wie der Nebel
an diesem Wintermorgen.
Ich hör dich im Schrei der Krähe,
im Grunzen der fressenden Schweine
und im Hupen eines Autos auf der Straße.

Es ist, als finde im Wald eine Party statt,
und wie das Klirren von Eis in den Gläsern
und von Gläsern an Gläsern, wenn man einander zutrinkt
und wie gläserne Lüster in einem Festsaal:
hört man das Klirren des Waldes, von Reif überzogen,
und das Eis in der Einsamkeit gegen das Eis brechen.

Ich weiß nicht, wer da im Schnee ist.
Man sieht nur das weiße Gewand im Schnee,
und zunächst hab ich niemand gesehen:
nur dies reine Weiß des Schnees in der Sonne.
Den Novizen im Schnee sieht man kaum.
Und ich spüre, daß noch etwas in diesem Schnee ist,
weder Novize noch Schnee, und man sieht es nicht.

Hinter dem Friedhof, neben dem Weg,
ist ein Friedhof voll Abfall,
wo rostiges Eisen liegt, Scherben
von Ton, zerbrochene Rohre, verbogener Draht,
leere Zigarettenschachteln, Sägemehl
und Bleche, altes Plastik, abgefahrene Reifen,
und alles wartet wie wir auf die Auferstehung.

EPIGRAMME

1961

Dir geb ich, Claudia, diese Gedichte, weil du ihre Herrin bist.
Ich hab sie einfach geschrieben, damit du sie verstehst.
Nur für dich sind sie, doch wenn sie dich nicht interessieren,
werden sie eines Tages vielleicht in ganz Spanischamerika
verbreitet ...
Und wenn du die Liebe verachtest, die mir diese Zeilen diktiert hat,
dann werden andere von dieser Liebe träumen, für die sie nicht
bestimmt war.
Und vielleicht siehst du dann, Claudia, wie diese Verse
(geschrieben, um dich zu erobern) Küsse wecken
in andern verliebten Paaren, die sie lesen,
die Küsse, die er nicht in dir wecken konnte: der Dichter.

●

Gib acht, Claudia, wenn du bei mir bist,
weil die zärtlichste Geste, jedes Wort, ein Seufzer
von Claudia, die kleinste Unachtsamkeit
vielleicht eines Tages von Gelehrten geprüft wird,
und durch Jahrhunderte wird man von Claudias Tanz wissen.

Claudia, das seh ich voraus.

Nichts wird bleiben für die, die uns folgen,
von diesen Kinos, Claudia, von diesen Festen,
von diesen Pferderennen –
nur die Gedichte des Ernesto Cardenal für Claudia
(wenn überhaupt)
und Claudias Name, den ich in diese Verse brannte,
und die meiner Rivalen, wenn ich mich entschließe,
sie dem Vergessen zu entreißen und auch sie in meine Verse
einzuschließen,
um sie zum Gespött zu machen.

●

Als ich dich verlor, haben wir beide verloren:
ich, weil du warst, was am meisten ich liebte,
und du, weil ich es war, der am meisten dich liebte.
Doch von beiden verlierst du mehr als ich:
weil ich andere lieben kann, wie ich dich liebte,
aber dich wird niemand so lieben wie ich.

Sie sagten mir, daß du mit einem anderen gehst,
da ging ich in mein Zimmer
und schrieb den Artikel gegen die Regierung,
für den ich jetzt im Gefängnis bin.

●

Man hat sie verkauft an Kelly & Martinez GmbH und Co.,
und viele werden Geschenke aus Silber schicken,
und andere schicken versilberte Geschenke,
und ihr ehemaliger Geliebter schickt ihr dies Epigramm.

●

Ich habe Flugblätter verteilt,
hab geschrien: Es lebe die Freiheit! auf offener Straße,
hab die bewaffnete Guardia provoziert.
Ich war bei der Aprilrebellion dabei:
doch ich erbleiche, wenn ich an deinem Haus vorbeigeh',
und schon dein Blick macht mich zittern.

ICH MACHE PROPERZIUS NACH

Nicht singe ich die Verteidigung Stalingrads
noch den Feldzug Ägyptens
noch die Landung auf Sizilien
noch die Überquerung des Rheins durch General Eisenhower:

Ich singe die Eroberung eines Mädchens.

Nicht mit Schmuck vom Juwelier Morlock
noch mit Parfums von Dreyfus
noch mit Orchideen in einer Plastikschachtel
noch mit einem Cadillac
allein mit meinen Gedichten eroberte ich sie.

Und sie zieht mich vor, auch wenn ich arm bin, vor
all den Millionen Somozas.

●

Zwanzig Jahre hast du gearbeitet
für zwanzig Millionen Pesos.
Wir würden zwanzig Millionen geben,
um nicht so zu arbeiten wie du.

●

Du verdienst nicht einmal ein Epigramm.

Plötzlich heult nachts die Sirene,
lang, lang,
das dumpfe Gebrüll der Sirene
der Feuerwehr oder des weißen Krankenwagens des Todes,
wie der Schrei einer Stute des Nachts,
kommt näher und näher durch Straßen,
durch Häuserschluchten, nimmt zu, nimmt zu, nimmt ab
und wächst, wächst, nimmt ab und entfernt sich,
heult auf und ab. Kein Feuer. Kein Toter.
Somoza fährt vorbei.

●

Man hörte Schüsse in der Nacht.
Man hörte sie vom Friedhof her.
Niemand weiß, wer umgebracht wurde.
Niemand weiß etwas.
Man hörte Schüsse in der Nacht.
Das ist alles.

Abends aber issest du deinen Reis und deine gebackenen Bohnen
mit frischem Joghurt und einem heißen Maisbrot
oder auch mit gerösteten Bananen
ohne Leibwächter issest du es.
Und deine Tasse Kakao mit Mais kostet kein Adjutant zuvor.
Und du spielst, wenn du willst, ein Volkslied auf deiner Gitarre
und du schläfst – doch nicht von Scheinwerfern, Stacheldrähten,
Wachttürmen umgeben.

●

Mein süßes Kätzchen, mein süßes Kätzchen!
Wie mein süßes Kätzchen erbebt
beim Streicheln ihres Gesichts, ihres Halses,
bei euren Morden und Foltern!

●

In Costa Rica singen die Fuhrleute.
Fahren mit Mandolinen die Wege entlang.
Und ihre Karren sind bunt wie Muscheln,
ihre Ochsen geschmückt mit Bändern in allen Farben,
mit Glöckchen und Blumen an den Hörnern.

Wenn der Kaffee geerntet wird in Costa Rica
und Karren beladen sind mit dem Kaffee.

Und die Musik spielt auf dem Dorfplatz,
und in San José sind die Balkone und Fenster
voll Mädchen, voll Blumen.
Und die Mädchen spazieren im Park.
Und der Präsident geht zu Fuß in San José.

GRABSCHRIFT FÜR ADOLFO BAÉZ BONE

Sie brachten dich um und sagten uns nicht, wohin sie dich legten,
doch jetzt ist das Land der Nation dein Grab,
oder besser: in jedem Staubkorn des Landes, auch dort,
    wo du nicht bist, erstehst du zum Leben.

Sie glaubten, sie könnten dich morden mit dem Befehl »Feuer«!
Sie glaubten, sie könnten dich unter die Erde bringen,
aber sie legten nur in die Erde die Saat.

SOMOZA ENTHÜLLT SOMOZAS DENKMAL IM SOMOZASTADION

Nicht, weil ich glaube, das Volk setzte mir dieses Denkmal,
ich weiß schließlich besser als ihr, wer die Order gab.
Noch geb ich vor, so der Nachwelt erhalten zu bleiben,
ich weiß schließlich, daß eines Tages das Volk es zerschlagen wird:

Noch weil ich selbst mir im Leben dies Denkmal
hätt' setzen wollen, das ihr im Tod mir nicht setzt:
dies Denkmal steht hier, weil ich weiß, daß ihr es haßt.

●

Jeden Tag kam sie mit ihrer Mutter vorbei auf der »Landstraße«*,
um die Ecke am »Schmiedtor«*, jeden Nachmittag,
erwartet von Hitler, der sie kommen sehen wollte.
Die Taxis und Busse waren beladen mit Küssen,
und auf der Donau mieteten Pärchen sich Boote.
Doch er konnte nicht tanzen. Nie hat er gewagt, sie anzusprechen.
Dann kam sie ohne die Mutter vorbei, mit einem Lehrling.
Und dann kam sie nicht mehr vorbei.
Daher die Gestapo, später, der Anschluß Österreichs,
der Weltkrieg.

---

* Im Original deutsch.

Hier wanderte er durch die Straßen, zu Fuß, ohne Arbeit und Amt,
und ohne einen Peso.
Nur Dichter, Nutten und Zuhälter kannten seine Gedichte.
Nie war er im Ausland.
Er war im Gefängnis.
Jetzt ist er tot.
Er hat kein Denkmal.

Doch
denkt an ihn, wenn ihr Zementbrücken habt,
wenn ihr Riesenturbinen, Traktoren, versilberte Scheunen
und gute Regierungen haben werdet.
Denn er hat in seinen Gedichten die Sprache des Volkes gereinigt,
in der man eines Tages die Handelsabkommen schreiben wird,
die Verfassung, die Liebesbriefe und die Dekrete.

●

Die Guardia Nacional sucht jemanden.
Jemand hofft, diese Nacht noch die Grenze zu erreichen.
Niemand kennt seinen Namen.
Viele andere werden in Gruben verscharrt.
Niemand kennt ihre Namen, niemand kennt ihre Zahl.
Niemand weiß, wo die Gruben sind, niemand, wie viele es sind.
Die Guardia Nacional sucht jemanden.
Jemand hofft, Nicaragua noch diese Nacht zu verlassen.

Unsere Gedichte können noch nicht veröffentlicht werden.
Sie gehen von Hand zu Hand, als Manuskript
oder hektografiert. Doch eines Tages
wird der Name vergessen sein des Diktators,
gegen den sie geschrieben sind,
und dann wird man sie weiter lesen.

●

Mag sein, wir heiraten dieses Jahr,
mein Liebling, wir werden ein Häuschen haben.
Und, mag sein, mein Buch erscheint,
oder wir gehen ins Ausland, wir beide.
Mag sein, Somoza fällt, mein Liebling.

LIED

Mein langes Haar! Mein langes Haar!
Du wolltest mich sehen mit langem Haar.
Ich trage es schon über die Schultern,
und du hast nicht gewartet auf mein langes Haar.

●

Glaubst du, man könnte die Ecke mit dem Obstgeschäft,
wo du mich trafst, erschreckt und mit Freude
(obwohl du nur blaß warst und schwiegst),
von Los Angeles oder den Champs-Elysées auslöschen?

(CORN-ISLAND)

Das Wasser der South West Bay ist blauer als der Himmel,
doch deine Augen sind blauer als die South West Bay,

und in der Grotte der Brig Bay ist ein Piratenschatz,
doch dein Haar ist kostbarer als der Schatz in der Brig Bay.

●

Hast du nicht gelesen, meine Liebe, in Novedades*
WACHTPOSTEN DES FRIEDENS HELD DER ARBEIT
VORKÄMPFER DER DEMOKRATIE IN AMERIKA
VERTEIDIGER DES KATHOLIZISMUS IN AMERIKA
DER SCHUTZHERR DES VOLKES DER WOHLTÄTER?
Dem Volk wird die Sprache geraubt.
Und man fälscht die Worte des Volkes.
(Genau wie das Geld des Volkes.)
Deshalb sind meine Liebesgedichte wichtig.

---

* Tageszeitung der Familie Somoza.

Man wacht auf von Kanonen,
an einem Morgen voller Flugzeuge.
Das scheint die Revolution zu sein:
doch es ist der Geburtstag des Tyrannen.

•

Wenn sie mich bei der Aprilrebellion
mit den anderen umgebracht hätten,
hätte ich dich nicht kennengelernt:
und wenn die Aprilrebellion jetzt stattfände,
würden sie mich mit den anderen morden.

GEBET FÜR MARILYN MONROE

1965

GEBET FÜR MARILYN MONROE

Herr
nimm auf dieses Mädchen, in der ganzen Welt bekannt als
Marilyn Monroe,
wenn das auch nicht ihr wirklicher Name war
(doch Du kennst ihren wirklichen Namen, den Namen des kleinen
Waisenkindes, das mit 9 Jahren vergewaltigt wurde,
und der Verkäuferin, die mit 16 Selbstmord versuchte)
und die nun vor Dir steht, ohne Schminke,
ohne ihren Presseagenten,
ohne Photographen und ohne Autogramme zu geben,
allein wie ein Astronaut vor der Nacht des Weltraums.

Sie träumte als Kind, nackt in einer Kirche gewesen zu sein
(wie Time berichtet)
vor einer knienden Menge, die Köpfe geneigt bis zur Erde,
und sie mußte auf Zehenspitzen gehen, um die Köpfe nicht zu
zertreten.
Du kennst unsere Träume besser als alle Psychiater.
Kirche, Haus, Höhle bedeuten die Sicherheit des Mutterschoßes,
aber doch auch mehr als das . . .
die Köpfe, das sind die Bewunderer, das ist klar
(die Masse der Köpfe im Dunkel unter dem Strahl des Lichts).
Doch der Tempel ist nicht das Studio der 20th Century Fox.
Der Tempel – aus Marmor und Gold – ist der Tempel ihres Körpers,
aus dem der Menschensohn, eine Peitsche in der Hand,
die Händler der 20th Century Fox vertreibt,
die aus Deinem Gebetshaus eine Räuberhöhle gemacht haben.

Herr
in dieser Welt, verpestet von Sünde und Radioaktivität,
sprichst Du nicht eine Verkäuferin schuldig.
Die wie alle Verkäuferinnen davon träumte, ein Filmstar zu sein.
Und ihr Traum wurde Wirklichkeit (die Wirklichkeit in
Technicolor).

Sie hat nur nach unserem Drehbuch gespielt
– dem unserer eigenen Leben –, und das Buch war absurd.
Vergib ihr, Herr, und vergib auch uns
für unsere 20th Century,
für unsere Monster-Super-Produktion, an der wir alle gearbeitet
haben.

Sie war hungrig nach Liebe, und wir boten ihr Beruhigungsmittel.
Weil sie traurig war, keine Heilige zu sein,
empfahl man ihr Psychoanalyse.
Denke, Herr, an ihre wachsende Angst vor der Kamera
und an den Haß auf die Schminke – sie bestand vor jeder Szene auf
neuem Make-up –,
und wie das Entsetzen zunahm
und die Unpünktlichkeit in den Studios.

Wie jede Verkäuferin
träumte sie davon, ein Filmstar zu werden.
Und ihr Leben war unwirklich wie ein Traum, interpretiert und
archiviert von einem Psychiater.

Ihre Romanzen waren Küsse mit geschlossenen Augen,
bei denen man, wenn man die Augen aufschlug,
ins Scheinwerferlicht starrt,
und dann gehen die Scheinwerfer aus.
Und man baut die beiden Wände ab (es war eine Filmszene),
während der Regisseur mit dem Drehbuch fortgeht,
weil die Szene nun schon gedreht ist.
Oder wie die Reise auf einer Yacht, ein Kuß in Singapur, ein Ball
in Rio,
der Empfang in der Villa des Herzogs und der Herzogin von
Windsor,
gesehen vom Zimmer einer erbärmlichen Wohnung aus.

Der Film ging zu Ende ohne den Kuß im Finale.
Man fand sie tot in ihrem Bett, ihre Hand am Telefon.
Und die Detektive fanden nicht heraus, wen sie anrufen wollte.

Es war,
als habe jemand die Nummer der einzigen freundlichen Stimme
gewählt
und nur die Stimme vom Band gehört, die sagt:
WRONG NUMBER.
Oder als habe jemand, von Gangstern überfallen,
die Hand nach dem unterbrochenen Telefon ausgestreckt.

Herr
wer immer es auch war, den sie anrufen wollte
und den sie nicht erreichte (und vielleicht war es niemand
oder jemand, dessen Nummer nicht im Telefonbuch von Los Angeles
steht)
antworte Du ihrem Anruf!

DC–7B

Stand nicht alles unter Kontrolle?
                                        Haben die elektronischen Signale
versagt? Wurde der Höhenmesser falsch abgelesen,
oder war er falsch konstruiert?
         War das Radargerät nicht in Ordnung?
Oder meldete das Radio dem Piloten nicht die exakte Höhe?
Oder hat das spiegelnde Wasser seine Augen getäuscht?
Nicht alles stand unter Kontrolle:
Ein Flugzeug, in Nebel gehüllt,
                                        wird nur vom Radargerät erfaßt,
und das Radargerät sieht, daß man der Landebahn näher kommt,
aber die Passagiere werden ohne Unterbrechung weitergeleitet
vom Komfort der Air-Condition-Anlage und des indirekten Lichts –
wo sie rauchen oder »Life« oder »Vogue« lesen,
zurückgelehnt in die Liegesitze
oder im Gespräch mit der Stewardeß in der Lounge –
zu den eisigen, schwarzen Gewässern,
                  wo sie sinken und sinken
                           ohne den Grund zu erreichen
         an die Liegesitze gefesselt
                  umwirbelt von Koffern
                                        und »Vogue«
von Stücken des Flugzeugrumpfes
                           von Sandwiches und Mänteln
und eine halbgeöffnete Tür, durch die eine Hand hängt.
(Vorn: die lächelnden Lichter der Restaurants
der Apartments, Hotels und Night-Clubs)
Währenddessen sagen die Lautsprecher des Flughafens
die Ankunft des Flugzeugs Nummer . . . an
. . . Die Passagiere hörten eine schreckliche Stille
als die Maschine bei 135 Meilen
stehenblieb.
Und was geschah dann?
                                        Erzähle es »Life« oder »Vogue«:

Das Emergency-Licht ging an
        (es war ein blaues Lichtchen)
während das Flugzeug in Stücke zerriß,
zerfiel und im Wasser unterging
und auf dem Wasser schwamm nur
das Benzin der Maschine, vermischt mit Blut,
die Mechanik des Hecks, Flügelstücke.

Ein blaues Lichtchen:
dann das ruhige Meer, erleuchtet vom Mond.

»DIE PREISWERTESTEN PARADIESE IN DER KARIBISCHEN SEE ...«

Das Paradies ist nicht in Paria
                    wie Herr Christoph Columbus geglaubt hat
... schöne Landstriche, so hübsch und grün
wie die Gärten Valencias im März ...
... mildes Klima und das Land und die Bäume
wie im April die Gärten Valencias ...
Das Paradies ist auch nicht
in Antigua, wo die Temperatur nicht über 80° steigt,
und wo das Baden fast vollkommen ist, und wo es Elektrizität gibt
und keine Malaria, und wo drei Golfplätze sind.
Das Paradies ist auch nicht in Granada ohne Tropenkrankheiten,
ohne Orkane, mit Tennis und Golfplatz und einem Nightclub.
Es ist auch nicht in Santa Lucia
                    Paradies der Maler und Fotografen
auch nicht auf der Isla del Caimán (ohne Einkommenssteuer)
wo Sie noch nach einem Piratenschatz suchen
und für $ 6.- pro Tag in einem Hotel wohnen können.
Nein. Man kommt nicht dahin mit Reisegesellschaften.
Du sagst seit dem Kreuzweg:
                    »heute noch wirst du mit mir im Paradies sein ...«
Und das ist nicht Tobago
                    nur 7 Stunden von New York entfernt
    EIN TROPISCHES PARADIES MIT MÄSSIGEN PREISEN
wo ein Paar mit $ 2.000 im Jahr leben kann
in einem Bungalow am Meer, mit Elektrizität und Radio,
zwischen Mangobäumen Kokospalmen Guavas exotischen Blumen
und der Rum ist billig, und man braucht nicht viel Kleidung,
weil man in Shorts und im Sporthemd lebt.
Das Paradies ist auch nicht die Jungferninseln (engl.),
                              »ein perfektes Paradies
wenn es nicht so unbequem wäre, daß da kein Zahnarzt ist«.
Aber das Paradies, das ich kenne,
ist nicht das der Reisegesellschaften.
                    Da, wo wir beide sind, ist das Paradies.

MURDER INC.

Du verläßt dein Büro, und du gehst nach Hause, wo dich
deine Frau und dein Kühlschrank, summend und vollgestopft,
erwarten,
dein gemütlicher living-room und dein Highball und dein Radio,
und du hörst um 8 das Programm der Verbrechen.
Aber glaubst du, Verbrechen gäbe es nur im Radio,
und es gäbe sie nicht auch im living-room?
Du hast nie jemand mit einem Stahlrohr erschlagen.
Du bist eine anständige Person
ein ehrenwerter Mann.
Ist deine Anständigkeit nicht doch nur ein »Alibi«?
Du bist nicht der Mann, der die Bombe ins Flugzeug gelegt hat.
Du bist nicht der, den sie mit Funkwagen suchen,
»klein, dick und nett, mit randloser Brille«
(obwohl du dick bist und nett und eine randlose Brille hast).
Du bist nicht »der Mann im grauen Anzug«, natürlich nicht.
Deine Fingerabdrücke würden beweisen, daß du's nicht bist.
Vielleicht aber nicht ...
Was wäre denn, wenn der Gangsterboß deinen Namen nennen,
wenn er aussagen würde, daß auch du bei der Mafia bist?
Daß du der Hehler bist bei dem Juwelenraub?
(sag mal, wie hast du sonst deinen Kühlschrank
bezahlt?)
Daß das Geld der ermordeten Greisin im Park
um viele Ecken in deine Hände gekommen ist?
Und daß du das Geld, was die Bande in der Bank gestohlen hat,
nachher dort eingezahlt hast, auf derselben Bank?
Daß es in deinem Leben so was wie weißen Sklavenhandel gegeben
hat?
Und was wäre, wenn dir die Detektive gefolgt wären, auf der
Straße,
als du ins Taxi stiegst, als du ausstiegst,
und als du hineingingst in die Bar, als du herauskamst,
und wenn all die verfolgt worden wären, mit denen du sprachst,
und all die, mit denen jene wieder gesprochen haben?

Und wenn all deine Gespräche auf Band gespielt worden wären?
Was sagst zu jetzt?
Was hast du vorzubringen?
Du hast die Bar besucht, wo der Überfall geplant wurde,
und das Hotel, wo sie das Mädchen erstickten.
Der Kühlschrank und das Radio des Gangsters
sind von derselben Marke wie die, die du besitzt.
– Die Polizei hat all seine Gewohnheiten untersucht,
und es sind ganz genau dieselben wie deine.
Und was ist, wenn eines Tages auch deine Fingerabdrücke passen,
und wenn bewiesen wird, daß du auch zur Bande gehörst,
und du bist der, den sie mit Funkwagen suchen,
»klein, dick und nett, mit randloser Brille«,
du bist schließlich »DER MANN IM GRAUEN ANZUG«,
und du stehst in den Verbrecherspalten der Zeitungen,
und in deinem living-room spricht man im Radio von dir?

STERNE

Der Sternenhimmel ist eine Stadt bei Nacht,
gesehen vom Flugzeug aus: die Sterne wie Straßen
wie erleuchtete Supermärkte / Neonreklamen
wie Motels Nightclubs Kinos und Lichter
– weiße und rote – von Autos – die kommen und gehen –
auf dunklen Straßen . . .
                                        und die brennen für nichts:
Verschwendung von Energie in der ewigen Nacht
wie die Energie hier unten verloren in der Leere
in Alleen Geschäften Cafés Nightclubs Motels
Kinos mit einer Superproduktion von Clark Gable!

FOTO

Die Gesichter, die hier lachen, auf diesen vergilbten Fotos,
vor dem Hintergrund verschwommener Wellen und
        verschwommener Felsen,
wo lachen sie jetzt? – wenn sie noch lachen?
Manche sind weit fort. Die Mädchen sind alt.
Mauricio ist schon tot. Nur dies Meer ist dasselbe.
Nur die Wellen haben sich nicht verändert:
                da sind die »Felsen der Verlobten«,
und noch immer brechen sich dort dieselben kalten Wellen.

KENTUCKY

Kentucky ist ein zweites Paradies, sagte Daniel Boone.
Auf dem Weg nach Kentucky ging er nach Westen
und sah von einem Berg herab die Ebene von Kentucky,
die Büffel weideten wie auf Viehfarmen,
und der stille Ohio, der durch die endlosen Ebenen floß,
durchquerte Kentucky ...
(und jetzt stinkt er nach Phenol).
Forest Grove Prairie Village Park Forest Deer Park
Namen entlang der Grenze!
Jetzt sind sie Namen von Orten im Stadtgebiet.

Busse überqueren die Weiden, durch die Büffel zogen.

Wo einst der Pionier der Grenze sein Lager hatte,
der in einem Kanu den Missouri hinauf davonfuhr,
mit seinem Karabiner und Tomahawk und mit seinen Biber-Fallen,
den Bibern auf der Spur,

dort hört man jetzt den Lärm der Mähmaschinen,
das Klirren der Highballs, das Lachen, das heisere Radio,
die Rufe beim Kricketspiel und beim Volleyball
und den dumpfen Schlag des Balles im Baseball-Handschuh.
Aus einem offenen Fenster schweben die Klänge des High-Fidelity
mit dem Duft von Fleisch auf Holzkohle hinaus in die Nacht.

Alles war still ...
– schreibt Daniel Boone –
Ich machte ein Feuer in der Nähe einer Quelle,
um die Lende eines Hirsches zu braten, den ich getötet hatte.
Die Wölfe heulten die ganze Nacht ...

Und jetzt fließen in den Ohio alle Abwässer,
Industrieabfälle, chemische Stoffe.
Die Detergentien aus den Haushalten haben die Fische getötet,
und der Ohio stinkt nach Phenol ...

MANAGUA 6.30

Am Nachmittag sind sie sanft die Neonlampen
die Quecksilberleuchten blaß und schön . . .
Und der rote Stern eines Funkturms
am dämmrigen Himmel Managuas
ist so schön wie die Venus
und eine ESSO-Reklame ist wie der Mond

die roten Lämpchen der Autos sind mystisch

(Die Seele ist wie ein Mädchen das man hinter dem Auto
    abknutscht.)
            TACA   BUNGE   KLM   SINGER
            MENNEN   HTM   GOMETZ   NORGE
            RPM   SAF   OPTICA   SELECTA
verkünden die Ehre Gottes!
(Küß mich unter den Lichtreklamen oh Gott)
            KODAK   TROPICAL   RADIO   F & C   REYES
in vielen Farben
buchstabieren sie deinen Namen.
                        »Überbringen
die Botschaft . . .«
Anderen Sinn
erkenne ich nicht.
Ich verteidige nicht die Grausamkeiten dieser Lichter
und wenn ich Zeugnis ablegen müßte von meiner Zeit
so dieses: Sie war barbarisch und primitiv
doch poetisch

APOKALYPSE

UND SIEHE
ich sah einen Engel
(all seine Zellen waren elektronische Augen)
und ich hörte eine Stimme mit Überschall
die zu mir sprach: Nimm deine Schreibmaschine und schreibe
und ich sah ein silbernes Projektil das flog
und es flog von Europa nach Amerika in 20 Minuten
und der Name des Projektils war Wasserstoffbombe
(und die Hölle begleitete es)
und ich sah einen fliegenden Teller vom Himmel fallen
Und die Seismographen verzeichneten ein großes Erdbeben
und auf die Erde fielen alle künstlichen Planeten
und der Präsident des Nationalrats für Strahlung
der Direktor der Kommission für Atomernergie
der Verteidigungsminister
alle hatten sich in ihren Höhlen versteckt
und der erste Engel blies die Alarmsirene
und es regnete vom Himmel Stronzium 90
Cesium 137
Kohle 14
und der zweite Engel blies die Sirene
und jedes Trommelfell platzte im Umkreis von 300 Meilen
durch das Krachen der Explosion
und jede Netzhaut verbrannte auf die das Licht der Explosion
gefallen war
im Umkreis von 300 Meilen
und die Hitze im Zentrum war wie die der Sonne
und der Stahl das Eisen das Glas der Beton verdampften
und fielen nieder verwandelt in radioaktiven Regen
und ein Sturm brach los mit der Stärke des Hurrican Flora
und 3 Millionen Autos und Lastwagen flogen durch die Lüfte
und zerschellten an den Gebäuden explodierten wie
Molotow-Cocktails
und der dritte Engel blies die Alarmsirene

und ich sah einen Pilz über New York
und einen Pilz über Moskau
und einen Pilz über London
und einen Pilz über Peking
(und Hiroshimas Schicksal war zu beneiden)
Und alle Geschäfte und alle Museen und Bibliotheken
und alle Schönheit der Erde
verdampften
und sie waren von da an Teil der Wolke aus radioaktiven Partikeln
die über dem Planet schwebte und ihn vergiftete
und der radioaktive Regen brachte einigen Leukämie
und anderen Lungenkrebs
und Knochenkrebs
und Unterleibskrebs
und die Kinder wurden geboren mit grauem Star in den Augen
und die Gene waren geschädigt für 22 Generationen
– und das war der 45-Minuten-Krieg –
7 Engel
hielten Becher aus Rauch in den Händen
(und der Rauch hatte die Form eines Pilzes)
und ich sah den ersten den großen Becher erheben über Hiroshima
(wie einen Eisbecher wie vergiftetes Eis)
und ein bösartiges Geschwür erschien
und der zweite goß seinen Becher über das Meer
und das ganze Meer wurde radioaktiv
und alle Fische starben
und der dritte vergoß einen Becher mit Neutron
und es war ihm gegeben die Menschen zu versengen mit einem Feuer wie das der Sonne
und der vierte vergoß seinen Becher der von Kobalt war
und es war ihm gegeben Babylon den Pokal zu reichen mit dem Wein des Zorns
und eine Stimme rief: Werft das Doppelte an Megatonnen das sie warf!
Und der Engel der den Knopf dieser Bombe hielt drückte den Knopf
Und sie sprachen zu mir: Du hast ja noch nicht die Typhusbombe gesehen und die Q-Fieber-Bombe

Ich schaute weiter die nächtliche Vision
und ich sah in meiner Vision wie im Fernsehen
daß aus den Massen herauswuchs
eine Maschine
schrecklich und überaus fürchterlich
und sie war wie ein Bär wie ein Adler wie ein Löwe mit
Flugzeugflügeln
mit vielen Propellern und voller Antennen und ihre Augen waren
Radargeräte
und ihr Gehirn war ein Computer der die Nummer der Bestie
errechnete
und hinausbrüllte über viele Mikrophone
und der den Menschen Befehle gab
und alle Menschen fürchteten die Maschine
ich sah auch in der Vision die Flugzeuge
Flugzeuge schneller als der Schall mit Bomben von 50 Megatonnen
und kein Pilot lenkte sie und nur die Maschine hatte sie in der
Gewalt
und sie flogen in Richtung auf alle Städte der Erde
und sie zielten auf alle
Und es sprach der Engel: Kannst du sehen wo Columbus Circle war?
Und das Gebäude der Vereinten Nationen?
Und wo Columbus Circle war
sah ich nur eine Grube so groß wie ein 50stöckiges Haus
und wo das Gebäude der Vereinten Nationen war
sah ich nur einen grauen Abhang bedeckt mit Moos und mit
Entendreck
und weiter fort Felsen schaumbedeckt und schreiende Möwen
Und am Himmel sah ich ein großes Licht
gleich der Explosion einer Million Megatonnen
und ich vernahm eine Stimme die zu mir sprach: Nimm dieses Radio
und ich nahm das Radio und ich hörte:
BABYLON IST GEFALLEN
DAS GROSSE BABYLON IST GEFALLEN
und alle Radios dieser Welt brachten dieselbe Nachricht
Und der Engel gab mir einen Scheck der National City Bank
und er sprach zu mir: Löse diesen Scheck ein

und keine Bank löste ihn ein weil alle Banken bankrott gemacht
    hatten
Die Wolkenkratzer schienen nie dagewesen zu sein
Eine Million Brände entstanden zur gleichen Zeit und da war kein
    Feuerwehrmann
und da war kein Telefon um den Krankenwagen zu rufen und da
    war kein Krankenwagen
und für die Verletzten einer einzigen Stadt gab es in der ganzen
    Welt nicht genügend Plasma
Und ich vernahm eine andere Stimme vom Himmel die sprach:
                        Geh fort mein Volk
damit dich nicht infiziere die Radioaktivität
                    und dich die Mikroben nicht erreichen
                die Antrax-Bombe
                        die Cholera-Bombe
                  die Diphtherie-Bombe
                            die Tularemie-Bombe
Im Fernsehen wird man das riesige Unglück sehen
                weil auf Babylon schon die Bombe gefallen ist
und man wird sagen: Oh die Geliebte Stadt
die Piloten werden sie sehen vom Flugzeug aus und werden ihre
    Nähe fürchten
die Überseedampfer werden in großem Abstand ankern
aus Furcht die atomare Lepra könne über sie herfallen
Und auf allen Wellenbereichen vernahm man eine Stimme die sprach:
                ALLELUJA
Und der Engel führte mich in die Wildnis
                und in der Wildnis blühten Laboratorien
und dort machte der Teufel seine atomaren Versuche
und ich sah die Große Hure auf der Bestie sitzen
(die Bestie war eine technologische Bestie übersät mit Slogans)
und die Hure ergriff alle Arten von Schecks und Gutscheinen und
    Aktien
und Geschäftspapieren
und sie war betrunken und sang mit ihrer Nuttenstimme wie in
    einem Nightclub
und in der linken Hand hielt sie einen Becher voll Blut

und sie betrank sich mit dem Blut aller für die sie gebüßt hatte
und alle jener die verurteilt worden waren von Kriegsgerichten
und aller die man an die Wand gestellt hatte
und aller Widerständler der Erde
und aller Märtyrer Jesu
und sie lachte mit ihren Zähnen von Gold
und der lipstick auf ihren Lippen war Blut
und der Engel sprach zu mir: diese Häupter die du dort an der Bestie siehst
das sind die Diktatoren
und jene Hörner das sind Führer von Revolutionen die noch nicht Diktatoren sind
aber sie werden es später sein
und sie werden gegen das Lamm kämpfen
und das Lamm wird sie besiegen
Er sprach zu mir: Die Nationen der Welt sind geteilt in 2 Blöcke
– Gog und Magog –
doch die 2 Blöcke sind in Wirklichkeit ein Block
(der gegen das Lamm ist)
und vom Himmel wird Feuer fallen und sie verschlingen
Und ich sah in der Biologie der Erde eine neue Evolution
Es war als sei im Weltall ein neuer Planet aufgetaucht
Der Tod und die Hölle wurden ins Meer des nuklearen Feuers geschleudert
die Massen existierten schon lange nicht mehr
und ich sah eine neue Art geschaffen aus Evolution
die Art bestand nicht aus Individuen
sie war ein einziger Organismus
bestehend aus Menschen statt Zellen
und alle Biologen erstaunten sehr
Doch die Menschen waren frei und diese Einheit von Menschen war eine Person
– und keine Maschine –
und die Soziologen waren verblüfft
Und die Menschen die nicht dieser Art angehörten
waren gleich Fossilien

und der Organismus umfaßte den ganzen Erdkreis
und er war rund wie eine Zelle (aber ihre Dimensionen waren
    planetarisch)
und die Zelle war geschmückt wie die Braut die auf den Bräutigam
    wartet
und die Erde war fröhlich
        (als feiere die erste Zelle ihre Hochzeit)
und da war ein Neuer Gesang
und all die andern bewohnten Planeten hörten die Erde singen
        und es war ein Lied der Liebe

DIE UNGEWISSE MEERENGE
(Fragmente)

1966

(1)

»Das Land ist schön«
hatte Toscanelli zu Kolumbus gesagt.

Von der Insel Ofir, Ophaz oder Cipanga
(auch die Spanierin genannt) brach der Admiral auf
um die Meerenge zu entdecken
damit er das Festland von Indien finde
das im Westen sei, sagte Toscanelli
nicht nur im Osten:

»Wer nach Westen segelt, wird Indien finden
und wer nach Osten segelt, wird Indien ebenfalls finden.«

Sie würden *Zaitón* finden
einen der schönsten und berühmtesten Häfen des Ostens
voller Boote, beladen mit Gewürzen.
Das sind die Königreiche des Großen Khan
der eigentlich in Catay wohnt.
Wo zweihundert Städte sind, mit Brücken von Marmor.

»Das Land ist schön . . .
Die Weisesten werden zu Gouverneuren gewählt.
Nehmt ihr den Weg direkt nach Westen
werdet ihr die berühmte Stadt *Quisay* finden
deren Namen bedeutet *Himmelsstadt*
in der Provinz *Mango*, nahe bei Catay.
Von der Antilleninsel bis zur Insel von Cipango
zählt man sechsundzwanzig Zwischenräume.
Die Tempel dort und die Paläste sind mit Gold bedeckt.
Seid gewiß, ihr werdet mächtige Königreiche sehen.
Eine Unzahl bewohnter Städte und reicher Provinzen
in denen es alle Arten von Edelsteinen gibt.
Und eure Ankunft wird dem König große Freude bereiten
und den Fürsten, die in diesen Ländern herrschen.«

Hinter der Insel Ofir, Ophaz und Cipanga
hob ein Sturm an von sechzig Tagen.
Die Segel wurden zerfetzt, sie segelten ohne Anker ohne Takelung.
Und dann, nachdem sie ein Kap umschifft hatten, trat Ruhe ein.
Zum erstenmal sahen sie die Sonne und die Sterne.
Hinter dem Kap streckte die Erde sich nach Süden hin
und die Ostwinde wehten günstig.
Und sie sagten Gott Dank. Kolumbus gab ihm den Namen
Cabo de Gracias a Dios*.
Weite Sandbänke erhoben sich aus dem Meer.
In *Cariay* gingen sie nackt umher, wie Berber bemalt
ihre Geschlechter bedeckten sie mit Baumrinde.
Er sah Tiere, die er nicht benennen konnte.
Und in einem Palast aus Holz, strohgedeckt
waren Gräber und ein vermummter Toter
geschmückt mit Juwelen mit Gold und mit Perlen.
In *Carambaru* trugen sie Goldspiegel um den Hals.
Stühle, Truhen, Tische aus Gold. Sie kannten den Pfeffer.
Und sie sprachen von den großen Märkten, die es in Ciguare gab.
Auch darüber, daß man Schiffe mit Lombarden, mit Bogen und Pfeilen hatte
mit Säbeln und Panzern, und daß sie bekleidet waren
sie hatten Pferde und sie gingen in reichen Gewändern.
Und 10 Tagesreisen entfernt von Ciguare war der Gangesfluß.
(Wie Tortosa und Fuenterrabía oder Pisa und Venedig
so sind diese Länder verbunden mit Veragua.)
Er segelte mit 24° westlich und es gab eine Finsternis in jener Nacht.
Die Sonne stand in der Waage und der Mond im Steinbock.
Und in Veragua ging das Meer hoch und schäumend und häßlich
das Wasser wie Blut, kochend wie in einem Kessel.
Es donnerte, als würde von den anderen Booten Artillerie abgeschossen.
Dann wurde es ruhig, und das Meer füllte sich mit Haien.

---

* Kap vom Dank an Gott.

Er entdeckte die Meerenge in Veragua:
Veragua in der Provinz Mango
die an Catay grenzt . . .
Aber die Meerenge bestand aus Erde
sie bestand nicht aus Wasser.

Er kehrte zurück mit morschen Schiffen, zerfressen von Holzwürmern
zurück zur Insel der Spanierin oder Cipango.
Der Admiral sah von der Brücke, wie sich die Zwergpalmen entfernten
und er verwunderte sich sehr über die Länder, die Papst Pius beschreibt
mit wilden Katzen und Affen, die an ihren Schwänzen hängen
(wenn auch die Pferde keine Gebisse hatten aus Gold von Papst Pius)
und mit Papageien, die vorüberflogen, nach Catay hin.

(2)

Was ihre Lebensweise und ihre Gewohnheiten angeht,
so gehen die Männer und Frauen dort völlig nackt.
Sie sind mittelgroß und gutgebaut.
Ihre Haut ist eher rot wie das Fell der Löwen,
und ich bin der Meinung, gingen sie bekleidet,
sie wären so weiß wie wir.
Sie tragen lange und schwarze Haare,
besonders die Frauen,
denen es gut steht, das lange und pechschwarze Haar.
Nicht ganz so schön sind ihre Gesichter,
weil sie flache Nasen und platte Gesichter haben,
ähnlich denen der Tartaren.
Sie sind außerordentlich flink und können schnell laufen,
die Männer ebenso wie die Frauen.
Sie schwimmen wunderbar im Wasser wie die Fische,
und die Frauen noch besser als die Männer.
Ihre Waffen sind Bogen und Pfeile,
die sie mit großer Fertigkeit herstellen.
Sie haben weder Eisen noch andre Metalle,
und ihre Pfeile bewehren sie mit Zähnen von wilden Tieren und
Fischen.
Sie haben weder Häuptlinge noch Kriegsführer,
leben ohne Ordnung, jeder einzelne völlig frei.
Diese Menschen leben in Freiheit, niemand verfolgt sie,
sie haben weder Gesetz noch Herrn. Sie streiten nicht untereinander.
Von der Art ihrer Sprache her scheinen sie sehr einfach zu sein,
doch in Wirklichkeit sind sie sehr schlau und sehr klug.
Sie sprechen sehr selten und mit leiser Stimme,
sie haben denselben Akzent wie wir.
Sie bilden die Laute zwischen den Zähnen und Lippen;
und sie haben andere Worte als wir.
Ihre Art zu essen ist äußerst barbarisch,
sie halten dabei auch keine festen Zeiten ein;
essen, wenn sie hungrig sind, sei es Tag oder Nacht.

Zum Essen setzen sie sich auf den Boden;
und sie gebrauchen weder Tischtücher noch Servietten,
da sie weder Leinen noch Tuch besitzen.
Sie schlafen in großen Matten, die in der Luft hängen.
Sie sind sehr sauber und sehr gepflegt, weil sie oft baden.
Ihre Häuser sind gebaut nach der Art von Glocken.
Ihr Reichtum besteht aus Vogelfedern in verschiedenen Farben
oder aus Perlen, die sie aus Fischgräten machen,
oder aus grünen und weißen Steinchen.
Denn sie achten weder Gold noch Edelstein.

(3)

Pedrarias schickte Francisco Hernández von Córdoba
zur »Ungewissen Meerenge«
mit Pferden und Armbrustschützen, um zu erobern und zu befrieden
die Länder von Nicaragua, und um andre zu entdecken ...
Luque, Pizarro und Almagro bezahlten die Schiffe.

Er gründete die beiden Städte – Granada und León –
neben den beiden Seen:
dem See von Granada und dem See von León.
Und neben den beiden Vulkanen:
dem Mombacho und dem Momotombo.
Mit dem Schwert zeichnete er den Ort der Plaza.
Den Ort der Kirche. Und den der Festung.
Und die Festungen beider Städte spiegelten sich
im Wasser der beiden Seen ...

Es gab viel Honig und Wachs und Mais
und Kakao (den sie als Geld benutzten)
und viele Wildschweine, Hirsche, Hasen,
und viel Baumwolle, und die Frauen der Indios sponnen sie.
Sie hatten Bücher aus Pergament, aus Hirschleder,
darin waren ihre Länder gemalt in roter und schwarzer Tinte
und die Flüsse, die Wege und Wälder.
In jedem Dorf gab es Plätze und Märkte,
und sie feierten Feste und tanzten und sangen
zur Zeit der Maisernte.
Sie sangen im Chor, feierten Götzendienst,
wenn der Kakao geerntet wurde,
um einen sehr hohen Pfahl herum, in der Mitte der Plaza
und auf der Spitze der Gott des Kakao,
und Jungen wirbelten durch die Luft um die Stange,
angebunden mit Pittahanft,
als ob sie fliegen würden,

und unten tanzten die Indios im Kreis
zum Klang der Trommeln und Pauken,
schwarz bemalt und rot,
mit Quasten aus Wolle und Federbüscheln,
und die Mädchen reichten den Fürsten Tassen mit Chicha*,
und diese zündeten ihren Tabak an,
und alle zogen daran und bliesen den Rauch durch den Mund,
und in anderen Tassen boten sie ihnen Kakao an,
und sie blieben die ganze Nacht und schlugen die Trommeln
und schlugen die Pauken und sangen.

Und das Feuer des Vulkans Masaya leuchtete in der Nacht
über den ganzen Himmel wie ein Mond,
und aus dem Krater des Vulkans kam eine Alte hervor,
sehr alt und runzlig, die Brüste bis zum Nabel,
um mit den Indios zu sprechen,
mit wirrem Haar, mit Zähnen gleich denen der Hunde,
schwärzer als alle Indios.
Der Alten vom Vulkan wurden Mädchen geopfert.
Und sie kam nicht mehr wieder, seit die Christen kamen,
und sie sagte, sie käme solange nicht wieder, bis jene gingen
oder aus dem Land getrieben seien.

(Sie wurden nicht regiert von Kaziken, von Herren oder
    Häuptlingen,
sondern vom Rat der Alten, gewählt mit Stimmen,
und diese wählten den Oberst General für den Krieg,
und wenn er starb oder im Krieg umgebracht wurde, wählten sie
    einen neuen
        – und manchmal brachten sie selber ihn um,
        wenn er schädlich war für die Republik –
und sie versammelten sich auf der Plaza im Schatten einer Ceiba**:
dort wurde der Rat der Alten durch Stimmen gewählt.)

---

* Maisbranntwein.
** Riesiger Baum, dessen Früchte Wolle tragen.

Die Männer des Hernández von Córdoba
trafen sich mit Cortés in Honduras.
Cortés schickte ihnen Lasttiere, beladen mit Eisenbeschlägen,
mit Werkzeugen und Kleidern und silbernen Vasen und goldenem Schmuck
– und auch geheime Briefe –. Plant Córdoba einen Aufstand?
Hernando de Soto und neun andere gingen zu Fuß nach Panamá,
um es Pedrarias zu sagen. Sie berichteten ihm von den Briefen.
Pedrarias ließ unverzüglich die Schiffe auslaufen. Man sagte
Córdoba, er solle fliehen. Er solle an Balboa denken*.
Aber er wollte nicht fliehen. Er sagte: Ich bin unschuldig.
Ich warte auf Pedrarias.
Pedrarias nahm ihn gefangen in der Festung von León.
Hernández de Córdoba überquerte traurig den Platz,
den er gezeichnet hatte; er sah zum letztenmal seinen See
(den See von León) und wurde enthauptet.
Er wurde begraben in der Kirche, die er erbaute,
in der Stadt, die er gründete, zwischen dem See und dem Momotombo.

Feuer schoß aus dem Momotombo Tag und Nacht.

---

* Vasco Nuñez de Balboa, der Eroberer Panamás, wurde von P. enthauptet.

(4)

In Santiago de Guatemala und in San Salvador
lachten die Konquistadoren
über das Buch *De unico vocationis modo**
des Fraters Bartolomé de las Casas**
und sagten, wenn er »mit Worten und Argumenten«
die Indios in den Schoß der Kirche zurückführen würde
und in die Praxis umsetzte, was seine Rethorik verspräche,
dann würden sie sicher die Waffen strecken ...
Sie würden erklären, ungerechte Soldaten und Generäle zu sein.
Und sie sagten ihm:
Warum gehe er nicht zu den wilden Indios,
allein mit »Worten und frommen Sprüchen«.
Keine andere Provinz war mehr zu erobern,
als die von Tuzulutlán,
durchzogen von Flüssen und Seen und Sümpfen
und traurigen Wäldern, wo so viele Dämpfe aufsteigen,
daß ständig Regen fällt,
und die Indios dort sind die wildesten und barbarischsten,
niemals zu zähmen,
und man nannte diese Provinz Tuzulutlán,
»Land des Krieges«.
In diese Provinz erbot sich Frater Bartolomé de las Casas zu gehen.
Um die Indios zu unterwerfen, ohne Waffen, ohne Soldaten,
allein mit dem Worte Gottes.
... Was er in der »Rethorik« geschrieben hatte. In einem Buch.
Und Frater Bartolomé de las Casas fragte nicht nach Lohn,
nicht nach Wegzehrung, nicht nach Brot,
Wein, Konserven usw. pro Woche, pro Monat, pro Jahr,
nicht nach dem Bistum jenes Landes.

---

* Lateinisch »Von der einzigen Art der Berufung«.
** Prangerte die Massenmorde der Spanier an, »Verteidiger der Indios«.

Er stellte nur eine Bedingung:
Die Indios sollten niemandem ANEMPFOHLEN werden*.
Sie sollten freie Vasallen Seiner Majestät sein.
Und die Fratres machten Gesänge und Verse auf Quiché**.
Verse mit Reimen und mit Strophen,
erzählend die Erschaffung der Welt, den Fall des Menschen,
die Verbannung aus dem Paradies, die Sintflut, den Tod
des Sohnes Gottes und seine Auferstehung. Sie brachten die Verse
vier Indiohändlern aus Guatemala bei,
die nach Quiché gingen, um zu kaufen und zu verkaufen.
Sie schrieben Musikstücke
für die Instrumente der Indios,
»begleitet von einer lebhaften, hohen Stimme,
da die Instrumente der Indios leise und heiser waren«.
Und Frater Bartolomé gab ihnen Scheren und Messer und Spiegel
und andere Dinge aus Kastilien.
Die Händler kamen am Haus des Kaziken an.
Sie legten ihre Waren aus, und die Leute kamen schauen und kaufen,
was es an neuen Dingen gab. Sie verlangten ein *Teplanastle****
und holten die Glöckchen und Rasseln von Guatemala hervor,
und zum Klang der Instrumente begannen sie, die Verse zu singen.
Und niemals hatte man diese Instrumente zusammen gehört.
Und man hörte von Dingen, die man niemals vernommen hatte.
Der Kazike verhielt sich still,
er wartete, daß sie noch einmal sängen. Am nächsten Tag
sangen sie wiederum, und die Leute kamen, die Verse zu hören.
Acht Tage lang währte das Singen.
Und der Kazike hieß sie wiederholen,
in der Öffentlichkeit und im geheimen.
Und er bat sie, zu erklären, was sie sängen.
Sie sagten, sie wüßten nicht mehr. Das sei nicht ihr Amt.

---

* Was soviel wie »versklavt« bedeutete.
** Dialekt der Mayas.
*** Trommel.

Aber die Patres könnten es sicher erklären.
Und er fragte: Wer sind diese Patres?
Denn der Kazike hatte nie von den Patres reden gehört.
Die Händler beschrieben sie: schwarz und weiß gekleidet,
die Haare geschnitten wie einen Kranz,
und sie essen kein Fleisch und mögen weder Gold noch Federn
noch Kakao.
Sie seien nicht verheiratet
und hätten keine Sünde, weil sie nicht mit Frauen verkehrten.
Sie sängen Gottes Lob bei Tag und bei Nacht.
Sie hätten herrliche Bilder, vor denen sie niederknieten,
und wenn sie nach ihnen schickten, kämen sie sicher gern,
um zu erklären, was sie in diesen Liedern gesungen hatten.
Und der Kazike schickte einen seiner Brüder mit den Händlern
nach Santiago, und er hieß ihn, die Patres gut zu beobachten
in der Stadt von Santiago, und herauszufinden, ob sie Gold hätten.
Die Patres in Santiago empfingen den Bruder des Kaziken,
und er beobachtete schweigend, was die Patres taten
(ohne daß sie es merkten).
Er kehrte in sein Land zurück mit dem Pater, den sie gewünscht
hatten.
Der Kazike gab große Feste für ihn,
Lauben, Triumphbögen,
er sah ihm nicht ins Gesicht als Zeichen seines Respekts,
sie fegten den Boden, da er barfuß ging.
Und der Kazike stürzte die Götter und ließ sie verbrennen.
Man opferte keine Papageien mehr.
Und jeden Nachmittag
sangen sie die Lieder.
Der Regen hatte aufgehört.
Und Frater Bartolomé ging nach Santiago de Guatemala
zum »Land des Kriegs«.
Sie predigten ihnen auf den Feldern.
Sie riefen alle zusammen, gemeinsam in einem Dorf zu leben
(weil sie verstreut waren in den Bergen).
Und Frater Bartolomé ging nach Santiago de Guatemala
mit dem Kaziken Don Juan.

Der Gouverneur war gekommen,
um den Kaziken Don Juan zu sehen: er nahm seinen roten
Tafthut ab,
und er setzte ihn dem Kaziken auf.
Sie ließen ihn sich in den Straßen und Läden Santiagos umschauen,
gaben Befehl, daß die Läden ihm gäben, was er verlangte,
und sie holten alle Waren hervor und die seltsamsten Dinge,
und er schaute alles an mit Selbstverständlichkeit,
ohne Bewunderung
»als ob er in Mailand geboren wäre . . .«
Der Gouverneur und der Bischof
hatten ihm kostbare Dinge angeboten,
und er hatte nichts nehmen wollen,
nur ein Bild der Jungfrau Maria.

Frater Bartolomé nannte das »Land des Kriegs« jetzt
Wahrer Frieden.

(5)

Der letzte Abend des Jahres war traurig und bewölkt,
und um das Schiff herum sprangen große Fische
wie Pferde, kräftig schnaubend.
Die Narren: Vorboten des Sturms.

Doch der erste Tag des Jahrs 1545
brach an mit blauem Himmel und blauem Meer
und frischem Wind. Herden von Thunfischen
folgten dem Schiff. In der Kabine am Bug
hatten die Fratres einen Altar errichtet mit der Geburt
und mit dem Gotteskind, in Stroh gebettet. Und nach der Messe
hielt Frater Bartolomé die Predigt.
In der Ferne konnte man blaue Länder erkennen.
PATRES UND MEINE BRÜDER: Wir sehen schon
die Gipfel der Berge
des Landes, das wir betreten werden.
Es ist Yucatán.
Unzählige Menschen sind dort, weil es ein üppiges Land ist,
voller Früchte. Das Land hat kein Gold,
aber Honig und Wachs, mehr, als andere Länder hier.
Es mißt dreihundert Meilen im Umfang. Regiert
wird es mit dem besten politischen System Westindiens,
und da sind keine Laster und keine Sünden,
und man könnte große spanische Städte dort bauen
und darin leben wie in einem irdischen Paradies.
Aber ein Gouverneur kam in dieses Reich
und brachte alle um, die in ihren Häusern waren, ohne Grund.
Und da sie kein Gold besaßen, nahm er das Gold aus ihren
Körpern.
Und sie kamen zurück, beladen mit verkauften Menschen,
eingekauft gegen Wein, Öl und Essig,
eingetauscht für Speck, eingetauscht für Pferde.
Die schönste Zofe für eine Arroba Wein*.

* Maßeinheit, entspricht 11,5 kg.

Ein Stück Speck. Der Sohn eines Fürsten
(oder was wie der Sohn eines Fürsten aussah)
eingekauft gegen einen Käse. Hundert Leute gegen ein Pferd.
Während er so sprach, lag das Schiff ganz still,
und kein Wind bewegte eine Welle oder ein Segel.
Dann sangen sie Vesper und die Komplet,
und ein ganz zahmer Wind begann zu wehen,
das Boot kam näher und näher zum Land hin.
Mit dem Senkblei in der Hand erforschten sie den Hafen,
und als es dunkel war, entzündeten sie ein Feuer im Marssegel,
und man antwortete ihnen vom Land her. Sie näherten sich noch mehr,
bis zu einer Tiefe von drei Armen, und sie warfen den Anker
und warteten, daß es Tag werde.

STROPHEN
BEIM TODE MERTONS

1970

Unsere Leben sind Flüsse
die zum Tode führen
der Leben bedeutet
Dein Tod ist eigentlich lustiger, Merton
(oder absurd wie ein Koan)
dein Tod Marke General Electric
Und die Leiche nach USA in einem Flugzeug der Army
mit deinem dir so eigenen Humor hättest du gelacht
siehst du Merton totgelacht auch ohne Leiche
auch ich
Die Eingeweihten des Dyonisos pflanzten Efeu ...
(ich kannte es nicht)
Heute tippe ich mit Freude dies Wort Tod
Sterben ist nicht wie der Zusammenstoß mit einem Auto
oder wie ein Kurzschluß
wir sind ein Leben lang gestorben
Ist es in unserem Leben
wie der Wurm im Apfel? Nicht
wie der Wurm sondern wie
die Reife!
Oder so, wie die Mangos in diesem Sommer auf Solentiname
gelb werden, wie sie warten
auf die Goldamseln ...
die hors d'œuvres
gab es nicht in den Restaurants
wie angekündigt in den Zeitschriften
noch war der Vers so gut wie wir wollten
oder der Kuß.
Unsere Wünsche waren immer jenseits aller Wünsche.
Wir sind Somozas, die immer mehr Landgüter wollen
More More More
und nicht nur mehr, auch noch etwas »anderes«
Die Hochzeit des Wunsches
der Koitus des perfekten Wollens ist der Akt
des Todes.

Wir wandeln zwischen den Dingen als hätten wir
ein Schreibheft verloren
das sehr wichtig war.
Wir fahren mit dem Fahrstuhl hinauf und hinunter.
Wir gehen in Supermärkte, in Läden
wie alle Leute, suchen nach einer Ware,
die sehr bedeutend ist.
Wir leben als warteten wir auf unendliche
Rendezvous. Oder darauf,
daß uns im Telefon anspricht
das Unaussprechliche.
Und wir sind allein
unsterblicher Weizen, der nicht stirbt, wir sind allein.
Wir träumen in Liegestühlen auf Deck
betrachten das Meer, das die Farbe von Daikirí hat,
hoffen, daß jemand vorübergeht und uns zulacht und
Hallo sagt
Nicht Schlafen sondern Wachen.
Wir gehen mitten durch den Verkehr wie Schlafwandler
beachten die Ampeln nicht
mit offenen Augen und schlafend
nippen an einem Manhattan und schlafen
Nicht Schlaf
das Wachen ist Abbild des Todes
der Erleuchtung, der Glanz
des Todes, der blind wird.

Und es ist nicht das Reich des Vergessens. Die Erinnerung
ist die Sekretärin des Vergessens.
Sie reiht in Archiven die Vergangenheit.
Doch wenn da keine Zukunft mehr ist, nur noch die sichere
Gegenwart
wird alles, was lebt, noch einmal leben, doch nicht als Erinnerung
und sich der Wirklichkeit enthüllen, vollkommen,
in einem Blitzlicht.

Dichtung war auch eine Abreise
wie der Tod. Sie hatte
jene Traurigkeit von Zügen und Flugzeugen, die abfahren
der kleine Bahnhof von Brenes
im kleinen einfachen Cordoba
bei Nacht fahren die Züge vorbei
das Lied aus der Tiefe Granadas
In all der Schönheit eine Traurigkeit
und Sehnsucht wie in einem fremden Land
MAKE IT NEW
(ein neuer Himmel und eine neue Erde)
doch nach diesem Wachen
kehrst du zurück zu den Klischees
zu den Slogans.
Nur in den Augenblicken da wir nicht tätig sind
konzentriert auf das Unnütze, abgereist
öffnet sich uns die Welt.
Tod ist der Akt völliger Zerstreutheit
auch: Betrachtung.

Die Liebe, vor allem die Liebe, ein Vorwegnehmen
des Todes
In den Küssen war ein Geschmack von Tod
sein
ist sein
in anderem Sein
wir sind nur wir wenn wir lieben
Aber wir lieben in diesem Leben nur wenige Augenblicke lang
und nur schwach
Wir lieben nur oder sind nur wir selbst wenn wir nicht mehr
im Sterben liegen
Blöße allen Seins um Liebe zu machen
make love not war
die Liebe schenken will
sie ist das Leben

Die Stadt die vom Himmel herabstieg – nicht Atlantic City –
Und das Jenseits ist nicht der American Way of Life
Ruhestand in Florida
oder wie ein endloses Weekend.
Der Tod ist die offene Tür
zum Universum
Da ist kein Schild NO EXIT
und zu uns selbst
(reisen
zu uns selbst
nicht nach Tokio, Bangkok
ist der Appeal
Stewardeß im Kimono, Cuisine
Continentale
ist der Appeal dieser Anzeigen von Japan Airlines)
Eine Hochzeitsnacht, sagte Novalis
Kein Horrorfilm von Boris Karloff
Und natürlich, wie das Fallen der Äpfel
nach dem Gesetz, das die Sterne anzieht und die Liebenden
– Es gibt keine Zufälle
einer mehr, der vom großen Baume fiel
du bist ein Apfel mehr
Tom
Wir verlassen den Leib wie man
das Hotelzimmer verläßt
Aber du bist nicht der Unsichtbare von Wells
Oder so wie das Gespenst eines verlassenen Chalets
Wir brauchen keine Medien.
Und die Kinder wissen genau, es gibt ihn NICHT
wir sind unsterblich
Kann denn Napalm Leben vernichten?
Von der Gaskammer ins Nichts?
Oder sind die Evangelien Zukunftsromane?
Jesus trat ins Zimmer und nahm die Klagenden
Deshalb singen die Schwäne, sagte Sokrates, kurz
bevor sie sterben

Komm, Caddo, gehn wir hinauf
ins große Dorf (zweimal)
– Wohin alle Busse und Flugzeuge fahren
Und nicht wie ans Ende
sondern in die Unendlichkeit
fliegen wir zum Leben mit Lichtgeschwindigkeit
Und wie der Fötus die Fruchtblase zerreißt ...
Oder wie Astronauten ...
– der Sprung
aus der Puppe der Raupe
Und es ist ein Happening.
Der Höhepunkt
des Lebens
dies natalis
dieses pränatale Leben ...
Die Gebärmutter verlassen
Etwas, das nicht absurd ist:
sondern ein Geheimnis
Tor zum Universum geöffnet
und nicht ins Vakuum
(wie die Tür eines Fahrstuhls, der nicht da ist)
Und schon endgültig.
... gleich dem Erwachen des Morgens
von der Stimme einer Schwester im Krankenhaus
Und schon haben wir nichts und doch sind wir nur
und doch sind wir nur und sind nur Sein
Die Stimme des Geliebten, die sagt:
mein Liebling, zieh den BH aus
Die offene Tür
die niemand mehr schließen kann
– »Gott, der uns zu leben befahl«
selbst wenn wir uns sehnten bei der Wiederkehr
nach atomaren Verbindungen, nach
der Bewußtlosigkeit.
Und immer größer die Bomben.
Nekrophilie: der Flirt mit dem Tod. Die Passion für den Tod.
(Leichen, Maschinen, Geld, Spucke)

und wenn sie träumen von einer Frau: dann mit dem Bild
eines Autos vor Augen
Die unwiderstehliche Faszination des Unorganischen
Hitler wurde im 1. Weltkrieg gesehn
wie er entzückt vor einer Leiche stand
und nicht wieder fort wollte
(Militärs oder Maschinen, Münzen, Scheiße)
Gaskammern bei Tag und Wagner bei Nacht
»5 Millionen«, sagte Eichmann (vielleicht auch 6)
Oder möchten wir dem Tod Make-up auflegen?
Die geliebten Wesen (sag nicht: die Toten)
geschminkt, manikürt, lächelnd
im Garten der Ruhe der Rauschenden Wiesen
of THE AMERICAN WAY OF LIFE
1 Martini oder 2 um ihr Gesicht zu vergessen
relax & tv sehen
das Vergnügen, einen Porsche zu fahren
(any line you choose)
vielleicht eingefroren auf die Auferstehung warten
in flüssigem Stickstoff bei minus 197 Grad
(eingelagert wie das Korn, das nicht stirbt)
bis zum Tag, da Unsterblichkeit billig sein soll
nach dem Kaffee ein Bénédictine
ein Sportanzug um jung zu sein, um den Tod abzuschaffen
während man uns das Serum für ewige Jugend erfindet
das Gegengift
um nicht zu sterben.
Wie in den Filmen der gute Cowboy, der nicht stirbt.
In Miami den Blühenden Brunnen suchen.
Angekündigt nach den Vergnügungen auf den Jungfrauinseln.
Oder mit der Yacht von Onassis über den Lethe-Fluß . . .

Du wolltest nicht einer der Menschen mit großem Namen sein
mit einem Gesicht, das alle Welt erkennt auf den Fotos
der Wochenblätter
deine Wüste, die blühte wie eine Lilie, war nicht die Wüste
des Paradise Valley Hotels

mit Cocktails am Swimmingpool
unter den Palmen
deine Einsamkeit war nicht die von Lost Island
wo sich die Kokospalmen über das Meer beugen
LOVE? It's in the movies
die Einbrüche der Ewigkeit
waren kurz
– Die wir nicht an die Advertisements dieser Welt geglaubt haben
Essen für 2, »je t'adore«
How to say love in Italian?
Du hast mir gesagt:
Im Evangelium steht nichts von Betrachtung
Nichts von LSD
sondern vom Schrecken Gottes (oder sollten wir besser
sagen: Entsetzen?)
Seine Liebe wie die Strahlung, die tötet, ohne uns zu
berühren
und ein Vakuum größer als der Makrokosmos!
In deiner Meditation sahst du nur die Vision
der Linienmaschine von Miami nach Chicago
und das Flugzeug der SAC mit der Bombe darin
– die Tage, an denen du mir schriebst:
My life is one of deepening contradiction and frequent darkness
Dein Typ? So uninteressant
die Reise zu weiten Einöden und Ausdehnungen des Nichts
alles wie aus Gips
weiß und schwarz, with no color
und die leuchtende Kugel ansehen, blau und rot wie Achat
mit Weihnachten am Broadway und Beischlaf und Liedern
glitzernd auf den staubigen Wellen des Meers der Ruhe
oder des Meeres des Schreckens tot bis zum Horizont. Und
wie die glänzende Kugel am Weihnachtsbaum ...

Die Zeit? Is money
ist *Time*, ist Lumperei, ist nichts
ist *Time* und eine Berühmtheit auf dem Titelblatt

Und diese Reklame von Borden's Milch im Regen
vor Jahren in Kolumbien, aufflammend
und erlöschend, so flüchtiges Aufflammen
        und die Küsse im Kino
die Filme und die Filmstars
so flüchtig
        GONE WITH THE WIND
auch wenn noch leuchtende Schönheiten auf der Leinwand lachen
die dahingeschiedenen Stars
        das Auto hat eine Panne, der Eisschrank
wird repariert
            Sie in buttergelb in
            marmeladenfarbenem Orange und Erdbeerrot
        wie in einer Anzeige des New Yorker in der Erinnerung
und der Lippenstift ist schon verschmiert von einigen Küssen
Winken von Fenstern in Flugzeugen, die ins Vergessene
            fliegen
Shampoos von Mädchen, weiter fort als der Mond
als die Venus
        Augen wertvoller als der Stock Exchange

Der Tag von Nixons Amtsantritt ist schon vorüber
das letzte Bild auf dem Fernsehschirm löst sich auf
und man säubert Washington
Die Zeit, Alfonso, die Zeit? Is Money, Scheiße, shit
Die Zeit ist New York Times und Time
        – Und alles was ich fand war wie Coca-Cola ...

        Proteine und Kernsäuren
            »die hübschen Zahlen ihrer Formen«
Proteine und Kernsäuren
        die Körper fühlen sich an wie Gas
die Schönheit wie bitteres
Tränengas
        Da der Film dieser Welt zu Ende geht ...
            wie Coca-Cola
        oder ein Beischlaf for
        that matter

Die Zellen sind vergänglich wie Blumen
nicht aber das Leben
Protoplasma Cromosomen nicht aber
das Leben
Wir werden noch einmal leben, sangen die Komanchen
Unsere Leben sind wie Flüsse
die zum Leben führen
jetzt sehen wir nur wie im Fernsehen
später von Angesicht zu Angesicht
Alle Wahrnehmung Versuch des Todes
Liebling, es ist Zeit die Bäume zu beschneiden
Alle Küsse werden gegeben, die du nicht geben kannst
Granatäpfelbäume blühen
alle Liebe rehearsal des Todes
So we fear beauty
Als Li Chi vom Herzog von Chin geraubt wurde
weinte sie bis ihre Kleider durchnäßt waren
doch im Palast hat sie bereut
geweint zu haben.
Um die Landzunge biegt der San Juan vom †
Enten
fliegen vorbei
»die seltsamen Inseln«
oder *Lust* sagte San Juan vom Kreuz
unendliche Lust –
die Leinwand der süßen Begegnung zerfetzt
und die Trakier weinten, wenn jemand geboren wurde, erzählt
Herodot
und sangen, wenn jemand starb
– Das war im Advent, als in Gethsemany die Apfelbäume
neben dem Treibhaus wie Skelette dastanden
mit weißen Blumen von Eis wie die Blumen
der Eismaschinen.
Ich glaube es nicht, meinte Alfonso, im Irrenhaus,
als ich ihm sagte, daß Pallais tot sei.
Ich glaube, das ist eine politische Frage oder
so was.

Begraben sie mit ihnen auch noch ein Kamel
für die Reise? Und in Fidschi
die Waffen aus Walfischzahn?
Das Lachen der Menschen bei einem Witz ist der Beweis dafür,
daß sie an die Auferstehung glauben
    oder wenn ein Kind weint in der fremden Nacht
und die Mutter es beruhigt
Die Evolution führt zum Leben
    und ist nicht aufzuhalten
und nicht zu vereinbaren mit der Hypothese
vom Nichts
Yvy Mara ey
kamen auf ihren Wanderzügen bis ins Innere Brasiliens
(»Das Land in dem man nicht stirbt«)
    Wie die Mangos dieses Sommers auf Solentiname
reifen
während das Noviziat dort mit einer Schneehaube bedeckt ist.
        Goldamseln fliegen vorüber
    zur Insel La Venada wo sie schlafen
du hast mir gesagt
it is easy for us to approach him

Wir sind fremd im Kosmos wie Touristen
        wir haben keine Häuser hier nur Hotels
Wie die Gringo-Touristen
      everywhere
flink mit ihren Kameras ohne verstanden zu haben
        Und wie man das Motelzimmer verläßt
    YANKI GO HOME
Ein weiterer Nachmittag stirbt über Solentiname
Tom
        die heiligen Gewässer schimmern
und nach und nach erlöschen sie
es ist Zeit, die Coleman-Lampe anzuzünden
    alle Freude heißt Vereinigung
    Schmerz ohne die anderen zu sein
        : Western Union

das Telegramm des Abtes von Gethsemany war gelb
WE REGRET TO INFORM YOU etc. . . .
ich sagte nur
o. k.
Wo sich die Toten vereinigen und
mit dem Kosmos eins
sind
weil es »sehr viel besser« ist (Phil. 1, 25)
›Und wie der Mond stirbt und wiedergeboren wird . . .‹
Tod heißt Vereinigung
und man ist man selbst
vereinigt sich mit der Welt
der Tod ist sehr viel besser
die Malinchebäume stehen in Blüte heute nacht, verstreuen ihr Leben
(ihr Verzicht heißt rote Blüte)
Tod heißt Vereinigung
1/2 Mond über Solentiname
mit 3 Menschen
man stirbt nicht allein
(ihre Große Hütte der Vereinigung) die Ojibwas
und die Welt ist viel tiefgründiger
Wo die Geister der Algonquin mit den Geistern der Mokassin
auf Bibergeister-Jagd gehen auf dem Geisterschnee
wir haben geglaubt, der Mond sei weit fort
sterben heißt nicht, die Welt verlassen, sondern
sich in sie versenken
du bist in der Heimlichkeit des Universums
im Underground
außerhalb des Establishments dieser Welt, der Raum-Zeit
ohne Johnson und Nixon
da sind keine Tiger
sagen die Leute von Malaya
(eine Insel im Westen)
sie stechen in See
und die See ist das Leben

Dort, wo sich die Toten vereinigen, oh Netzahualcóyotl
oder »Herz der Welt«
Hemingway, Raissa, Barth, Alfonso Cortés
die Welt ist viel tiefgründiger
Hades, zu dem Christus hinunterstieg
Busen, Bauch (Matth. 12, 40)
SIGN OF JONAS
die Tiefen der sichtbaren Schönheit
wo der große Walfisch des Kosmos schwimmt
voller Propheten.
Alle Küsse, die du nicht geben konntest, werden gegeben
Alles verwandelt sich.
... »wie einer, begraben im Busen seiner Mutter ...«
ein Cunakazike wird zu Keeler
Das Leben endet nicht, es verwandelt sich
noch ein intrauteriner Zustand, sagen die Koguis
deshalb werden sie in Hängematten begraben
in der Haltung eines Fötus
– eine antike Doktrin, sagte Plato
die da im Hades besteht
Menschen, die von hier kommen ...
Beziers und die Kathedrale, vom Zug aus gesehen
Nichts von dem was man wünscht geht verloren
der Duft des Midi
der rote Turm von Saint Jacques am Flüßchen Tarn
die weißen und grünen Lichter von Paris, am Eiffelturm:
C-I-T-R-O-E-N
Lax ist mit dem Zirkus gezogen
und er weiß, wie es ist:
wenn man aus dem Zelt kommt beim Licht der Lampen
der Abschied vom verlassenen Platz
und die Reise mit Lastwagen bei Nacht in eine andere Stadt
Und als die Frau des Chuang Tzu starb
trug Chuang Tzu nicht Trauer
Hui Tzu traf ihn singend und tanzend an
mit der Reisschüssel als Trommel
die Hängematte ist die Plazenta, der Strick

der Hängematte die Nabelschnur
»deine Kopfschmerzen schaden dir nicht«
Same – Pflanze – Same
die Dialektik der Vernichtung
ich meine
die des Weizens. Leben
heißt sterben und uns säend Leben geben
Bis zu dem Augenblick, da mit Maske und weißen Handschuhen
der Agent eintritt
dessen Sigel wir nicht kennen
Und er überliefert uns dem Tod mit Liebe
Und
wenn die Sterne nicht sterben
bleiben sie einsam
wenn sie nicht zu kosmischem Staub zurückkehren, die Sterne
der Same, die Pflanze, der Same
Tod heißt Vereinigung
nicht in Junction City
Oder wie die Cunas auch sagen:
»wir wollen eines Tages etwas Gutes essen«
Und wir fordern die Übergabe des Geliebten
Und wie der Abt Hesiquius sagte: es ist
(das häufige Denken an den Tod) »als
spielten die Fische im ruhigen Meer
und die Delphine sprängen vor Freude«
Und so wie der Mond stirbt . . .
Auf einer Insel sind sie, sagte man auf Haiti
zu Columbus, sie sind alle auf einer Insel
und essen Mamayes zur Nacht
– Oder die Insel *Boluto*, im Westen Tongas
glücklich und voller Blumen und Brotfrüchten im Geiste
»wie ein Elektroschock«
schreibt mir Laughlin
»aber es ging wenigstens schnell«
die Leinwand zerrissen
die Seele und Gott getrennt . . . Und:

... warum es der Liebe gefällt, daß der Akt so kurz ist ...
sie münden dort
die Flüsse der Liebe der Seele ins Meer
er war schön wie Joan Baez in seinem schwarzen Wagen
Du hast gelacht bei den Anzeigen im New Yorker
da ist die von Pan Am
Ticket to Japan
To Bangkok
To Singapore
All the way to the mysteries
Ein Ticket für die Betrachtung?
Ein Ticket für die Betrachtung.
Und der Tod.
All the way to the mysteries
Die Geschäftsanzeigen sind
Lehrbücher der Meditation, sagt Corita
Sister Corita
und Anzeigen für mehr. Nimm sie nicht
wörtlich.
Der biologische Tod ist eine politische Frage
oder so was
General Electric, die Parze
ein Jet aus Vietnam für die Leiche
aber nach diesem Winter, zu Ostern
oder zu Pfingsten
wirst du die trappistischen Traktoren neben dem Friedhof hören
trappistisch, aber laut, die Erde umpflügend
um zu säen, neue Mayas, den alten Mais
– die Epoche der Caterpillar-Auferstehung
und die der Grillen

Wie die Bananenstaude stirbt, um Früchte zu tragen, sagen die Leute aus Hawai.
Du warst ganz leer
und hattest alle Liebe gegeben, schon
hattest du nichts mehr in Händen
Und alles war fertig für Bangkok.

Um noch einmal zu beginnen
den Tod des Alters hinzunehmen
Unsere Leben
die zum Leben führen
das kleine Fenster des großen Jets weint
beim Start in Californien
aus Freude!
Schließlich kamst du nach Solentiname (was nicht praktisch war)
vom Dalai Lama her, und vom Himalaya mit seinen Bussen
die wie Drachen bemalt sind
zu den »seltsamen Inseln«; du bist hier
mit deinen schweigenden Tzus und Fus
Kung Tzu, Lao Tzu, Meng Tzu, Tu Fu und Nicanor Parra
und überall; so leicht, mit dir in Verbindung zu sein
wie mit Gott (oder so schwer)
wie der ganze Kosmos in einem Tropfen Tau
an diesem Morgen auf dem Weg zur Latrine
Elias ist vom Wagen der kosmischen Energien gerissen worden
und bei den Papua machten sie, als sie
den Telegraphen sahen, ein winziges Modell,
um mit den Toten zu sprechen
die Kelten brachten Silber, sagt Valerius der Große
damit man jenseits des Grabens bezahlen könne.

Die Küsse sind alle gegeben oder nicht gegeben.
Deshalb singen die Schwäne, sagt Sokrates
in deiner Brust dreht sich noch immer
der Fächer
Wir lieben nur oder wir sind nur wir, wenn wir sterben.
Das große Finale, um alles Sein hinzugeben.
o. k.

Ernesto Cardenal
Für die Indianer Amerikas

NELE VON KATULE

NELE VON KATULE:
Vorbild aller Politiker und Präsidenten
mehr als Kennedy
Ja, Vorbild der amerikanischen Präsidenten
Jedes Jahr feiert man seinen Todestag
mit Tänzen auf der Insel Ustupo
Held der Eingeborenen-Revolution im Jahre 1925
gegen die *waga* (Ausländer)
Nach der Revolution
gründete er Schulen in Tigre
Ustupo, Ailigandi
Tikantiki, Tuipile, Playón Chico
und die Lehrer waren Indios
Er schuf eine Bibliothek in Ustupo unter Kokospalmen
die Bibliothek NELE VON KATULE
1931 kaufte er ein Motorboot für sein Volk
das Motorboot *Esfera*
Er verhandelte mit General Preston Brown
über die Arbeit der Indios in der Kanalzone
Er schloß Verträge ab mit dem Präsidenten von Panama
Er schützte sein Volk vor Panamas Polizei
Er erwirkte Stipendien für die Indios
an der Kunstschule und an den Staatlichen Gymnasien
1932 führte er Wahlen ein
und verlangte mehr Lehrer für die Schulen
NELE VON KATULE
wenn er ein Samenkorn nur ansah
konnte er die ganze Pflanze beschreiben
Er kannte alle alten Bräuche und die heiligen Lieder
Er war kein Freund der wahllos übernommenen Zivilisation

doch auch kein Anhänger der extrem traditionellen Richtung
Von den *waga* wollte er nichts andres als dies:
        alles Gute der Zivilisation übernehmen
        doch alles Wertvolle der Indios bewahren
Als er die Zivilisation einführte
                begann er zuerst sich selbst zu bilden
Die Stipendien sollten aus seinen Leuten
Lehrer machen, Handwerker, Sachverständige der Landwirtschaft
                Er suchte keine politische Macht
                        er diente nur seinem Volk.
Mit zehn Jahren suchte er Pflanzen mit seinem Vater
am Fluß und auf den Inseln
Mit zwölf begann er von seinen Träumen zu erzählen
Mit siebzehn ging er zum Kaiman-Fluß in Kolumbien
um beim alten Nele Inayoga zu lernen
Zuerst die wichtigste Eigenschaft eines Nele:
»freundlich zu sein mit den Menschen
                                und keinen Stolz zu haben«
Später die alte Geschichte der Inseln, die
berühmten Neles von San Blas:
Nesquesura, der das Volk lehrte die Toten zu begraben
                und keinen Geschlechtsverkehr im Beisein anderer zu
                        haben
Er kam als Unordnung herrschte unter den Menschen, Nesquesura
                und er predigten das Wort von Volk zu Volk
Mago (ein anderer großer Mann) sprach von den Morden
Cupna sprach über die Freundschaft
und über das Teilen mit den Hungrigen und Durstigen
Tuna lehrte die Menschen Hängematten flechten
Herr Sue, Kenner der Natur
zeigte ihnen alle eßbaren Früchte
Er sprach von den Flüssen *Olopurgandihual, Manipurgandihual*
                                Siapurgandihual und *Calipurgandihual*
Die Menschen verstanden es nicht sich die Früchte zu teilen
und Herr Sue sagte ihnen
                        man müsse sie gemeinsam ernten
Die Menschen bestahlen sich gegenseitig

und darum bliesen die Stürme stärker als früher
erklärte Herr Sue
Tequenteba war Baumeister und ein Kenner der Speisen
Jonny, Bollos, Yuca-Gerichte
Er sprach von der Aufteilung der Landsitze
Ibelele predigte das Wort Gottes
die Feinde, sagte er, sind:
Masalaiban (Ameisenbär) und Masolototobaliel (Leguan)
die nicht an Gott glauben.
Diese Neles waren große Doktoren
von Gott gesandt. Sie waren sehr weise
sie kannten alle Heilkräuter
sie riefen die Leoparden, die Tiger und Jaguare in ihr Haus
und sprachen mit ihnen
Die großen Stürme konnten sie stillen
Die wilden Fische waren die Freunde der Neles
Und die Neles versammelten das Volk und sangen ihm vor
während die großen Stürme tobten.
Tiegun erforschte die Welt der Bösen Geister
und erzählte von ihnen
Sibú besuchte das Reich der Toten
Salupip erklärte wie Gott verschiedene Arten von Tieren schuf.
Und über allen Neles, Ibeorgun
2 Jahre nach der *Mu-osis* (der Sintflut)
kam Ibeorgun
er kam um sie das Grüßen zu lehren, er sagte
einander grüßen sei gut
denn es bedeute an Gott zu denken
wenn man sich mit guten Wünschen grüße
Er zeigte ihnen den Tabak und nannte ihn *huar*
»Ich nenne den Tabak *huar*«
und wenn man ihn raucht oder als Weihrauch benutzt, heißt er *tola*
(und sie verstanden ihn nicht)
Er war der erste, der den Cunas Namen gab
Im Morgengrauen versammelte er das Volk
und sagte: Gott sandte mich, hier zu lehren auf Erden
und er befahl ihnen die Lieder zu lernen

Absogeti-Igala, Camu-Igala, Caburri-Igala
die heilkräftigen Lieder
denn Gott wolle es
Dies kam aus dem Munde Gottes
und wir müssen es lernen auf Erden
Und weil zu jener Zeit die Menschen noch nicht Bruder sagen
konnten
lehrte er sie zum Bruder *Cargüenatdi* zu sagen
und zur Schwester *Om*
zum Mann der Tante sagte man *Tuc-so*
und der Mann der Schwester der Gattin hieß *Ambe-suhi*
zum Bruder oder zur Schwester des Schwiegervaters
sagte man *Saca*
Und er sagte zu ihnen, oben im Himmel wohne Gott
Und wir nennen ihn Diosayla (Papa)
Und Ibeorgun sagte, die Erde auf der Gott uns gelassen hat
nennen wir *Nap-cu-na*
denn wir sind im Mittelpunkt der Welt
wir sind in *Kuna*
wir sind auf der Oberfläche der Erde
und gehen aufrecht *ucurmacque* das heißt:
»wir gehen auf der Erde«
Er zeigte ihnen die 4 verschiedenen Garne
aus denen man Hemden fertigt
und die Säfte der Pflanzen
die ihnen leuchtende Farben geben
und die 4 Erdarten aus denen man Krüge formt
genauso, sagte er, ist auch die Hautfarbe der Menschen verschieden
Er fand heraus, daß man aus Gold Teller und Löffel machen konnte
und Nasenringe für die Frauen
darum tragen die Frauen noch heute
Ringe in der Nase.
Und Nele von Katule lernte von Inayoga die Heilkunst
die nützlichen und die wertlosen Pflanzen
die Art sie zu pflücken, die
Gebete für jede Pflanze
Die Rinde des *baila-ukka* ist gegen Kopfschmerz

Eidechsenfett gegen Grippe
Coca stillt den Schmerz
die Palme *utirbe* stärkt den Körper
das Schlangengras heilt den Schlangenbiß.
Und er lernte
welcher Baum gut für die Wunden ist
mit welchem Blatt man die Augen wäscht und wie man gut
die Lianen zeichnet, denn so lernt man Sprachen
Er lernte das Heilmittel gegen Trunkenheit kennen
und die Arznei von der man bescheiden wird
den Stamm, gesprenkelt wie eine Schlange, der
die Schüchternheit bei der Gattin heilt
die Wurzel gegen Besessenheit.
Und von dort aus ging er nach Arquía (Kolumbien)
zum Lehrer Orwity
um die Geschichte der alten Kaziken zu lernen
denn er wußte
eines Tages würde er der Kazike der Inseln sein
Orwity
kannte am besten von allen
die Geschichte der Kaziken
und er hatte 20 Schüler die Neles werden wollten
3 Jahre währte der Unterricht
und Nele von Katule begann auf den Versammlungen zu sprechen.
Später wollte er die moderne Zivilisation kennenlernen
und er ging nach Quibdó (Kolumbien)
zum Indio-Lehrer Jesus Manuel
der in Cartagena das Abitur gemacht hatte
Dort blieb er weitere 3 Jahre.
Um die Kultur Europas kennenzulernen ging er nach Socuptí
(Panama)
zum Indio-Lehrer William Smith
der früher Seemann war
und ganz Europa bereist hatte
Dort lernte er ein weiteres Jahr.
Am Ende dieser Zeit sagte der Lehrer
wenn er etwas über die Nationen Amerikas erfahren wolle

müsse er zu Charles Aspinwal gehen
der in Acandí wohnt
Und Nele reiste ins Dörfchen Acandí, Kolumbien
ins liebliche Acandí. Ich erinnere mich gut. Ich war einmal dort:
an der Mündung eines Flusses am Meer gelegen
und es gab Kokospalmen
Und in der Hütte dieses Aspinwal, unter
Kokospalmen wahrscheinlich, gegenüber dem Meer
studierte er die Nationen Amerikas
und die Unabhängigkeitskriege
und das Leben des Befreiers Simón Bolívar
und die Namen aller seiner Generäle und Schlachten
Dort blieb er ein weiteres Jahr.
Endlich ging er nach Paya (Panama)
zum Lehrer Nitipilele
um noch besser die Sprache der Cunas zu lernen
denn dieser Lehrer wußte wie die Namen entstanden
aller Dinge die es gibt auf der Erde
hier studierte er noch 2 Jahre.
Und dann ging Nele von Kantule zurück in sein Dorf
in sein Dorf Portogandí, gut vorbereitet
zum regieren.
Portogandí war gerade vom Fluß überschwemmt worden
nur 6 Hütten standen noch
und er befahl das Dorf auf eine Insel (Ustupo) zu verlegen.
Das war 1903 und auf dieser Insel begann seine politische Laufbahn.
Sie ernannten ihn zum Kaziken
– der Oberkazike war Inapaguiña –
Seine ersten Aufgaben:
die Landwirtschaft
und das gute Verhältnis zu den anderen Kaziken der Inseln
zu fördern
Er brachte 2 Lehrer nach Ustupo:
einen für Spanisch, den anderen für Englisch
Der berühmte Kazike Robinson, Charlie Robinson, wollte
nichts von der Geschichte der Vorfahren wissen
nur spanische Geschichte

Das waren die Meinungsverschiedenheiten mit Robinson
Denn Nele sagte:
»Unsere eigene Geschichte ist wichtig«
Später wurde Colman Oberkazike, Simral
Colman, der große Colman
der sagte: »Ich will daß ihr einander liebet
daß ihr die Menschen nicht wie Tiere tötet, denn sie haben
die gleichen Gesichter, die gleichen Haare, das gleiche Blut
wie ihr
Und ihr sollt auch die Menschen anderer Rassen lieben
und auch eure Feinde.«
Und in einer anderen Rede:
»Wir müssen die Goldminen
die Eisenminen und die Bleiminen
und alles Metall das man findet in der Erde
und alle Fische die man findet in den Meeren
und selbst die Insekten verteidigen.«
Und Colman ernannte Nele zum Unterkaziken (1923)
und danach berief er eine Versammlung ein
und proklamierte ihn als Oberkaziken von ganz San Blas.
Und aus Nele von Katule wurde einfach *der Nele*
sie nannten ihn einfach Nele
oder Dr. Nele
Er kannte die Bräuche der Cunas
besser als jeder andere Nele von San Blas
Wir müssen das Gute der Zivilisation annehmen, sagte er
doch ohne die Tradition der Cunas zu vergessen
Er war »ein Kenner der Welt der Träume«
Er diktierte seinem Sekretär die *Geschichte der Cunas*
Er gab ihnen die wichtigsten Bücher zu lesen
Er arbeitete im Hühnerhof der Gemeinde
wenn er an der Reihe war
Er schrieb Gebete für sein Volk: »Vater, ich will jetzt schlafen
Vater, laß herab das Netz aus Gold und Perlen
zwischen den Krankheiten und mir
Vater, laß herab das Moskitonetz aus Silber und Perlen
zwischen den Krankheiten und mir.«

Er heilte mit Liedern und zauberkräftigen Kräutern
doch auch mit Penicillin aus der Kanalzone
Er ermahnte die Eltern wenn
die Kinder nicht zur Schule kamen.
Und die letzten Worte des Kaziken an sein Volk waren:
»10 Tage nach meinem Tod soll sich der Kongreß versammeln
und den Führer ausrufen, der mich ersetzen soll
Ich schlage als Oberkaziken Herrn Olotebiligiña vor
den Anführer der Revolution von 1925
Er soll meine Beziehungen zur Regierung von Panama festigen
er soll diejenigen um sich versammeln die spanisch sprechen
oder Dolmetscher der Sprache der Cunas sind.
Sorgt daß das Gesetz 59 der Eingeborenenreservate eingehalten
wird
Und alle Kaziken von San Blas sollen sich zusammentun
wie ein einziger Mann sollen sie sein
wenn es gilt, die Rechte und Preise der Kokosnuß zu verteidigen.«
Und ehe er starb ließ er sich taufen.
Der Missionar fragte ob er an Gott glaube
und er antwortete:
»Es gibt ihn«
»Du sollst Gott schauen«
»Ich sehe meinen Vater Gott«
Umgeben von Traumwasser in dem die Indios fischen
liegt Nele von Katule begraben
auf einer Friedhofsinsel nah bei Ustupo
Und er schaut jetzt das Bild Gottes.
Paradiesischer Friedhof diese Koralleninsel
grün-blaues Wasser
und auf dem Grund die Korallen ...
Blühende Skelette die unter dem Wasser wachsen
(grün an den seichten Stellen und blau an den tiefen)
wie Sinnbilder der Auferstehung. Die Kokospalmen singen wie
Neles
wie Neles die ein Wiegenlied singen.
Und wer diese Stelle im Flugzeug überfliegt
sieht vielleicht das große versenkte Netz

das riesengroße Fischernetz
und er sieht den Grund.
Jedes Jahr zu seinen Ehren
tanzt man in Ustupo.

DIE VERLORENEN STÄDTE

Des Nachts fliegen die Schleiereulen zwischen den Grabsteinen,
die Wildkatze miaut auf den Terrassen,
der Jaguar brüllt in den Türmen,
und der einsame Kojote heult auf der Gran Plaza
den Mond an, der sich in den Lagunen spiegelt,
die Teiche waren vor langen Katuns.

Jetzt sind die Tiere wirklich,
die auf den Fresken dargestellt sind,
und die Fürsten verkaufen Tonkrüge auf dem Markt.
Wie aber noch einmal in Hieroglyphen schreiben,
den Jaguar noch einmal malen, die Tyrannen stürzen?
Unsere tropische Akropolis wiederaufbauen,
unsere ländlichen Hauptstädte von Mais umgeben?

Das Gestrüpp steht voller Denkmäler.
In den Maisfeldern gibt es Altäre.
Zwischen den Wurzeln der Chilamatebäume Torbögen mit Reliefs.
Im Urwald, dort, wo wohl noch kein Mensch eingedrungen ist,
wohin nur der Tapir und der Einsame Pizote gelangen
und der Quetzal, gekleidet wie ein Maya:
da gibt es eine Hauptstadt.
Als die Priester zum Tempel des Jaguar hinaufstiegen,
mit Jaguarmänteln und Fächern aus Quetzalschwänzen
und mit Sandalen aus Hirschleder und Ritualmasken,
da stiegen auch die Rufe hinauf vom Pelotaspiel,
der Klang der Trommeln, der Weihrauch aus Copal, verbrannt
in den heiligen Kammern aus Zapoteholz,
der Rauch der Fackeln aus Ocotefichten ... Und unterhalb von
Tikal
ist noch eine Metropolis, 1000 Jahre älter.
– Wo jetzt die Affen in den Zapotebäumen schreien.

Auf den Grabsteinen steht kein militärischer Name.
In ihren Tempeln und Palästen und Pyramiden
und in ihren Kalendern und ihren Chroniken und Gesetzbüchern
ist kein Name eines Kaziken, eines Feldherrn, eines Kaisers,
kein Priester, kein Führer, kein Gouverneur, kein General,
kein Häuptling,
und sie verzeichneten auf ihren Steinen weder politische Ereignisse
noch Verwaltungsakte noch Dynastien
noch regierende Familien noch politische Parteien.
Jahrhundertelang gibt es nicht die Spur eines menschlichen Namen,
und die Archäologen wissen noch nicht, wie sie regiert worden sind.

Das Wort »Herr« war in ihrer Sprache unbekannt.
Und das Wort »Mauer«. Sie umgaben ihre Städte nicht mit
Mauern.
Ihre Städte bestanden aus Tempeln, und sie lebten auf den
Feldern,
zwischen Maisfeldern, Palmen und Papayas.
Die Torbögen ihrer Tempel waren Kopien ihrer Hütten.
Die Straßen waren nur für Prozessionen da.
Die Religion war die einzige Verbindung zwischen ihnen,
doch es war eine frei angenommene Religion,
die ihnen weder Unterdrückung war noch eine Last.
Ihre Priester hatten keine weltliche Macht,
und die Pyramiden wurden nicht in Zwangsarbeit erbaut.
Der Höhepunkt ihrer Zivilisation verwandelte sie nicht in ein
Kaiserreich.

Und sie besaßen keine Kolonien. Sie kannten den Pfeil nicht.
Sie kannten Jesus als den Gott des Mais
und brachten ihm einfache Opfer dar
vom Mais und von Vögeln und Federn.
Sie führten nie Kriege, sie kannten das Rad nicht,
doch sie berechneten die Umlaufbahn der Venus:
verzeichneten jeden Abend den Aufgang der Venus
am Horizont, über einer weit entfernten Ceiba,
wenn die Lapapärchen zu ihren Nestern flogen.

Sie hatten keine Metallurgie. Ihre Werkzeuge waren aus Stein,
und technologisch lebten sie in der Steinzeit.
Doch sie errechneten exakte Daten, die es
seit vierhundert Millionen Jahren gibt.
Sie hatten keine angewandten Wissenschaften. Sie waren nicht
praktisch.
Ihr Fortschritt lag in der Religion, in den Künsten,
der Mathematik,
der Astronomie. Sie kannten keine Gewichte.
Sie beteten die Zeit an, jenes geheimnisvoll Fließende
und weiter Fließende der Zeit.
Die Zeit war heilig. Die Tage waren Götter.
Vergangenheit und Zukunft verweben in ihren Gesängen.
Für Vergangenheit und Zukunft galten dieselben Katune,
weil sie glaubten, die Zeit kehre stetig wieder,
wie sie die Gestirne sich stetig drehen sahen.
Doch die Zeit, die sie anbeteten, kehrte plötzlich nicht wieder.

Da sind Grabsteine, die dastehen, ohne bearbeitet worden zu sein.
Die Blöcke blieben halb behauen in den Steinbrüchen.
– Und da sind sie noch. –

Jetzt durchqueren nur einsame Gummisammler das Petén-Gebiet.
Die Vampire nisten in den Stuckfriesen.
Die Wildschweine grunzen, wenn es Nacht wird.
Der Jaguar brüllt in den Türmen – den Türmen zwischen den
Wurzeln –,
ein Kojote in der Ferne, auf einer Plaza, heult den Mond an,
und das Flugzeug der Pan American überfliegt die Pyramide.
Aber werden einst die vergangenen Katune wiederkehren?

MEXIKANISCHE GESÄNGE (I)

Die Quetzalfedern trocknen
die Mosaiken aus Kolibrifedern verblassen wie Blumen
die Mosaiken aus Türkisen, aus Jade, aus Obsidian und Perlmutter
fallen wie Blumen.
Die Ketten aus Muscheln und Jade zerbrechen
                    wie Kakaoblumenschnüre . . .
Die weißen Gefäße wie Blätter einer alten Handschrift
                und ihre Figuren hellrot und dunkelrot
        gelb
                und türkisgrün
die Gefäße aus rotem Ton, rot wie Chili
die Gefäße aus rotem Ton aus Oaxaca wie reife Früchte
oder orangerot wie Feuer
                sie welken und brechen
        Ist es eine Pyramide
zerfällt sie.

Die Quetzalfedern verblassen
                        und sind voller Staub.
Hört wie ich klage, ich, König Netzahualcóyotl.
Das Weltall ist ein Ballspiel
dort spielen wir mit zwei Bällen: der Sonne und dem Mond
gegen die höllischen Mächte
und wir wissen nicht wer gewinnt (wer verliert stirbt)
Und seht das Zeichen der Sonne in der Mitte des Kalenders
        – das Zeichen der Sonne steht in der Mitte –
am Morgen ist es *Tonatiuh* (»der aufsteigende Adler«)
denn sie ist wie ein Adler der am Morgen auf den Nopalbaum fliegt
und die roten Tunafrüchte der Menschenherzen zerdrückt
und es ist *Cuauhtemoc* am Abend
                            (»der herabfliegende Adler«)

Der Gummiball steigt und fällt, er geht und kommt
und wir Menschen müssen spielen mit diesem Ball.
Tod und Leben: schwarze und rote Tinte
die zwiefache Tinte mit der die Dichter ihre Handschriften malen.
Der See von Texcoco und Tenochtitlán
(»der Mondsee«)
der wie ein Spiegel ist aus Obsidian im Licht des Mondes
und im Licht der Sonne blau-grün
ruhige Türkise
Smaragde und Gold
der See aus Wasser und Blumen, auf dem die Wildente schwimmt
und schnatternd auffliegt, den Schwanz voller Sonne
auch er wird einmal vertrocknen wie die Blumen vertrocknen.
Der See von Texcoco und Tenochtitlán (»der Mondsee«)
wird sein wie ein Traum, den wir in einer Mondnacht träumten
und der am Tage verfliegt.
Und an seiner Stelle wirbeln Staubwolken auf.
Darum ist mein Lied traurig
und der traurige Ton des *Teponaztli* begleitet es.
Fragt nicht warum der *Teponaztli* so traurig klingt!

Wir kamen nur zum Träumen auf die Erde
um ein paar Manuskripte zu hinterlassen
durchscheinend wie Träume.
Die Keramiken der Tolteken sind unter der Erde
verstreut wie Blumenblätter.
Wir haben das Innere des Himmels auf Hirschleder gemalt
Doch werden unsere Nachkommen die Zeichen verstehen?

Unsere Gedichte auf Maguey, auf Yuca- und Palmrindenpapier
werden vom Wind verweht wie der Staub von Texcoco.

Die den Hofstaat sahen des alten Königs Tezozómoc
des Tyrannen
und die Tänzer verkleidet als Tiger und Vögel
und die *Huehuetl*-Spieler geschmückt mit Blumenkränzen
und die Gärten, die widerklangen vom Murmeln ihrer Quellen

sie würden jetzt nur noch diese Steine sehen
wo der Tecolote dem Tode singt.
Er unterdrückte die Schwachen, die Armen, die *Macehuales*
die in den Bergen Feuerholz tragen und Pitahanf suchen
doch jetzt zwischen den Bewässerungsgräben und Bädern
des mächtigen Königs Tezozómoc
findet sein Holz und seinen Hanf der *Macehual.*

Die Regierungszeiten der Könige währen eine kurze Zeit
wie die Rosen
Trugen Kleider aus Quetzalfedern die Prinzen
und die obsidian-äugigen Prinzessinnen?
Sucht in ihren Königsurnen
ihr findet sie voller Staub.
Sie vergingen wie der Rauch des Popocatepetl . . .
Sie sind nur Schatten in *Mictlan,* dem Reich der Geheimnisse
Wundert euch nicht wenn der *Teponaztli* so traurig klingt
Ich, Netzahualcoyótl
werde bald in meiner Urne begraben sein, ein Teil der Erde
(ein paar Knochen mit Kettchen)
Aus Erde bin ich wie ein Gefäß
wie ein Tongefäß das wieder zu Erde wird
und der König von Texcoco wird sein wie irgendein *Macehual.*

Doch seht die Sonne: jeden Morgen steigt sie auf aus *Mictlan,*
dem Reich der Toten
und der Morgenstern Quetzalcóatl stirbt und wird wiedergeboren
Seht wie am Morgen glänzt der Stern Quetzalcóatl!
Seht den Mais: er stirbt und
wird wiedergeboren weich und zart mit den ersten Regen
die uns Tlaloc schickte.
Wenn in der Urne nur Staub ist
so darum, weil die Mutter Cihuacóatl mich mahlt
wie mit einem Mühlstein
und meine Knochen werden blühend wieder auferstehen!
Quetzalcoátl befreit mich aus *Mictlan.*

Niemand kann diese Handschrift, geschrieben
mit schwarzer und roter Tinte, verändern
niemand die Farben verändern, die singen
zur Ehre dessen, für den alle leben
für den Herrn des *Beieinander* und *Zusammen*.

MEXIKANISCHE GESÄNGE (II)

Ich bin nicht gekommen Kriege zu führen auf Erden
sondern Blumen zu pflücken
ich, der König Sänger Blumensucher
                ich, Netzahualcóyotl
sein Palast voller Sänger
                nicht voll Soldaten
Kakaoblumenpflücker . . .
Nicht Kakaobohnen (die MÜNZEN
um auf den Märkten zu handeln anstatt sie zu trinken)
    sondern die Blumen.
Laßt die Millionäre ihren Kakao speichern, die Diktatoren
            ihre Xiquipiles von Kakaobohnen
        ich sammle Blumen.
Meine wertvollen Blumen.
Die Kakaoblume ist wertvoller als der Kakao
meine Herren.

Ich pflücke die Blumen der Freundschaft.   Blumen
der Liebe, ihr Diktatoren!
            Blumen des Gesangs.
Ich suche nur Freundschaft in den Liedern, die Versammlung
der Sänger.   Die literarischen Wettbewerbe
unter Blumenlauben.
          Körbe voller Lieder
          Körbe voller Blumen
Ich ersehne die Bruderschaft, den Adel
der Dichter.
        Die »Gilde«.
Sänger sind mein Gefolge
                ihr Herren Generäle, ihr Herren Tiger
mein Hofstaat ist Melancholie und Pauken.

Und ich BEFEHLE nicht.
Ich, Yoyoncito (der König Netzahualcoyótl)
singe immer.

Mein Gesang ist Freundschaft, Brüder.
Nur in den Blumen ist Bruderschaft
Umarmungen
nur in den Blumen.
Der Freundschaftsbund der Dichter sind diese Blumen.
Die Vereinigung der Freunde.
Dieses Gedicht ist eine Blume.
Ich singe diese Bruderschaft.

Doch die Kakaoblumen trocknen.
Vom Himmel kommt der Sänger.
Aus dem Innern des Himmels die Blumen und Lieder
ja, aus seinem Innern. Blumen sprießen, Blumen sprießen
aus meiner Pauke. Blumenlied sind meine Worte.
Immer singe ich. Ich mache
keine Propaganda.
Du bist in diesen Liedern, Lebensspender.
Ich gebe meine Blumen und Lieder meinem Volk.
Ich überschütte es mit Gedichten, nicht mit Steuern.
Möge ich nicht umsonst singen.
Wir sind gekommen *Anáhuac* mit Malereien zu erfreuen
Die Blumen der Malkunst
die Blumen der Bücher
Die Lieder in Bücher gemalt.
Und die Malereien aus dem Reich der Geheimnisse
»dem was über uns ist«.
Dort
wo unsere Lieder geboren wurden ...
Sind dies die Blumen des Lebensspenders?
Nein, dies sind nicht deine Blumen.
Wo werde ich deine Blumen sehen?
Ich, Dichter, suche dich
und bin traurig.

Ich, Yoyoncito
werde dich eines Tages sehen.
Die Freundschaft verwelkt wie die rosafarbene Kakaoblume
und wie die Milchblume des Zacuanjoche.
Die Dinge sind Blumen, sie welken.
Ich werde von Blumen nicht satt.
Wir sind nicht glücklich.
Viele Blumen
und mein Herz wird nicht satt.
Kannten wir das Glück auch nur einmal im Leben?
Wenigstens einen Augenblick Glück?
Zur Versammlung in das Reich
wo die unsrigen sich vereinen, sende mich!
Dort
»wo sich alle vereinen«
dort gibt es Freundschaft.
Wir suchen deine Blumen und deine Lieder, Lebensspender.
Dort klingen die Pauken.
Ich singe und weine.
Dein Reich, aus dem uns die Lieder kommen! Das Reich
der Vereinigung. Traurig
wird mein Herz ... Schöner
als die Goldkette, die der Archäologe ausgräbt
oder der welke Quetzalfächer im Museum
sind deine Lieder, Lebensspender.
Wie mit einem Quetzalmantel kleide ich mich mit Liedern.

Der Nachtwind zerstreut die Blumen.
Wer ist es, der zu den Trommeln tanzt? Ich bin es, Yoyontzin
– ihr Herren Minister und Präsidenten –
der König, der zu den Trommeln tanzt.
Möge ich nicht umsonst singen.

MAYAPÁN

Das Carnegie-Institut von Washington
Grabsteine mit Hieroglyphen bunte Keramiken Tempel aus Stein
findet dies alles in Uaxctún
alles erscheint gleichzeitig
Uaxctún
vor dem ersten Datum (Grabstein 9)
April 328 n. Chr. sagt die fast verwischte Hieroglyphe (Grabstein 9)
noch aufrecht, 17 Jahrhunderte später als Morley sie fand.
Grabstein 10: Zeichen zu verwischt um
entziffert zu werden . . .
VI. Jahrhundert: Aufstellen von Grabsteinen
in Tulúm, in Ichpaahtún (Küste von Yucatán)
Lacanhá in den Wäldern von Chiapas, südlich von Usumacinta
Pusilhá (Britisch Honduras)
(wen zum Teufel interessieren diese Namen)
Überall Aufstellen von Grabsteinen Aufstellen von Grabsteinen
und dann weniger Grabsteine
in einigen Städten gibt es keine Grabsteine mehr
Tikal und Uaxctún: keine Grabsteine mehr
und danach eine neue Renaissance (»die klassische Periode«)
verändert die Form der Gefäße und ihrer Zeichnungen
verändert die Architektur
die Figur im Profil auf den Grabsteinen hat sich umgedreht
nicht mehr nur ein Fuß (den anderen verdeckend)
sondern der Körper von vorn und die Füße von vorn
im Profil nur der Kopf (den Hals sanft geneigt
zum Innern des Steins)
die Steine der Vorderseite besser bearbeitet
Ein unbekannter Künstler in seinem Studio
gebeugt, versucht andere Linien
einen anderen Stil, Avantgarde

Dichter mit neuen Ismen
Maya-Ismen
schaffen
eine neue Etappe der Zivilisation für das Volk der Mayas
und von Stadt zu Stadt das Fieber der Grabsteine, die
Neue-Grabstein-Welle
die Grabstein-Schule
heilige
Wolkenkratzer im Urwald
mystische Wolkenkratzer
– Wenn ich
noch einmal nach Tikal fliegen könnte
im Flugzeug –
»künstliche Vulkane« nannten sie sie
und Tikal füllt sich mit Grabsteinen, Hieroglyphen
gut gemeißelten Texten
Calakmul, mehr Grabsteine als Tikal
Palenque
Copán
Yaxchilán
gut gemeißelte Texte auf den Altären den Schwellen
Texte Texte
lange Texte
Texte auf den Stufen
lange Texte steigen die langen Reihen der Stufen hinauf
das Gedicht sorgfältig gemeißelt auf der Treppe aus Stein
himmelwärts
Es war
zur Zeit der Astronomen von Honduras ...
Zarter die Linien in Yaxchilán und Copán
klarer das Detail
des Schmuckstücks auf dem Kleid, die Körner im Maiskolben, die Frisur
die Hieroglyphen schwer von Bedeutung (der alten Meister)
gelockerter die Bewegung des Tanzes
auf dem Stein.
Zur Zeit der Astronomenkongresse in Honduras ...

Über dem tropischen Urwald: die Skyline von Tikal und
nicht weit davon
                    eine andere Skyline
»Building Boom« in Guatemala und
                »Grabstein-Boom«
Städte? Ja
            aber heilige Städte
        nicht Commercial Centers
sondern Zeremonienzentren, Ceremonial Centers
lange Reihen von Grabsteinen, kein
                        Neon, keine kommerzielle Werbung
(ihre Reklame: Gedichte auf Stein)
Diese Räume sind dunkel, Zellen
für Gebet und Fasten
Novizen . . . durchwachte Nächte
            Tikal weiß im Mondschein
oder in langen Regennächten . . .
Oder Tikal unter der Sonne
            Dunkelheit innen
und dort unten die Schreie des heiligen Baseballspiels.
Und was sah der Tourist?
Pyramide auf Pyramide Tempel auf Tempel
                    (»als die Pyramiden weiß waren . . .«)
der Sonne zugewandte Vorderseiten
Treppen unter der Sonne in Licht und Schatten
jede Stufe halb Sonne halb Schatten
Tempel weiß oder schattig, Lichter und Schatten
eine dunkle Mauer und die andere Seite erleuchtet
                    weiß und schwarz
weiß und schwarz zwischen dem Grün
und die einen höher als die anderen, eine Pyramide auf der anderen
hier vom Dorfplatz aus
von Tikal, wie dort wo Broadway und 42nd Street sich schneiden
VERFALL . . .
zerbrochene Freitreppen
            grau gegen den Himmel
      verwischt von der Zeit

Affen auf den Bäumen die sie bedecken
        Kautschukbäume, Kaugummibäume
Jetzt erfaßt die Kamera:
Schutt umrahmt von Schlingpflanzen
Lianen
        dick wie Feuerwehrschläuche
. . . noch einmal nach Tikal fliegen
im Flugzeug.   Über diese Blumenstadt fliegen
mitten im See.
Die Straßen waren nicht für Wagen da
                sondern für Riten
Die Straßen, religiös
Die Städte hatten keine Schutzmauern
        (wie heute die Maya-Dörfer, ohne Schutz
                zwischen den Maisfeldern)
Sie kannten weder Mauern noch Kasernen
        das Wort »Mauer« ist ihrer Sprache unbekannt
        das Wort »Kaserne« ist ihrer Sprache unbekannt
So demokratisch
        daß die Archäologen nichts von ihren Führern wissen
Doch das sagte ich schon (klassische Periode)
Es interessiert mich jetzt nicht. Mich interessieren die Cocoms
die Familie Cocom (»Kletterpflanze mit gelben Blumen«)
        das heißt Schlingpflanze
                und Mayapán »DIE MAUERN HAT«
Mayapán keine Maya-Stadt
». . . wegen des Verrats Hunaac Ceels, Herrscher von Mayapán . . .«
Ausgegraben in Mayapán
                – Carnegie-Institut von Washington –
die kulturelle Armut dieses Militärregimes.
Zentralismus in Mayapán.   Totalitarismus.   Kontrolle über
        Yucatán.
Riesig diese Ruinen (umgeben von Mauern) wenig Tempel
viele Paläste
wenig Hieroglyphen in Chichén
und noch weniger Texte in Mayapán
Die Diktatur. Mittelmäßig der Tempel von Kukulkán

mittelmäßige Tempel (Nachahmungen)
große Steinfassaden, nackter Stein
schlecht behauen
die Säulen schlecht
einfarbige Keramik, monoton
wie am Anfang, wie Olmeken
oder wie die Reklame der Tankstellen auf einer Straße in Texas
Kein Schmuckstück bei den Begräbnissen
für das Jenseits nur Totenköpfe
nichts Schönes für diese Führer zum Mitnehmen ins Jenseits
nur Gefangene, nur Sklaven und viel Essen (in billigen Töpfen)
Massenhinrichtungen für ihr Jenseits.
Chichén Itzá schon dekadent
der Wendelturm am Zerbröckeln
Schuld war der Sieg des Hunaac Ceel
(sagt die Keramik)
(1200 n. Chr. sagt die Keramik)
und danach keine Keramik mehr
(»wegen der Sünde des Wortes des Hunaceel«
sagt der Chumayel)
und in Mayapán erscheint das Metall. Ich wiederhole
es erscheint das Metall. Und die Ausweisungen
ah, die Ausgewiesenen von Chichén Itzá!
»Ich war ein kleines Kind
in Chichén
als der böse Mann
der Herr des Heeres
kam die Erde zu rauben
Oh! In Chichén Itzá
wurde die Gottlosigkeit geboren.«
Pfeil und Bogen waren importiert
Früher kannte man sie nicht
Sie wurden hier nicht erfunden
Die besten Maurerarbeiten
in den Häusern der Adligen und nicht in den Tempeln
Die guten Skulpturen (im Puuc-Stil) (das heißt, Antiquitäten)
in den Häusern der Reichen

Mittelmäßige Skulpturen in den Tempeln
Weihrauchkessel aus schlechtem Ton, porös, in Gußformen
hergestellt
Seriengötter, mass production, assembly line, Henry Ford.
Technischer Fortschritt ohne Zweifel
Und nach der ganzen Dynastie dieses Hunaac Ceel, die Cocoms
250 Jahre an der Macht diese Cocoms
Cocom, das heißt in der Sprache der Mayas
»Schlingpflanze mit gelben Blumen, Familie Somoza, Lianen«.
Azteken die *Ah Canul* (Leibwächter)
Und die Cocoms verkauften die Mayas
verkauften die Mayas an Ausländer
»... und so brachte er Leute aus Mexiko nach Mayapán.
Dieser Cocom war der erste, der Sklaven machte ...«
Bis Ah Xupán aufstand.
Die Aufständischen siegten.
Alle Cocoms ermordet
nein, außer einem, diesem Jungen, der gerade in Honduras war
oder wo
Große Menge Kohle, angekohlte Balken unter dem Schutt
hier wurde vom Carnegie-Institut
der Aufstand ausgegraben. Und Totenköpfe
Skelette mit Obsidianstein zwischen den Rippen, in einem Becken ...
Aber Pyramiden
wurden nicht mehr gebaut
Mayapán fiel!
Mayapán fiel!
Es fiel Mayapán, die mauernbewehrte.
Der grüne Vogel, der Tröster
der grüne Quetzal auf dem grünen Zweig
verkündet den Morgen
mit dem Morgenstern, dem Wecker
mit dem Chachalaca-Sonnengesicht
dem Vogel Wächter des Volkes, schreit er
verkündet er schreiend die Sonne.
ES FIEL MAYAPÁN DIE MAUERNBEWEHRTE

Doch Pyramiden wurden nicht mehr gebaut
anstelle von Tempeln, Palmhütten
die Straßen wurden nicht repariert
Bürgerkriege von nun an
Lianen auf der Pyramide, die sie zerbröckeln . . .
Und Dichter-Propheten verkünden schlechte Katune
13 Ahau: »kein glückbringender Tag für uns«
11 Ahau: »geizig der Katun, wenig Regen . . . Elend«
7 Ahau: »Fleischessünden, Gangster in der Regierung«
5 Ahau: »schlecht sein Gesicht, schlechte Botschaft«
10 Ahau: »Trockenheit ist die Bürde dieses Katuns«
Und Quetzalcóatl wird nicht mehr verehrt – die
heutigen Mayas
wissen nichts mehr von Quetzalcóatl –
Artcrafts aus Guatemala, alles was von jener Kunst blieb
Stoffe für Touristen, Mexican Curios
das Foto ist Melancholie
ein Farbfoto doch Melancholie
Colorful
(Jener Tucán den ich sah in Tikal
vor dem Hotel . . .)
Schuld war das Militär
Mayapán keine Maya-Stadt
Und
wie jemand der herabsteigt von einer Pyramide
(1200–1450 n. Chr.)
der Verlust der Maya-Werte
von einer hohen Pyramide
in den Urwald unten
die Zeit die Zeit die Zeit
Ein Brüten über dem Geheimnis der Zeit
waren diese Grabsteine
oder Ewigkeitsbesessenheit
Daten rückwärts
auf der Suche nach der Ewigkeit
auch auf der Suche nach der Zukunft
zurück in die Ewigkeit

Immer weiter zurück
Das Jahrbuch eines Jahres neunzig Millionen Jahre zurück
(in Quiriguá, Honduras)
und vierhundert Millionen Jahre zurück
(auch in Quiriguá, auf einem anderen Grabstein)
und weiter zurück!
Fortschritte in der Astronomie in der Mathematik auf diesen
Steinen
Fortschritt der Priester-Astronomen der Priester-Wissenschaftler
und die besten Künstler zum Gravieren – die
Figur »Gott« gut gezeichnet –
Aber Fortschritt rückwärts
immer weiter zurück
bis zu den Anfängen der Zeit (oder hatte die Zeit keinen Anfang?)
durch die Vergangenheit
wie wenn man eine Straße bahnt durch den Urwald
eines unendlichen Petén.
Bis zu den Anfängen
als alles schwebend war   alles unbeweglich   alles still
alles leer
nur einsam ruhig das Meer der Himmel alles
und nichts vereint   nichts laut
und alles unsichtbar   alles unbeweglich im Himmel
nur ruhig das Wasser   nur
still das Meer
und es existierte nichts was existierte
nur die Unbeweglichkeit   die Stille
in der Finsternis
in der Nacht
nur das Herz des Himmels
Orkan sein Name
Das Weltall ein Maisfeld
und die Erfindung des riesigen Kalenders
von 374 440 Jahren
war für das Große Maisfeld
oder besser:
für die Universalunsterblichkeit

Ihre Astronomie Religion der Unendlichkeit
Und der Bau von Pyramiden auf Pyramiden
die alte Pyramide unter der neuen
auf alten Strukturen neue höhere übergelagert
        – die Pyramide E-VII sub
                unter der Pyramide VII der Gruppe E
mit dem Blick auf die Ewigkeit
damit – wenn der Mais geerntet
und der Große Kalender zuende –
alles wieder sei
                        ruhig   still
                nur Unbeweglichkeit Stille
nur das Herz des Himmels
                                        Orkan sein Name
Doch die Zeit ist rund sie wiederholt sich
Vergangenheit Gegenwart Zukunft sind eins
Umlaufzeit der Sonne
                                Umlaufzeit des Mondes
Umlaufbahnen der Planeten
und auch die Geschichte dreht sich
wiederholt sich
Und die Priester
                        zählen mit   kalkulieren
die Umdrehungen
Und alle 260 Jahre (ein Jahr von Jahren)
wiederholt sich die Geschichte. Es wiederholen sich die Katune.
Vergangene Katune sind die Katune der Zukunft
Geschichte und Weissagung sind eins

Der Katun 8 Ahau war voll Kampf
                                und politischer Veränderungen
und immer wenn der 8 Ahau wiederkehrt
                wird es Kämpfe und politische Veränderungen geben
Im Katun 8 Ahau *»fiel Mayapán«*
                                (sagt CHILAM BALAM VON CHUMAYEL)
». . . um aus der Stadt Mayapán
                die dort gesammelte Macht zu entfernen . . .«

Die Iden des März der Mayas!
Katun 8 Ahau:
»*... wird das Ende ihrer Habsucht sein*
das Ende des Leids das sie der Welt zufügten ...«
(CHILAM BALAM)
»*... wenn die Stunde kommt aller die regierten ...*
... aller Hurensöhne ...
... dies ist das Wort des 8 Katun Ahau
des gleichen Katuns in dem Mayapán entvölkert wurde ...
... schlecht ist das Wort des Katuns doch so wird es geschehen ...«
(CHILAM BALAM)
Katun 8 Ahau:
»*... das eilige Wegreißen der Taschen*
der schnelle und gewalttätige Krieg der habgierigen Räuber!
dies ist die Bürde des Katuns für die Zeit des Christentums ...«
(CHILAM BALAM)
und (schreckliche Worte des Chumayel, Buch X):
»*... es ist nicht nötig euren Kopf dem Erzbischof zu übergeben*
... sie sind jetzt bei den Cocoms ...«
»*... das wird das Ende sein der Unterdrückung*
und des Unglücks aller. Dies
ist das Wort Gottes ...«
(CHILAM BALAM)

Und so sage ich Mayapán wird fallen
In diesem Katun fällt immer Mayapán, die mauernbewehrte
Der Kautschuk der Mayas für Goodyear
Der Kaugummi der Mayas für Chewing Gum Adams
Schuld war das Militär, und jetzt
an der Palmblätterwand der Reklamekalender von
CARLOS OCHOMOGO & BRÜDER
Pin-up-Hure kämmt sich
»Artikel aller Art – die besten Preise«
(und das Jahrbuch Bristol)
Und im Dorfkino Dorothy Lamour
Eintritt: 0,50 Quetzal
währungsgleich mit dem Dollar

Der schlangenschwänzige Quetzal, Quetzal-Quetzalcóatl
währungsgleich mit dem Dollar?
Er lebt nicht in der Gefangenschaft
und ist auch kein Geldstück, Scheiß-*Quetzal*
Er lebt frei im Urwald
(ich sah auf dem Diplomatenschreibtisch
des Präsidenten Arévalo
einen Quetzal
aber ausgestopft)
Frei fliegt er im Urwald
Und es gibt Hoffnung
»Niemand erwartet mehr als ihm zusteht«
(über die heutigen Mayas)
»weil er weiß, daß das auf Kosten seines Nächsten ginge«
und auch:
»das Geld spielt in der Ökonomie der Mayas
kaum eine Rolle«
– sagt Thompson

1200–1450 n. Chr.
Dies ist der
Grab-
stein.

ÖKONOMIE VON TAHUANTINSUYU

Sie hatten kein Geld
Gold gab es um Eidechsen zu machen
und nicht MÜNZEN
um Schmuck zu machen
der wie Feuer erstrahlte
im Licht der Sonne oder der Scheiterhaufen
Bildnisse von den Göttern
und von den Frauen die man geliebt
und nicht Münzen
Milliarden Schmiedefeuer leuchteten in der Nacht der
Anden
und in allem Überfluß an Gold und Silber
hatten sie kein Geld
sie konnten
das Gold und das Silber
gießen und walzen und löten und gravieren
das Gold: den Schweiß der Sonne
das Silber: die Tränen des Monds
Schnüre Perlen, Filigrane
Broschen
Brustschmuck
Schellen
aber kein GELD
und weil es kein Geld gab
gab es weder Prostitution noch Raub
die Türen der Häuser ließen sie offen
weder Korruption der Verwaltung noch Unterschlagung
– alle zwei Jahre
legte man Rechenschaft ab über seine
Handlungen in Cuzco

weil es weder Handel noch Währung gab
gab es auch
keinen Handel mit Indios
Niemals wurde ein Indio verkauft
Und da war Chicha für alle.

Sie kannten den inflatorischen Wert des Geldes nicht
ihr Geld war die Sonne die allen schien
die Sonne die allen gehörte und die alles wachsen läßt
die Sonne ohne Inflation und Deflation: Auch ohne
die schmutzigen »Soles« mit denen der Arbeiter bezahlt wird
(der dir für einen peruanischen Sol die Ruinen zeigt)
Und man aß 2mal täglich im ganzen Kaiserreich

Und nicht die Finanzleute
waren die Schöpfer der Mythen

Später wurde das Gold aus den Tempeln der Sonne geplündert
und in Verkehr gebracht in Form von Barren
mit den Initialen Pizarros
Das Geld brachte Steuern
und mit der Kolonie kamen die ersten Bettler

Das Wasser singt nicht mehr in den Kanälen aus Stein
die Straßen sind zerstört
die Erde ist trocken wie Mumien
wie Mumien
lustiger Mädchen die tanzen
im *Airiway*
dem Monat des Tanzes des Zarten Mais
jetzt dürr und kauernd in den Museen

Manco Capac! Manco Capac!
Reich an Tugend und nicht an Geld
»Mann reich an Tugenden«
Ein Wirtschaftssystem ohne MÜNZEN
Gesellschaft ohne Geld, von der wir träumen

Sie schätzten das Gold doch genauso
wie sie die rosafarbenen Steine schätzten oder die Weiden
und sie boten es als Speise
als Weidenfutter
den Pferden der Konquistadoren
als sie die auf Metall kauen sahen (dem Zaumzeug)
mit schäumenden Mäulern
Sie hatten kein Geld
und niemand starb aus Hunger im ganzen Reich
und die Farben ihrer Ponchos sind über 1000 Jahre erhalten
auch die Prinzessinen sponnen mit ihren Spindeln
die Blinden waren mit dem Entkernen des Mais beschäftigt
die Kinder auf der Vogeljagd
DIE INDIOS BRAUCHEN ARBEIT
das war ein Slogan der Inkas
so arbeiteten die Lahmen die Einarmigen die Alten
es gab keine Unnütze keine Arbeitslose
Essen bekam auch wer nicht arbeiten konnte
und der Inka arbeitete indem er malte und zeichnete
Beim Fall des Reiches
hockte der Indio sich nieder
wie ein Häuflein Asche
und er tat nichts anderes als nachzudenken . . .
gleichgültig angesichts der Wolkenkratzer
angesichts der Allianz für den Fortschritt
Nachdenken? Wer weiß
Der Erbauer von Macchu Picchu
im Papphaus
aus Quäker-Kartons

Der Smaragdschneider hungrig und stinkend
(der Tourist macht ein Foto)
Einsam wie Kakteen
schweigsam wie das Land – im Hintergrund – der Anden
Asche sind sie
Asche sind sie
die der Wind der Anden verweht hat

Und das verweinte Lama, beladen mit Holz,
das den Touristen stumm ansieht
an seinen Herrn geschmiegt

Sie hatten kein Geld
                    Niemand wurde je verkauft
Und sie beuteten nicht die Bergleute aus
VERBOTEN
war die Förderung von Silber mit Schlangenbewegungen
                    (die die Indios zittern läßt)
Verboten das Fischen nach Perlen
Und die Armee war nicht verhaßt beim Volk
Die Aufgabe des Staates
                    war dem Volk zu essen zu geben
Das Land war dem der es bearbeitete
                    und nicht den Großgrundbesitzern
Und die Plejaden bewachten die Maisfelder
                    Da war Land für alle
                              Wasser und Dünger umsonst
                    (da gab es kein Guanodünger-Monopol)
Offene Bankette für das Volk
Und wenn die Feldarbeiten des Jahres begannen
wurden mit Liedern und Chicha die Äcker verteilt
                    und beim Klang der Trommeln aus Tapirhaut
                    zum Klang der Flöte aus Jaguarknochen
pflügte der Inka die erste Furche mit einem goldenen Pflug
Selbst die Mumien nahmen ihr Säckchen mit Körnern
auf ihre Reise ins Jenseits mit

Die Haustiere waren geschützt
Gesetze gab es für Lamas und für Schafkamele
selbst die Tiere des Urwalds hatten ihre Gesetze
                    (die die Söhne der Sonne noch heute nicht haben)
Vom Platz der Freude in Cuzco
               (dem Zentrum der Welt)
                    gingen die 4 Straßen
in die 4 Gegenden in die das Reich geteilt war
                    »Die vier Horizonte«

TAHUANTINSUYU
Und die hängenden Brücken
über den tobenden Flüssen
die gepflasterten Landstraßen
Serpentinenpfade in den Bergen
alles strömte
zum Platz der Freude in Cuzco
das Zentrum der Welt
Der Thronerbe
übernahm den Thron des Vaters
ABER NICHT SEINEN BESITZ
Ein Agrar-Kommunismus?
Ein Agrar-Kommunismus
»DAS SOZIALISTISCHE REICH DER INKAS«
Neruda: es gab keine Freiheit
einzig soziale Sicherheit
Und nicht alles war vollkommen im »Paradies der Inkas«
Sie zensierten die Geschichte erzählt von Knoten
Unentgeltliche Motels an den Landstraßen
ohne die Freiheit zu reisen
Und die Säuberungen des Atahualpa?
Der Schrei der Verbannten
im Urwald des Amazonas?
Der Inka war Gott
war Stalin
(Opposition wurde nicht geduldet)
Die Sänger sangen nur die offizielle Geschichte
Amaru Tupac wurde gestrichen von der Liste der Könige
Aber ihre Mythen!
Nicht die der Volkswirtschaftler!
Die religiöse Wahrheit
und die politische Wahrheit
waren für das Volk eine einzige Wahrheit
Eine Volkswirtschaft *mit* Religion
das Land des Inka wurde zuletzt gepflügt
zuerst das der Sonne (das des Kultes)
dann das des Volkes
und das Land des Inka wurde zuletzt gepflügt

Ein Reich von *ayllus*
                    ayllus arbeitender Familien
Tiere Pflanzen Mineralien
                    ebenso in *ayllus* unterteilt
das umfassende Universum ein einziger großer *Ayllu*
(und heute statt der *ayllus:* Großgrundbesitz)
Das Land ließ sich nicht veräußern
Llacta mama (die Erde) gehörte allen
          Mutter aller

Mit Liedern und Chicha wurde die Ernte eingebracht
heute bricht eine Panik aus an den Börsen bei guter Ernte
                    – das Gespenst des Überfluss' –
AP, NEW YORK,
          (auf dem langen gelben Papierstreifen)
WELTZUCKERPREIS HEUTE FÜR ZUKÜNFTIGEN
    EXPORT GEFALLEN
VERKÄUFE BEEINFLUSST VOM FALLEN DER PREISE
AUF DEM AUSFUHRMARKT UND VON DEN
    VORHERSAGEN
DASS DIE WELTPRODUKTION EINEN STAND ERREICHT
WIE NIE ZUVOR
so wie die Börse bebt
          das Gespenst des Friedens
erbebt der Fernschreiber
DER WERTPAPIERMARKT ERLITT HEUTE DAS
    STÄRKSTE TIEF
U.S. STEEL 3,1 ZU 322,5 – BASE METALS 0,42 ZU 70,98
                                        MC 1038 AES
          (auf dem langen gelben Papierstreifen)
Jetzt
sind die Töpfereien farblos und traurig
das Karminrot des Achiotebaums
                    lacht nicht mehr auf den Stoffen
die Stoffe sind arm geworden   haben den Stil verloren
       weniger Fadenschläge per Zoll
          und der »vollkommene Faden« wird nicht mehr
          gesponnen

Llacta mama (die Erde) gehört den Großgrundbesitzern
in der Bank eingefangen ist der goldene Schmetterling
der Diktator ist reich an Geld nicht an Tugend
und wie melancholisch
wie melancholisch ist die Musik der Yaravíes
In die Königreiche des Coca
oder der Chicha
sind die Reiche der Inkas verbannt
(nur dann sind sie frei und fröhlich
und sprechen laut
und gibt es sie wieder im Reich der Inkas)
In der Puna
eine traurige Flöte
eine
Flöte so zart wie der Mondschein
und das Klagen einer Quena
in einem Qechualied . . .
Chuapi punchapi tutayaca
(»Nacht wurde es mitten am Tag«)
ein Hirt zieht vorbei mit seiner Herde Lamas
und die Schellen klingeln
zwischen den Felsen
die einst
glatte Mauern waren

Wird Manco Capac eines Tages mit seinem Goldpflug
wiederkehren?
Und wird der Indio wieder sprechen?
Wird es möglich sein
das blinkende Gefäß
aus diesen Scherben wieder erstehen zu lassen?
Aufs neue zu verbinden
mit langen Mauern
die Monolyten
daß ein Messer nicht in die Fugen dringt?
Daß ein Messer nicht in die Fugen dringt
Die zerstörten Landstraßen wiederaufzubauen
in Südamerika

bis zu den vier Horizonten
mit ihren alten Kurierstationen?
Und das Universum des Indio wird wieder ein *Ayllu* sein?

Die Reise führte sie ins Jenseits nicht in die Museen
doch im Glasschrank des Museums
hält die Mumie in ihrer trockenen Hand
ihr Säckchen mit Körnern.

KATUN 11 AHAU

Ein Katun voller Pfeile und ehrloser Herrscher
voller Trauer in den Hütten,
Flüstern,
Wachen in der Nacht.
In diesem Katun
weinen wir um die verbrannten Bücher
um die Ausgewiesenen aus dem Königreich. Wir weinen
um den Verlust des Mais
und unserer Lehren vom Weltall.

Habgier und Pestilenz und Felsen und Totenköpfe.
Der Kazike Wildkatze. Der Kazike Honigbär. Der Jaguar des Volkes.
In diesem Katun schreibt der Chilán:
»das Volk ißt Steine das Volk ißt Holz«.
Der Katun der Steuereintreibungen
die Maske geraubt
geraubt der Schatz vergraben im Maisfeld.
Immer gibt es Eindringlinge in diesem Katun
Feinde der Erde.
Ah die Blutsauger ...
Schmeißfliegen der Völker
Leertrinker der Tonkrüge.
Und wie hart unser Leben im Urwald, wie *Tepescuintles.*
Sie verachten unser Wissen vom Buch des Weltalls
zum Schutz des Volkes.
(In diesem Katun lachen sie über unsere Kleider)
Verloren die Hieroglyphen in den Bergen.
Unsere Zivilisation unter den schwarzen Geiern.
Der Orkan riß unsere Häuser ab.

Die Adligen sind Handlanger beim Straßenbau.
Das Volk geht gebeugt unter der Last seines Berges in einem Netz.
Und die Regierungen sind wie Dürre . . .
Und wir sagen: wenn der wiederkäme
                der zum ersten Mal einen Bogen baute
                    Gebete schrieb
den Kalender schuf, der die Chroniken und die Geschichte möglich
    machte
            und die Weissagungen der Zukunft.
Doch jetzt wie *Tepescuintles.*
Trauriger Mond
trauriger Mond am Himmel des Petén
Unterdrückung . . .
                Wachen in der Nacht
Lüstern der große Honigbär . . .
Und der Chilán »der der Mund ist« schreibt:
                »Jetzt gibt es große Plagen große Orkane«.
            Im blauen Meer sieht man die Flossen
            sieht man die Flossen
                des bösartigen Xooc, des Hais.

Doch der Katun der Grausamen Männer wird vergehen.
Es wird begründet werden der Katun
                des Lebensbaums.
Und eine gutartige Regierung.
Das Volk wird nicht mehr aufgefordert am Essen zu sparen.
Der Katun Vereinigung-mit-einem-Ziel
der Katun Gute Lebensbedingungen.
Und wir werden nicht mehr mit leiser Stimme sprechen.
Das Volk wird vereint sein, sagt der Chilán.
Viele werden zusammenkommen um gemeinsam zu singen.
            Und der Honigbär wird nicht mehr da sein.
Der Stein in den Bergen wird ein herrliches Antlitz haben
Der viereckige Stein
                    wird ein Antlitz haben.
Es wird gute Herrscher geben zum Segen des Volkes.
            Rechtmäßige Herren.

Fülle in den Bergen und schöne Zeremonien.
Es ist die Zeit, da über der alten Pyramide
eine neue Pyramide erbaut wird.
Der bösartige Xooc, der Hai, wird harpuniert.
Und immer wird es Chilane geben im Volk.
Der Chilán:
der der die heiligen Schriften liest
und den nächtlichen Himmel erforscht.
Die Bewegungen der Sonne und des Mondes
damit man weiß, wann es an der Zeit ist
die Erde vorzubereiten
die Kolben zu schneiden
das Maisfeld zu brennen
die Fallen aufzustellen
und den Hirsch zu suchen in den Bergen.
Der Chilán:
der der die Regentage anzeigt
die Tage an denen die Menschen singen
das Ende der Regenzeit.
Er schützt vor Plagen und Hunger.
Er verteilt die Nahrung in den Tagen des Hungers.
Er überwacht das Behauen der Grabsteine
und entwirft die neuen Tempel.
Er händigt die Tabellen mit den Sonnen- und Mondfinsternissen
aus.

KAYANERENHKOWA

September Oktober
dies ist die Zeit der Zugvögel
Die Tanagras aus Ohio
die Tijeretas aus Oklahoma und Texas
kommen nach Nicaragua.
Der Kormoran fliegt von Michigan.
                    nach Solentiname
            hier heißt er Pato-e-chancho
      Ja, wie Flugzeuge.
Das Flugzeug von New York über dieser Einsamkeit
            Vielleicht läuft gerade ein Farbfilm
ICH UND SIE IN PARIS mit Tony Curtis und Janet Leigh
                    über Solentiname.
Und es kommen
            in V-Form fliegend
die kanadischen Wildenten.
                Kommen sie vom Ontario-See?
In diesen Monaten
            der Himmel Nicaraguas voller Zugvögel.
Und der Kiebitz vom Polarkreis
in der wilden Bucht, diesem Dschungel
                wer würde es glauben
war gerade noch im Central Park.
                Oder in den Vereinten Nationen?
Deganawida führte sein Kanu durch die Seen . . .
Von den Niagarafällen bis Illinois
                            Pax Iroquoia
»Alle werden wir vom gleichen Teller den gleichen Biber essen«
Nicht nur Abwesenheit des Krieges.
                        Es war kein
kalter Krieg, der irokesische Friede. Sie hatten
das gleiche Wort für »Frieden« wie für »Gesetz«.

Frieden, das war korrekt handeln.
Die Gerechtigkeit in der Handlung.
Die Anwendung der Gerechtigkeit zwischen Menschen und Völkern.
Der Frieden, das war gute Regierung.
»Dies bedeutet stark sein, oh ihr Führer:
nie zornig sein, keine Zwietracht haben«
Kayanerenhkowa (»der Große Friede«)
eingegeben von Tarachiwagon, dem Großen Geist.
Ihre Liga der Nationen hieß »der Große Friede«
und war heilig.
Die Führer dieser Liga die Priester.
Die Axt begraben so tief so tief
»daß niemand sie je wiedersieht«.
Doch die Franzosen gaben den Susquehannoken
Kanonen.
Eine Frage des Pelzhandels . . .
Deganawida, der Hurone
der die Neue Gesinnung schuf
(sein Name bedeutet Meister der Dinge)
träumte von einer neuen Politik.
Hiawatha, der Onondaga
»der der kämmt«
(denn er kämmte die Schlangen des Geistes der Menschen)
war der Dichter.
Er erfand die *Wampum* – die Muschelschrift –
und formte schöne Erzählungen mit Muscheln.
Deganawida führte sein Kanu durch die Seen
und suchte den Rauch an den Ufern
den Rauch
der Ratsversammlungen.
Er ruderte immer dem Morgen zu.
Er durchquerte den Ontario-See (Sganyadaii-yo, der »Große Schöne See«)
und kein Rauch stieg auf.
Die Irokesen führten Krieg.
Die Dörfer
still umgeben von Pfahlwerk.

Kayanerenhkowa!!! schrie er.
Er brachte die Gesinnung des Herrn des Lebens.
Die gute Nachricht vom Frieden
für die Lager. Sagt den Führern:
Es wird keinen Krieg mehr geben zwischen den Völkern
die Dörfer werden Frieden haben.
Die Völker sollen sich lieben, sagte er.
Eine Botschaft von der Art der Versammlungshütte
wo viele Feuer sind
eins für jede Familie
geradeso: eine Vereinigung der Nationen
jede Nation mit dem Feuer ihrer Ratsversammlung
und alle zusammen werden sein
eine große Kanonsionni (Versammlungshütte)
Und statt zu töten, werden sie denken
sagte Deganawida
Er kam zum Volk des Feuersteins (den Mohawks)
und lagerte eines Abends am Fluß Mohawk (New York)
er setzte sich unter einen Baum und rauchte seine Pfeife.
Dort wurde die Liga der Nationen gegründet
am Fluß Mohawk (New York)
Eines Abends am See
war Hiawatha der Dichter traurig.
Er sammelte Muscheln am Ufer
und legte sie zu 3 Reihen um seine Traurigkeit zu
beschreiben.
Und er sagte beim Anzünden seines Feuers:
»Wenn einer traurig ist
so wie ich es jetzt bin
werde ich ihn mit diesen Muschelreihen
trösten ...«
(Deganawida näherte sich dem Rauch Hiawathas)
»... und die Muschelreihen werden Worte sein
und diese Worte die in meinen Händen sind
werden wirklich sein ...«
Er näherte sich und nahm die Muscheln Hiawathas
und legte sie mit anderen zusammen

und so
die Gesetze des Friedens
machten die 2
die Neuen Gesetze mit Muscheln
jedes Gesetz ausgedrückt mit einer Reihe von Muscheln
die Worte des Großen Friedens
für die Oneidas die Onondagas die Cayugas die Senecas
die Muscheln des Sees Lied geworden
wie der See mit seinen Muscheln singt in der Nacht
und noch immer in den Reservaten bei Nacht
noch immer wird gesungen am Feuer
dieses Lied.
Das war vor langer Zeit, sagen die Irokesen
die Erschaffung dieser UNO
»in der Finsternis zurück und im Abgrund der Zeit«
(1450?)
Und der Kormoran kommt von Michigan ...
Es dämmert. Der Jet über La Venada.
Am Himmel blieb
seine Spur, Kreidestrich
lang, laaaang
wie die Insel La Venada.
Der See von der Farbe der Luft.
»Sehen Sie, wie er spiegelt« sagt Don Rafael zu mir.
Spiegel des Großen Geistes
Dort fliegen sie, geformt zu einem V
schwarze V V V V V V
die kanadischen Wildenten
wie Flugzeuggeschwader
doch sie wechseln ihren Anführer
und die Flugzeuge ändern ihre Gruppierung nicht.
Sie kommen vom Ontario-See. Sie kehren zurück
zum Ontario-See, an der Spitze des V
immer wieder eine neue Ente, doch immer
zum Norden wie eine Kompaßnadel.
Und sie bringen den Frühling.

Deganawida sagte
in seiner ersten Rede in diesen Vereinten Nationen
(das Feuer der Ratsversammlung der Vereinten Nationen)
»Die Feuer der Nationen werden weiter brennen
und die eines jeden Clan
und die einer jeden Familie
und die Feuer der Frauen und die Feuer der Männer
UND SIE WERDEN NICHT ERLÖSCHEN . . .«
        Und die Liga der Nationen wurde gegründet mit Liedern
        die Delegationen im Kreis um das Feuer
                die Mohawsk und die Senecas östlich vom Feuer
                die Oneidas und die Cayugas westlich vom Feuer
                die Onondagas nördlich vom Feuer
und alle singen im Chor das gleiche Lied.
Und beim Abschluß der Ersten Sitzung der Vereinten Nationen:
    »Meine Arbeit ist beendet. Ich
    werde eintreten in die Erde. Von dort
    werde ich hören wie die Menschen sich führen
    in der Versammlungshütte die ich ihnen gab.
    Wenn eines Tages der Große Friede scheitert
    wenn er eines Tages scheitert
    sprecht meinen Namen aus in der Tiefe des Waldes.
    In der Einsamkeit. Und ich werde wiederkehren.«
Sie begruben die Äxte die Pfeile
    »Wir haben die Erde gereinigt
        von diesen Gegenständen gefertigt von einem
            Schlechten Geist.«
Und danach der Traum von einem noch größeren Abenteuer
die Versammlung um ein Feuer
aller Nationen der Erde
        der Nationen »aus allen Wäldern der Erde«
            Ein Biber auf dem Teller. Ohne Messer
            damit niemand sich verletze
                damit kein Blut fließe
Später, viele Jahre später, die Hoffnung
daß auch die Franzosen dieser Liga beiträten.

»Wenn ihr unsere Seelen liebt wie ihr sagt
so liebt auch unsere Körper
laßt uns alle ein einziges Volk sein.«
Damit sie ihre guten Absichten sähen
würden sie sich unbewaffnet den Franzosen stellen.
Mit Frauen und Kindern und Alten. NICHT
als Geiseln. Sondern
»um aus der ganzen Erde eine einzige Nation zu machen«.
Und ihre Wanderung nach Quebec – beladen mit Muscheln –
doch unterwegs griffen die Algonkinen an.
Die Franzosen trieben Handel mit den Huronen ...
Die Verhandlungen mit den Huronen wurden blockiert.
Die Verträge mit den Huronen immer annulliert.
Wirtschaftliche Gründe ... Dieser Handel mit den Fellen ...
Denn die Irokesen sagten: »Ein einziges Territorium«
»Laßt uns ein einziges Volk und ein einziges Territorium schaffen.«
Und die Franzosen trieben Handel mit den Huronen.
Die Franzosen gaben den Susquehannoken Kanonen.
»Laßt uns beseitigen die Stromschnellen«
Und sie schickten den Franzosen 3 Friedenskanus.
Diese Kanus hielten zu Füßen des Starken.
»Die Erde wird schön sein« – riefen sie ihnen zu
»Der Fluß wird nicht mehr wild sein
wir werden überall ohne Furcht leben.«
Und des Nachts am Feuer mit den Franzosen
am symbolischen Feuer:
»Unsere Gesichter werden sich an eure Gesichter
schmiegen
so sehr, daß auch wir Bärte haben werden.
Wir werden ein einziges Antlitz sein.«
Und die Nation der Dreizehn Feuer?
Auch die Nation der Dreizehn Feuer
trat der Liga nicht bei.

Ah
da verschwand der *ah-wek-ah-ah.*
Er ruderte mit angelegten Flügeln.

Als die Indianer die Großen Seen verließen
öffnete er seine Flügel und flog davon
und kehrte nie zurück.
Mit dem Wind kommt ein Funkspruch von der Insel Saba.
Der Funkspruch von Saba. Die Saba-Insel.
Kormorane in einer Reihe mit geöffneten Flügeln
wie alte Hemden auf einem Zaun.
Sie benetzen ihre Schwänze ehe sie fliegen
hier und im Michigan-See.
Zwischen den Bojen des Michigan-Sees.
Für die Onondagas hatten die Seen eine Seele.
Die Gesetze *gesprochen* in *Wampum.*
Und die Verträge in *Wampum.*
Nie brachen sie ein *Wampum*
obwohl sie Vertrag auf Vertrag alle ihre Länder verloren.
Es dämmert. Ruhig der See. Mit einer Seele. Und ein
Onondaga-Mond.
25. September die ersten Pelikane, 3, bei La Venada
fliegen sie dicht über dem Wasser.
Tanagras aus Ohio. Aus Kentucky.
Wie der Brief von Merton am Dienstag.
Und der Flughafen Kennedy so nah bei Solentiname.
Ein Funkspruch von einer Insel im Karibischen Meer.
(La Saba brachte mir Apfelsinen)

Alle werden wir vom gleichen Teller essen
den gleichen Biber . . .
Plötzlich ein Feuer im Wald, Gestalten
zwischen Feuer und Schatten, und ihre Schatten wirbeln
tam-tam-tam-tam tam-tam, rote Tätowierungen
noch röter jetzt in der hochschlagenden Flamme, ah uuuuuum
auch Kinder und Hunde springen
Mädchen mit Muscheln, mit
Wampum. Ah uuuuuum. Das Feuer verlischt.
Sie verschwanden. Und wurden nicht mehr gesehen in der
Geschichte.

Doch wenn ihr den Verkehr und die Neonreklamen von Syracuse
    hinter euch laßt
und die Straßen der Außenbezirke, Motels,
Tankstellen und noch mehr Neon, HAM & EGGS in der Nacht
hinter den großen Fabriken
        dann kommt ihr zum Reservat
ein kleines Tal, wo jener Irokese sagte
            neben dem alten Ford, der nicht ansprang
    »Wir werden noch einmal aufstehen
    und die Welt wird uns hören«.
Die gute Nachricht vom Frieden für die Lager
die Gute Nachricht vom Frieden (nicht die Associated Press)
Die Toten in der Roosevelt Avenue. Die AP war dabei
    und schwieg.
Ein Mann sprang auf die Straße mit geöffneten Armen:
    GENUG!
  und sie durchlöcherten ihn.
Ein anderer Somoza wird Präsident sein.
Du sagtest, wir sollten dich in der Einsamkeit rufen.
Und ich bin hier in Solentiname!
Deganawida! Deganawida!

Geräusch wie von einem Außenbordmotor
doch es ist kein Motorboot
        das Flugzeug
        der Nation der 13 Feuer
Der Flug nach Panama.
    Der Freunde sind wenig, und sie sind weit.
Die Nachrichten von überallher sind schlecht.
    Wenn du traurig bist wie ich es jetzt bin
    werde ich dich trösten mit meinem *Wampum*
            oder meiner alten Underwood.
Mit Muscheln. Mit diesen Tasten.
        Nicht die Fernschreiben.
    Und die Worte in meinen Händen werden wirklich sein.
Es ist die Stunde der Moskitos in Solentiname.
Die Stunde des traurigen Vogels, der singt *beschissen*.

Der letzte Kormoran verschwand.
Sind die Lichter schon angezündet
der Vereinten Nationen?
DEGANAWIDA! DEGANAWIDA!

Und wohin fliegen die Jets?
Fliegen sie
nach Vietnam?

8 AHAU

Ein Regen von falschen Worten ist auf uns gefallen
Ja, wir sind angegriffen worden mit Worten
Das Brot des Lebens
wurde uns auf die Hälfte reduziert
Die Reden des Teufels, genannt *Ah Uuuc*, Der-Sieben-Tod
Jetzt regieren Kojoten uns
jetzt haben Schlauberger zu sagen
Hapai-Can nimmt die Länder, die gierige Schlange
Ihr werdet sagen: in jenem Katun gab es Unterentwicklung usw....
Der schreckliche Ayin, der Schlauberger
und der bösartige Xooc, der Hai.
Und über unseren Häuptern die Geier des Todes
In dieser Zeit der Plebejer – Herren ...
Falsche Worte. Worte des Irrsinns
Wir sind angegriffen worden von falschen Zungen.
(Die Feinde unserer Speise)
Auguren pessimistischer Regierungen ...
Wir sagen:
vielleicht haben sie Mitleid mit den Maisfeldern
Despotismus.
Blutsauger.
... während die Affen-Herren ...
Die reißenden Füchse gehen von Hütte zu Hütte
treiben die Steuern ein.
Reißen die Macht an sich
die von Freudenmädchen Geborenen
(die Hurensöhne)
Wenn der Machtwechsel kommt
wenn die Regierung der vielen kommt
werden die Tassen groß sein
werden groß sein die Teller von denen gemeinsam
gegessen wird

dann wird der Katun begründet
der Katun des Lebensbaums
Schon sehe ich die Generäle in Zellen
unter Arrest gesetzt.
Wir schreiben ins Buch der kommenden Jahre.
Die Dichter, wir
die wir das Volk beschützen mit Worten
Die Vorhersagen werden euch täuschen,
wenn ihr nicht auf sie hört.
Ein Katun der Gewaltlosigkeit.
Stille Himmel über den Maisfeldern des Volkes
. . . zu den Zeiten der Honigernte . . .
Dann geben sie uns die hübschen Hütten zurück.
Aus gemalten Worten besteht der Weg,
aus gemalten Worten der Weg, dem wir zu folgen haben.
Seht den Mond, die Bäume des Urwalds,
und ihr wißt, wann der Machtwechsel kommt.
Wie sieht die Säule aus, an der wir arbeiten?
Meine Aufgabe ist: Dolmetscher sein
eure Pflicht (und meine):
von neuem geboren werden.

ARDILLA DE LOS TUNES DE UN KATÚN

Die Augen der Kinder können die Schriften nicht lesen.
Die Bücher aus Holz. Die Schrift
auf dem Stein. Und sie sind wie Blinde . . .
unsere Kinder.
Sie weinen in der Nacht, Cuy, Eule, Icim und Uhu
in den Ruinen.
Und wenn sie weinen
stirbt der Indio.
Zerstreut sind die Menschen, die singen.
Die Jaguare bekommen Auszeichnungen.
Militärjuntas auf Bergen von Totenköpfen
und Geier, die Augen fressen
Der Diktator der-Opfer-Bringende-der-menschliche-Herzen-
ausreißt
Miss Guatemala ermordet
durch die »Weiße Hand«
Und pfeileschießend kam die United Fruit Co, pfeileschießend
auf Waisen, auf Witwen, auf die Ärmsten.
Sie speisten Quetzal sie speisten ihn gebraten.
Haben sie uns nicht schon genug erniedrigt?
Wir regieren, um dem Volk das Geld zu stehlen, sagten sie.
Und vielleicht wissen sie von unseren Tagen, von den Sternen?
der Kalender
wie Scheiße.
Steuern, um vom Bettler Almosen zu verlangen, vom Ärmsten.
Chilán, Dichter Dolmetscher Priester laß wissen
daß der erste Vollmond des Katuns gekommen ist
der schwangere Mond
Die Zeit ist gekommen, da der Präsident auskotzen soll, was er
geschluckt hat
und die Schönheitskönigin soll auferstehn auf der Polizeistation

Sie wird sagen:
Sagt mir wie man nach Chichén Itzá kommt
Und wenn da Freude sein wird für das Volk (nicht Kummer)
über den Überfluß
dann wird Mayapán der Ort sein an dem der Katun wechselt
Cuceb heißt Revolution
wörtlich »Ardilla« (das, was sich dreht)
Das wird das Ende sein ihrer Bettelei und ihrer Habsucht.

TAHIRASSAWICHI IN WASHINGTON

Im Jahre 1898 ging Tahirassawichi nach Washington,
»nur um über Religion zu sprechen«
(wie die amerikanische Regierung bekanntgab),
nur um die Gebete zu erhalten.
Und das Capitol beeindruckte ihn nicht.
Die Kongreßbibliothek war ganz gut,
aber nicht geeignet, die heiligen Dinge aufzubewahren,
die nur in seiner Lehmhütte bewahrt werden konnten
(die schon baufällig war).
Als sie ihn am Denkmal Washingtons fragten,
ob er mit dem Aufzug oder über die Treppe hinaufgehen wolle,
meinte er: »Ich gehe nicht hinauf. Die Weißen häufen Steine an,
um auf sie hinaufzusteigen. Ich gehe nicht hinauf.
Ich bin die Berge hinaufgegangen, die Tirawa gemacht hat.«
Und Tahirassawichi sagte zum Department of State:
»Die Hütte Tirawas ist das Rund des blauen Himmels
(wir mögen keine Wolken zwischen Tirawa und uns).
Was zuerst getan werden muß, ist:
einen heiligen Ort wählen zum Wohnen,
einen Ort, der Tirawa geweiht ist, wo der Mensch
leben kann in Ruhe und in Versenkung.
Unsere runde Hütte ist das Nest
(das Nest, in dem man zusammen ist und die Kinder behütet).
In der Mitte das Feuer, das uns vereint zu einer Familie.
Die Tür, damit ein jeder eintreten kann,
und dort kommen die Visionen herein.
Blau ist die Farbe der Hütte Tirawas,
und wir mischen die blaue Erde mit dem Wasser vom Fluß,
weil der Fluß das Leben darstellt, das fließt,
unaufhörlich, durch die Geschlechter.

Der Topf mit der blauen Farbe ist die Wölbung des Himmels,
und wir malen einen Maiskolben, das ist die Macht der Erde.
Doch diese Macht kommt von oben, von Tirawa,
deshalb malen wir den Maiskolben mit der Farbe Tirawas.
Dann bringen wir Tirawa den Rauch des Tabaks dar.
Früher rauchte man nicht aus Vergnügen, sondern zum Opfer;
die Weißen lehrten die Leute, den Tabak zu schänden.
Am Weg grüßen wir jedes Ding mit einem Lied,
weil Tirawa in allem ist. Wir grüßen die Flüsse:
von fern sind die Flüsse eine Reihe von Bäumen,
und wir singen diesen Bäumen,
näher sehen wir die Linie des Wassers, und wir hören es klingen,
und wir singen dem Wasser, das klingend dahinfließt.
Und wir singen den Büffeln, nicht auf den Weiden,
wir singen das *Lied der Büffel* in unseren Hütten,
weil keine Büffel mehr da sind.
Und wir singen den Bergen, die Tirawa gemacht hat.
Auf die Berge steigen wir nur, wenn wir beten wollen.
Von dort kann man sehen, ob Feinde kommen. Oder ob Freunde kommen.
Die Berge sind gut für den Menschen, deshalb singen wir ihnen.
Und wir singen den Hochebenen, aber wir singen ihnen in unseren Hütten,
weil wir Hochebenen nicht gesehen haben,
diese Gebirge, die flach sind an ihren Gipfeln;
doch man hat uns erzählt, unsere Väter hätten viele Hochebenen gesehen,
und wir erinnern uns, was sie dort in der Ferne gesehen, auf ihren Reisen.
Und wir singen dem Morgenrot, wenn es im Osten erscheint,
und alles Leben wird neu
(das ist so wundervoll, ich spreche Ihnen
von etwas wunderbar Heiligem).
Wir singen dem Morgenstern,
er ist wie ein Mensch und ist rot bemalt
mit der Farbe des Lebens.

Wir singen, wenn die Tiere erwachen
und hervorkommen aus ihren Verstecken, wo sie geschlafen haben.
Die Hindin tritt zuerst hervor, gefolgt von ihrem Kitzlein.
Wir singen, wenn die Sonne in die Tür unserer Hütte tritt
und wenn sie im Dachfenster steht in der Mitte der Hütte
und dann am Abend, wenn keine Sonne mehr ist in der Hütte;
wenn sie hinter den Bergen versinkt, die wie Mauern sind
einer großen runden Hütte, in der die Völker leben.
Wir singen des Nachts, wenn die Träume kommen.
Denn die Visionen besuchen uns leichter des Nachts.
Sie reisen viel leichter über die schlafende Erde.
Sie kommen zur Hütte, bleiben stehn in der Tür,
und dann treten sie ein, und sie füllen die Hütte ganz.
Wenn es nicht wahr wäre, daß unsere Träume kämen,
hätten wir längst keine Lieder mehr.
Und wir singen des Nachts, wenn die Plejaden aufsteigen.
Die sieben Sterne sind immer zusammen
und weisen den Weg dem, der verloren ist, weit von seinem Dorf
(und sie lehren die Menschen, zusammenzubleiben wie sie).
Tirawa ist der Vater all unserer Träume,
und er verlängert das Leben unseres Stammes durch unsere Söhne.
Mit blauem Wasser malen wir das Zeichen Tirawas
(einen Bogen und in seiner Mitte einen Strich, der hinuntergeht)
ins Gesicht eines Kindes.

Den Bogen auf Stirn und Wangen
und die gerade Linie die Nase entlang

(der Bogen die blaue Wölbung, dort wo Tirawa wohnt,
und der Strich ist sein Atem, der niederkommt und uns Leben gibt).
Das Gesicht des Kindes meint das neue Geschlecht,
und das Wasser des Flusses das Fließen der Generationen,
und die blaue Erde, die wir vermischen, ist der Himmel Tirawas
(die blaue Zeichnung, so aufgemalt, ist das Antlitz Tirawas).
Dann heißen wir das Kind, in das Wasser des Flusses zu schauen,
und beim Anblick des Wassers schaut es sein eigenes Bild,
wie es in seinem Gesicht seine Söhne sieht und die Söhne seiner
Söhne;

doch es sieht auch das blaue Antlitz Tirawas,
sieht es in seinem Gesicht und in den kommenden Generationen.
Unsere Hütte, so sprach ich, hat die Form eines Nestes,
und wenn man auf einen Berg steigt und rundum blickt,
wird man sehen, wie der Himmel die ganze Erde umringt,
und daß sie rund ist, die Erde, und die Form eines Nestes hat,
damit alle Stämme zusammen leben und eins sind.
Der Sturm kann den Horst des Adlers zerstören,
doch das Goldamselnest schwankt nur leise im Wind,
und es geschieht ihm nichts.«

Tahirassawichi, nehme ich an, hat dem Department of State nichts gesagt.

NETZAHUALCÓYOTL

Der Blühende Baum treibt Blüten
in *Tamoanchan*. Tropische Blüten
in *Tamoanchan* . . . (wie Glocken)
Die Vögel saugen Honig im Blühenden Baum.
Und ich sage: »Hier leben sie ohne Zweifel.« Und ich höre
                                                            ihren blühenden Gesang.
Als ob der Berg Zwiesprache hielt mit dem Berge
so singt der Zenzontle und antwortet der Schellen-Vogel.
Axayácatl ist Zenzontle, Xicohténcatl Schellen-Vogel.
Wie *Teponaztlis,* wie Trommeln, Zimbale, Kesselpauken
bunte Vögel zwischen Blumen. Und ich sehe
den Quetzal, in den sich Netzahualcoyotl verwandelte.
Blühende Lieder singen im Blühenden Baum.
Wieder wie in Texcoco, wie am Königshof, wo
sie Gedichte vortrugen unter einem Blühenden Baum.
                        Im See fischen sie.
                Die Vogelverkäufer kommen in Booten.
Dichter-Versammlung in Texcoco.
                Der König sagt: »Ich bin nur ein Sänger . . .«
Dichter-König, Denker-König (früher Guerrillero-König).
Er änderte seinen Namen »Starker Löwe« in »Hungriger Kojote«
(ein Kojotenkopf mit einem Knoten; der Knoten bedeutet *Fasten*)
Vielleicht wegen seiner Guerrillero-Jahre in den Bergen?
Und er war Mystiker, Gesetzgeber, Astrologe, Baumeister.
                Er schrieb Verse, aber er baute auch Deiche
er sprach über Brücken und neue Lyrik
Probleme des Straßenbaus und Fragen der Melodie.
»Diese Straßen sind nötig«
                                        »Dieser Deich hier«
»Und in Chapultepec machen wir einen Park«

In den blühenden Chinampas
umgeben von Philosophen.
Er stürzte Tyrannen und Militärjuntas.
Mit Menschenopfern nicht. Damit
war er nicht einverstanden.
Dies war nicht seine Religion.
Nur das Lied macht uns berühmt, nicht der Krieg.
Umgeben von *Tlamatinimes*
den »Kennern der Dinge«
Die Worte, die er malte sind Wahrheit.
Die Techniker und Dichter lärmten. Ihre Stimmen
wurden übertönt von den Stimmen der Vögel
in den Käfigen.
Im Palastgarten, in Stein gehauen
das Wappen von *Tula* der Hauptstadt der Tolteken.
Und nach den Liedern aßen sie Tacos.
Ein Dichter-Staatsmann. Als es eine Demokratie gab in Texcoco
spazierte er
unter Birnbäumen mit Moctezuma I und anderen Dichtern
seinen Zwillingsbrüdern
»Oh Moctezuma
allein in den Malereien deiner Bücher
wird die Stadt Tenochtitlan bestehen bleiben.«
Die Macht Worte zu sagen, die Wahrheit sind
inmitten der vergänglichen Dinge.
»Für kurze Zeit nur, oh ihr Prinzen . . .«
Oben sind gemalt unsere Lieder
hier sprechen wir nur halb, wie im Schlaf.
Die Könige von Texcoco, Tenochtitlan und Tacuba:
Gipfelkonferenz, um über Poesie zu sprechen.
Alle *Tlamatinimes* kamen nach Texcoco
und der Kaiser war der größte der *Tlamatinimes*.
Dies heißt Erziehen: Gesichter meißeln.
Und er gab den anderen ein Antlitz, er schuf Weise.
Er war wie ein Spiegel vor ihrem Antlitz.
Mögen die *Macehuales* beim Lesen der Steine, der Wandbilder
den Sinn ihres Lebens hier auf Erden verstehen.

Man muß Fische säen in den Seen.
Eine Siedlung für die Bildhauer
        eine andere für die Maler.
Eine Pyramide für *Tloque Nahuaque*
den Herrn der Anwesenheit und Vertrautheit
der Unsichtbar ist wie die Nacht und Ungreifbar wie der Wind.
        9 Höhen soll sie
        haben, von außen nur Schwärze mit Sternen
                und innen kein Götzenbild.
Gegenüber der Pyramide des Grausamen Gottes
und sie soll höher sein als *jene.*
Genau gegenüber der Pyramide des Huitzilopochtli-Nazi
die Pyramide des Unbekannten Gottes, ohne
Bild im Innern und ohne Opferstein ...
Hier betete er allein, der »Kojote mit Knoten«
Kojote der fastet.
            »Ich bin der Einsame-Kojote
            der König Hungriger-Kojote«
Auf den Terrassen, auf dem Turm, einsamer Kojote im Mondschein
hungrig nach *Tloque-Nahuaque*
Tloque-Nahuaque, das bedeutet »Verhangener Spiegel«
dunkel dunkel wie der Spiegel aus Obsidian
            verhüllt wie ein See im Nebel
        Lagune aus Obsidian unter dem Mond.
Der Teponaztli im Tempel des Tlaloc tönt die ganze Nacht.
Die Kinder-der-Chingada, Huitzilopochtlisten
            von Stufe zu Stufe rollen die Opfer.
Flöte des Verhangenen Spiegels
heulender Kojote im Mondlicht
allein, weit vom Rudel
Netzahualcoyótl singt auf der Terrasse
            »Früher wußte ich es nicht und war traurig ...
            Ich kannte kein Glück in *Anáhuac.*
            Die Blumen der Dinge
                begehrte ich gierig.
            Ich wußte es nicht besser und war traurig.
            Vielleicht wissen andere es niemals?«

Seine Guerrilleros sangen Romanzen in Colhuacan
(»denn man hat ihn traurig gesehen, gepeitscht vom Wind«)
Romanzen von Atotoztli, dem Romantiker und von Coxcotzin aus
Chalco
(»Zum Ort der Gefahr geht er
zum Ort der Gefahr geht er«)
sangen sie in Colhuacan.
Und mit 40 unverheiratet
hungriger Kojote ohne Mädchen in den Nächten
kein Mädchen mit sanftem weichen Hals
in der Nacht.
Nur Lieder
gegen die Traurigkeit.
Selbst wenig Schönheit vertreibt die Traurigkeit,
und es vergeht die Traurigkeit mit Kesselpauken
wie der Nebel der Lagune von Texcoco
dort auf der Seite von Tenochtitlan.
Schlag den Chichitl
der »chich, chich . . .« macht wenn du ihn spielst
du schlägst, du entlockst ihm Töne und singst
Einsames-Herz, Hungriges-Herz, du singst:
Gieße deinen Segen
auf unsere armen Tamburine aus Ton, auf
die armen Trommeln aus Stein, Trommeln aus Holz
der Klang der Tonflöte sind deine Blumen oh Gott.
Im dunklen Haus, Ort der Meditation, Ort des Fastens
schrieb er seine Bücher.
Das Dunkle Haus ist das Haus seiner Malereien.
»Die Militärs vernichten unsere Bücher«
Der Dichter Einsamer-Kojote bat um ein Licht
um ein Lichtlein so klein wie ein Glühwürmchen
den wahren Gott zu suchen.
Die Könige kamen nach Texcoco und baten um Rat
und alle Dichter kamen nach Texcoco
die modernen Maler, um zu malen
Blumen, Tiere auf neuen Mauern
oder auf Magueypapier oder auf Hirschleder.

Musiker, Bildhauer, Goldschmiede, Keramikkünstler
Die Wissenschaftler   Die Intellektuellen
        Dichter aus den Chinampa-Gärten von Xochimilco
        aus Tenochtitlan wo sie Bücher verbrennen
Architekten aus Azcapotzalco, aus Tenochtitlan
Topographen, die Länder des Volkes zu messen
gewissenhafte Zeichner, festzuhalten in den Büchern
(gelb Blume-die-malt) alle Felder des Volkes
die Grenzen gut markiert, gut gezeichnet.
Und es kamen in den Palast die bunten Felder
rote, grüne, weiße, himmelblaue   karminrote Felder, braune
Farben, um Himmel Gesichter Blumen zu malen.
Und es kamen die Steuern für das Amate-Papier.
Die Türhüter ließen die Farbenverkäufer ein
die Gras-Grün brachten, Achiote-Rot, Chili-Rot
für die Bücher, nicht für die Generäle.
Die Federn für Mosaiken, nicht für Uniformen
Adler- und Tiger-Uniformen.
Exotische Tiere für die Zoologischen Gärten
aus dem Kautschuk-Land.
Einer sucht Schmetterlinge, der andere Melodien
einer beobachtet Blumen, der andere Sternbilder.
Die Geschichtsschreiber rekonstruieren die Pilgerfahrten in Farben
und die lange Kette der Könige, aufgereiht im Reich der
    Geheimnisse.
Und der König geht von Saal zu Saal, in Blue-jeans
und betrachtet die Werke. »Diese Schnitzerei ist mangelhaft«
Oder auch: »Seht, wie es den Witwen geht«
oder »Erforscht auch die Sterne«
Sie malen den CODEX BORGIA
            »Ein Blumenregen fällt in Texcoco«
Acolhuacan füllte sich mit Liedern
Spuren zeigen den Weg ...
2 verschnittene Maguey-Pflanzen geben Honig-Wasser ...
2 Gefäße mit Pulque ...
einige sinnestäuschende Pilze ...
Quetzalcoátl spielt ein seltsames Instrument ...

Die Szene: ein Festmahl mit Liedern, gehalten von Göttern
»Ein Blumenregen fällt in Texcoco«
Nun malt ein Bild mit singenden Dichtern
ich wünsche es, ich Dichter Hungriger-Kojote:
»wie eine Elote-Blume, die nur kurz sich öffnet
so sind wir gekommen zu träumen in Mesoamerika ...«
Sie sind versammelt im Saal der Dichtkunst.
Mit Schönheit malt die Dinge der Lebensspender
mit Blumenliedern gibt er ihnen Farbe
die Dinge sind seine Handschrift
diese Farben des Sees, Morgenrot der Blumen
sind seine *Blumen und Lieder* seine Gedichte.
Nur in der Malerei leben wir.
Mit unseren Gedichten nähern wir uns ihm, mit Malereien.
Wir erfinden Lieder zu Ehren Dessen, den man erfindet
und der Erfinder ist der Dinge
und er ist in den Liedern
nicht in den »blühenden Kriegen« sondern im
BLUMENLIED
und er gibt die Gedichte
während wir rauchen.
»Wir sind nur kurze Zeit in Texcoco
meine Freunde
kurze Zeit in Texcoco.
Wo man ohne Körper lebt, dort ist mein Haus.
Alle gehen wir fort, Freunde, alle gehen wir fort.«
Und es singt Cuacuahtzin:
»Laßt uns Freundschaft halten
laßt uns einander in unseren Liedern erkennen.
Wir gehen fort, doch die Lieder bleiben.
Ich höre ein Lied, und ich werde traurig
die Regen kamen, und doch weine ich.
Ich werde die Regen, die Blumen und die Lieder
zurücklassen.
Und darum weine ich, und darum singe ich.«
Freunde seid ihr der Bruderschaft, der Gesellschaft.

Der See von Texcoco voller Kanus.
Die Kanus und die Chinampa-Gärten voller
Mädchen.
Weit in der Ferne, über Tenochtitlan
der Rauch von Menschenopfern.
Und weiß gegen den Himmel die Schlafende Frau.
»Um meinetwillen wird nicht aufhören die Gesellschaft
die Bruderschaft der Dichter.«
Und es singt Axayácatl, der junge Poet:
»Wenn sie mich morgen töten sollten ...«
Und nach ihm singt Cahualtzin und danach Xicohténcatl.
Netzahualpilli, das Dichter-Kind, geht durch den Blühenden Baum.
Jener ist Xochiquetzal, der Poesieminister.
In Tamoanchan
gibt es vollkommene Blumen ...
Da ist auch Tochihuitzin, der Pazifist
Tochihuitzin aus Tenochtitlan, der Anti-Huitzilopochtlist.
Tlaltecacatzin Dichter-Prinz bittet um politischen Rat.
Der See von Texcoco von der Farbe des Himmels
jade-farben am Ufer
nach Huexotla fliegt ein Reiher
von der Farbe der Pop-corn-Blume.
Sie tranken weder Pulque noch aßen sie Pilze.
Sie waren keine Bohemiêns.
Die heilige Pfeife geht von Mund zu Mund
ihre Muse ist die Kakaoblume.
Xochiquetzal war langsam im Kampf
doch flink im Aufnehmen der Schönheit.
Ayocuan, der mystische Dichter, der *Teohua*
»der Besitzer der Dinge Gottes«, sagt:
»Hast auch du mit Gott gesprochen?
Mit dem Gott hast du gesprochen?
Die Erde ist das Reich des flüchtigen Augenblicks.
Auf die Zimbeln, Trommeln und Schildkrötenpanzer
kommt unser Vater Gott herab.
So ehrt man den einzigen Gott.«

Tecayehuatzin, Prinz von Huexotzinco, sagt:
»Ayocuan Cuetzpalzin
hat sich Gott genähert.«
Tochihuitzin sagt:
»Ihr webt Blumen
und ich nur Gras.«
Und Ayocuan, der Dichter-*Teohua* singt:
»Mein Haus der Malereien ist auch dein Haus, einziger Gott«
Dort verteilt der König Preise für die Gedichte
einen goldenen Nasenring für den Dichter Chichicuepon
für Tozmauetzin Decken aus Entenfedern . . .

In der Nacht war Netzahualcóyotl allein im Palast.
Auf der Terrasse betrachtete er die Sterne
die flache Pyramide des Weltalls mit ihren Neun Höhen.
Und er sehnte sich, sie zu ersteigen.
Unsichtbar wie die Nacht und Ungreifbar wie der Wind.
Er ist ein schwieriger Freund . . .
Vielleicht werden wir so keine Bettler mehr sein (mit den Liedern)
Kann denn jemand regieren auf Erden?
Man verheimlicht uns . . .
Die Freunde
werden sie noch einmal leben?
Vielleicht sind wir wie ein zerbrochenes Mosaik
das wieder zusammengelegt wird.
Ich, Kaiser Netzahualcóyotl, bin nicht gekommen, hier zu regieren.
»Bin ich denn? Oder bin ich nicht?«
Nacht und Wind geben keine Antwort.
Ich suche Einen zwischen den Blumen.
Ach
lebten wir doch wirklich dort, lebten wir dort
wo es keinen Kalender gibt noch die Reihe der Tage
noch das Buch der Jahre
can on ayac micohua
»wo es keinen Tod gibt«
can on ayac micohua
endlich verstand dies mein Herz.

Dort, wäre ich dort   wäre ich dort wo es keinen Tod gibt!
Wo er geopfert wurde und die Stufen hinabgestoßen.
Duftende Blumen, duftende Blumen
wie hohl war meine Weisheit.
Und Azcalxochitzin so lieblich.
Ihr Duft wie eine Pop-corn-Blume.
Das Antlitz bemalt nach Azteken-Art
in ihrem Minirock aus Federn
glich sie einem Vögelchen aus dem Kautschuk-Land.
Miserere mei
Ich will *Blumen* die dauern in meinen Händen.
Ich suche Einen zwischen den Blumen.
Am Abend malte er seine Gedichte.
Von der Bibliothek aus betrachtet er
die Bucht von der Farbe des Quetzal
die grünen Inseln *yapalli* gegen den blauen Himmel *tejotli*
der Himmel wie gemalt mit Gras-Blau
und am Rande des Wassers, Texcoco, reiherfarben
die Tempel *tizatl*-weiß.
Nur in deinen Farben leben wir, Lebensspender.
Und wie die Figuren in einer Handschrift verblassen
so wird auch verblassen in deiner Malerei die Gesellschaft der
Dichter
Wie ein sorgfältiger Maler, der malt und wieder
auswischt.
Du streichst uns aus mit deiner *tlilli*-schwarzen Tinte
schwarz wie Pechfackelrauch.
Deine Tinte wie die Nacht und Azcalxochitzins Haar.
Tlalocs Trommeln trommeln die ganze Nacht.
In einer Reihe steigen sie auf die Pyramide
atemlos, schnaufend, denn sie sind sehr dick.
Diese Tamales haben kein Chili.
»Das Wollen der Menschen humanisieren«
»Ihnen ein Antlitz geben« (moralische Physiognomie)
Mit *nocheztli*-rot und gras-grün und see-blau
malst du deine Worte, Netzahualcóyotl
und in der Schrift ist dein Herz.

In deinem Innern lebt, in deinem Innern schreibt
der Lebensspender.
Am Ufer jagen sie Enten
Die Kanus fahren von Texcoco nach Tenochtitlan.
Du machst uns wahnsinnig, Lebensspender
wie mit einem Mahl aus sinnestäuschenden Pilzen
(der eine fühlt sich wie angeklebt an die Wand und spricht nicht
der andere sieht sich die Pyramide hinaufsteigen und weint
wieder ein anderer sieht wie er reich wird und Menschen kauft
und wenn die Wirkung nachläßt, erzählen sie was sie gesehen
haben)
Du berauscht uns wie Pulque, wie der Pulque des Krieges
der Todesrausch, das Ende der Menschen.
Und sie gehen zum Scheiterhaufen schwankend, wieder betrunken.
BLUMENLIED (die Poesie): ach welkte es niemals
Blumenlied ist Gespräch und kommt aus der Zweiheit
Blumen und Lieder, Worte von Nacht und Wind
ach welkten sie nie, ach welkten sie nie.

In Tenochtitlan, Itzcoatl, die Marionette Tlacaelels
verbrennt Bücher.
Er und Tlacaelel. Sie sagen:
»Es ist nicht gut, wenn das Volk die Malereien kennt«
»Sie werden verderben (die Unterdrückten)
und die Erde wird schief laufen«.
Jade? Ich, Netzahualcóyotl, bin Experte in feiner Jade
gerillte Jade, Quetzal-Jade und so weiter
und ich sage: die beste Jade ist die Freundschaft.
»An alles erinnere ich mich
und ich bin traurig«
Mögen die Lieder dauern, die Mataphern
wie der Totenkopf aus Bergkristall
wie die Maske aus Diorit.
Nur so kann man leben auf Erden ...
Einige wenige auf Erden werden wirklich
mit Gedichten
in *anahuac* (der Erde) werden sie wirklich.

Ich glaube, die zukünftigen Generationen
werden würdiger sein, ihn zu kennen ...
Es wird Tag. Es flieht der große Stern
und der Zacuan-Vogel singt.
Nebel liegt auf Tenochtitlan.
Und ein Mädchen weit entfernt aus seinem Leben, weiter
als die Schlafende Frau.
Zu dieser Zeit fliegen die Wildenten fort. Wohin fliegen die
Wildenten
wenn sie fortfliegen?
Selbst wenn du aus Jade wärst
selbst wenn du aus Gold wärst ...
»Vielleicht währt das Imperium des Azcapotzalco nicht mehr
lange«
so sagten die Menschen
Und Azcapotzalco fiel. Er tötete den Diktator
persönlich. Jetzt malen die Geschichtsschreiber seine Geschichte.
Die Siege und auch die Traurigkeit ...
Den Mord an seinem Vater, König Ixtiltochitl
seine ländliche Kindheit in einem Bergdorf. Die erste Liebe.
Hier wird von der Pyramide sein Todesurteil verkündet.
Hier verbrennt er den Tempel Azcapotzalcos.
Hier ein kleiner König im Sitzen und über seinem Kopf
eine noch kleinere Frau im Sitzen (ein Traum)
Azcalxochitizin!
»Der König hat Reichtümer, doch er ist arm«
sagte er zu jenem Holzfäller und seiner Frau.
Beim Bau des Deiches »Netzahualcóyotl«
trug der Kaiser persönlich die Stämme, trug Felsen.
Und dann baute er den Zoologischen Garten von Chapultepec.
Man muß mehr Hanf in meinem Königreich pflanzen.
Kümmert euch um die Witwen.
Obstbäume für die Kinder
man weiß doch, daß die Kinder Obst mögen.
Noch mehr Lieder und Tänze für die *Macehuales*.
Eines Tages sagte er:

»Kauft alles was es auf dem Markte gibt
ohne um die Preise zu feilschen
und verteilt es kostenlos
schnell, bevor ich selbst esse«.
Ich bin ein *Macehual* sagte Netzahualcóyotl.
Er ging verkleidet auf die Märkte
um zu hören, ob man über die Regierung klagte, um zu erfahren
wie das Volk dachte.
Wie zur Zeit der verkleideten Guerrillas.
Er erließ 80 Gesetze:
wer Grenzsteine versetzt, der soll sterben
jedes Gesetz mit Beten und Fasten ersonnen
wer die Ehe bricht, der soll sterben
und wenn der Schwiegersohn des Königs die Ehe bricht
so soll er sterben.
Er diktierte ein strenges Forstgesetz
zur Erhaltung der Wälder.
Doch er sah ein Kind Holz sammeln am Rande des Waldes
und er milderte das Gesetz.
Einem Gefangenen schenkte er das Leben, weil er Verse schrieb.
Er befahl die Palasttüren zu öffnen
für die Armen, für die von den Märkten, für die *Macehuales*.
Der Geruch der Priester gefiel ihm nicht
angetan mit der Haut der Gehäuteten.
»Man pflanze Mais, Ayote, Bohnen
an den Straßenrändern
für die Reisenden, für die Armen
das ist kein Raub, wer davon nimmt, soll nicht sterben.«
Kein Prozeß darf länger als 80 Tage dauern
einschließlich aller Instanzen und Berufungen.
Seht zu, daß die Steuern nicht steigen.
Die Größe der Tamales soll nicht verändert werden.
Die *Macehuales* sollen nicht unterdrückt werden.
Allgemeine Schulpflicht
die 2 Lehrfächer der Universitäten:
Ixtlamachiliztli (»den Gesichtern Weisheit geben«)
Yolmelahualiztli (»die Herzen aufrichten«)

Todesstrafe für die Geschichtsschreiber
die in ihren Malereien (absichtlich)
die Wahrheit der Tatsachen fälschen.
Die Richter arbeiteten morgens und nachmittags
(außer an Feiertagen)
mit Mittagspause im Palast. Das Poesieministerium
ganztäglich geöffnet. Das Kriegsministerium
fast ständig geschlossen.
Intelligent und rechtschaffen, so sollen die Beamten sein
denn sonst sind die Gesetze wertlos.
Es war Pflicht für die Beamten
Lieder zu hören. Schmiergelder
verboten bei Todesstrafe.
Steuerfreiheit für Dichter und Künstler
(die Schönheit ist ihre Steuer)
Die Komponisten schlechter Musik mußten Strafe zahlen.
Und so war Texcoco die Stadt der Schönheit.
Um den See von Texcoco alle Städte in Frieden.
Wenig Gefangene für die Götter. »Die Sonne hat Durst«
klagten die Priester.
Klischee
Slogan von Tlacaélel
der Nazi-Azteken.
Unsere Opfer menschlicher Herzen
unsere Opfer an die Sonne
sind unsere Lieder.
Weder Personaldiktatur noch Einheitspartei
Sein großer Pochotebaum-Schatten
»Prinz Führer der Dichter«
Vorsitzender der Bruderschaft der Sänger
... die Abende, an denen die Bruderschaft sich traf ...
Paukenklänge in der Brise über dem stillen See
Terror, Tyrannei
sollen sterben zu guter Stunde auf Erden.
Flöte Gottes
»ein weises Antlitz«
glänzte in Texcoco wie eine Fackel ohne Rauch.

Von keinem anderen König malte man so viele Geschichten
seine Verse machten ihn berühmt, nicht
die 44 Königreiche.

Und überall fand er Leere.
Tlacaélel erhob zu astronomischen Ziffern
die Zahl der Menschenopfer
Tlacaélel, der Huitzilopochlist.
Meine Ideologie ist die Gewaltlosigkeit sagte Netzahualcóyotl.
Zur Zeit des 10-Kaninchens herrschte Hunger
(Schnee auf einem Dach, Schnee auf Menschen und Bäumen)
und Netzahualcóyotl öffnete die Speicher. Verteilte
Mais an das Volk
6-Kaninchen (Heuschrecke, die eine Pflanze frißt)
gab den Schwachen den Mais schon zu Tortillas gebacken
2-Angel (ein Geier über einem Kadaver)
»Gib uns Wasser«, sagten sie.
Und der König sagte: »Es gibt viel in den Bergen«.
Und er brachte Wasser von Yelloxochitlan in Aquädukten.
Die Welt ging nicht unter, und sie zündeten neue Feuer an.

Andere
führten das Volk zuvor über die Pfade von Hirsch und Kaninchen
Tezozomoc, Maxtla . . . Die Herzen hatten wie ein Kaktus.
Heute die Künstler, die Dichter: »ein Herz in Gott«
die Erschaffer von Wirklichkeiten
die Entdecker des Blumenliedes
die einzige Art
die Wahrheit zu sagen auf Erden.
Herren der sorgfältigen Sprache und des treffenden Ausdrucks
die den *Macehuales* eine Sprache geben. Meister
der Wissenschaft von *tecpillatolli* (»genaue Sprache«)

Die Poesie ist für den *Macehual*, sagte Netzahualcóyotl.
Ein *wahres Sprechen* wie das *nahuatl* des Quetzalcoatl.
In Texcoco erblühte die Tradition der Tolteken
»Nachfolger der alten Lehre« (von Quetzalcoatl).

Die Tolteken, das Volk von Weisen, »die Sänger«
die ihre alten Städte mit Liedern gründeten
                    »denn man sagt
                              so begannen die Städte
                              es war Musik in ihnen«
Und sie starben, doch sie hinterließen für immer pulsierend
einen Stein
uns blieben auf einem Papier, auf einer Pauke, ihr Beben, ihre
      Sehnsucht
und ihre Stimme spricht aus den Alten, den Kennern der Bücher
diesen Weisen, unschuldig wie Kinder und schon blind
ihr Haar wie Hanf.
Noch immer lehrt man in den »Häusern des Gesangs« Tolteke zu
      sein
Schulen der Schönen Künste unter der Schirmherrschaft
      Quetzalcoatls
                    toltecas der Tinte sind die Maler
                    toltecas des Wortes die Dichter
und der König-Dichter Netzahualcóyotl: der große Tolteke.

Als er starb, trauerte man nicht.
                    Man feierte ein Fest in Texcoco
Musik im Palast, Volkstänze auf den Straßen
wie er es angeordnet hatte.
In den Dörfern sagten sie: »Ist er denn nicht gestorben?«
»Oder ist er doch nicht gestorben?«
»Vielleicht ging er auf eine lange Reise
                    wie nach Tehuantepec zum Beispiel?«
»Oder ist er gegangen wie Quetzalcoatl, der ging ohne zu sterben
und wiederkommen wird?«
                    Oh Netzahualcóyotl
du bist jetzt im Reich der Geheimnisse.
Kehrt er noch einmal zurück?
Ich Sänger weine, wenn ich an Netzahualcóyotl denke
                    Oh Netzahualcóyotl
niemand lebt 2 mal.

Sprechen Netzahualcóyotl und Netzahualpilli miteinander
dort, an dem Ort der Pauken?
Ach käme doch wenigstens für einen Augenblick
Ayocuan weißer Kojote dich zu erfreuen.
Dort ist die Versammlung.
Er fragt:
»was wurde aus dem Land des Acolhuacan?«
»Ja
hier leben sie ohne Zweifel«. Er ist jener Quetzal.
Neben dem Jadefluß unter dem Blühenden Baum
singen die Canora-Vögel für den Erfinder des Lebens.
In den Leib der Blühenden Erde führten sie mich
auf die Berge des Landes-unserer-Speise.
Dort sah ich endlich die Blumen und Lieder.
»Sagt mir, was wurde aus dem Land des Acolhuacan?«
Führe noch einmal den Vorsitz der Versammlung am See
zwischen Blumen und Liedern.
Leg auf dein Haupt die Blumenkrone
oh König Netzahualcóyotl.

DIE LANDSTRASSE

Wir bauen an einer Straße
nach Chichén Itzá
                    alle aus unserem Dorf
um unser Dorf Chan Kom zu verbinden
mit Chichén Itzá.
Auch wenn niemals Touristen kommen
und die Straße kein Geld einbringt.
(»Die Straße des Lichts«
                    nennen wir sie im Dorf.)
Noch fehlen viele Kilometer
doch von den höchsten Bäumen
des Urwalds aus sehen wir weit in der Ferne
am Horizont
                    ein winziges weißes Dreieck:
            die Ruinen des Schlosses
                    von Chichén Itzá.

MAISFELD

Der Mais ist vergraben, unsichtbar wie die Toten
in deinem Maisfeld.
Nur Erdhügel an Erdhügel
wie die Pyramiden der Toten
auf dem Maisfeld der Toten.
Aber bald werden die Chac-Geister kommen mit ihren Kürbisköpfen
(ihre Macheten sind Blitze)
die Schmutzigen
die durchsichtigen Geister mit der Farbe von Regen
die untergetaucht sind in Brunnen
und sich versammeln in den Juninächten bei den Ruinen von Coba.
Und die Balam kommen, die Hüter der Felder
mit ihren Leibern mit der Farbe der Luft
die Balam, die unsichtbar über die Bäume fliegen, und die man
pfeifen hört, man hört sie
pfeifen des Nachts auf den Wegen, böse Geister verjagend.
Und der Vogel X-kol wird in den Maisfeldern singen
um den Mais wachsen zu lassen
mehr und mehr und wachsen und wachsen
(von Busch zu Busch)
und um den Mais glücklich zu machen.
Mit dem Wind von Osten kommen die Regen
sie kommen von Osten, von dort, wo die Sonne aufgeht
und wo aufgehen der Mond und die Sterne
von Osten, wo die Ruinen von Coba sind.
Und dort sind die Tiere der Träume
von denen die Jäger sprechen
Tiere mit langen Haaren, mit Tupfen oder mit Flecken wie Tiger
die seltsamen Tiere, wie man sie nur in den Träumen sieht
und die die Ruinen von Coba umkreisen.

Unter der Erde die Samen, Stufe um Stufe
eine Stufe an jedem Tag
steigen sie auf an der Pyramide des Mais.
Die Nacht ist voller Sterne, die strahlend leuchten
Boten des Regens.

DIE WANDERUNGEN DER PAWNEES

Eine Decke. Ein paar farbige Perlenschnüre
eine Pfeife geschnitzt von Blauer Sperber
kostenlos von Stamm zu Stamm
in einem Austausch, der nicht geschäftlich ist sondern religiös
gratis über riesige Ausdehnungen
der Vereinigten Staaten.
Über diese Prärien wanderten die Pawnees.
Wo die Fabriken sind der Boeing Co.
nekrophil
oder die Betriebe der Dow, Erzeugerin von Napalm
nekrophil
Dow Co. (Kondome und Napalm)
Hasserin des Lebens
– es war im Frühling, wenn die Vögel sich paaren
oder im Sommer, wenn sie ihre Nester bauen –
und die Straßen, über die Kolonnen grüner Wagen fahren
beladen mit Waffen
über diese Prärien wanderten die Pawnees
– oder im Herbst, wenn sie in Schwärmen fliegen
nicht im Winter, wenn das Leben schläft –
General Motors 11,7 %
American Motors 7 %
870,8 Billionen Dollar, ein Anstieg von 8 %
kommerzielle Reklame am Himmel
geschrieben von Flugzeugen
und das Dröhnen der RS-71 und der A-11 am Himmel
unheilvolle Flügel
Körper in Form von Geschossen
die Pawnees in Friedensprozession.
Unter dem Himmel von Kansas.

And man,
sagt der Vizepräsident der Handelskammer
von Wichita, Kansas
hier gibt es Fortschritt. Die Wahrheit ist
wenn morgen der Krieg aufhörte
gäbe es Panik.
Die Geister der Menschen und Tiere
konnten ihre Körper verlassen und weit reisen.
Und die Geister der Menschen
konnten sich vereinen . . .
»Friedensepedemie« sagte Johnson (Time, 17. Februar 1967)
Diese Lieder wurden geträumt, sagen sie
es wurden geträumt diese Riten und Lieder
vor alter Zeit, von den Vorfahren.
Die Winde sind unsichtbar
doch haben sie große Kraft
Einmal ging ein Priester über ein Feld
und sah ein Nest versteckt im Gras und sagte sich:
wenn mein Volk von den Vögeln lernte
wäre der Stamm fröhlich, voller Kinder
(Die Luftangriffe einzustellen
sagt Rusk
»ist fast ein unsittliches Angebot«)
Über diese Prärien
über Berge und Prärien. Und es war beeindruckend.
Manchmal wenige Meilen, dann wieder 100 Meilen und mehr
(Tahirassawichi hatte die Prozession bis zu den Omahas geführt)
Etwas ganz anderes als die Gruppen der Jäger
oder der Krieger oder der Reisenden.
Und nicht nur, um Überfluß zu erflehn
sondern vor allem, um eine Begegnung herbeizuführen
zwischen zwei Gruppen eine Art Kommunion
»und damit Friede sei zwischen den Stämmen«
Es mußte zwischen zwei Völkern sein, zwischen zwei Clans
oder zwei Stämmen
zwischen zwei Gemeinschaften, die naturgemäß verschieden waren
(und oft waren sie einander gegensätzlich)

Eine Gruppe ging der anderen entgegen mit Liedern
zuerst die Häuptlinge mit Adlerfedern
hochaufgerichtet vorwärts schreitend, schweigend und festen Blicks
dann die Sänger mit der Holztrommel
                    zum Schluß die Pferde mit Geschenken.
Es war auch ein Austausch der Güter
      und so gingen die Kunstwerke und kunstgewerblichen
            Erzeugnisse eines Stammes
kostenlos von Stamm zu Stamm
durch die ganzen Vereinigten Staaten.
            Über die unendliche Prärie, Meile um Meile
                    in der gleichen Ordnung
                          Tag für Tag.
Und wenn Krieger sie von einem Gipfel erspähten
griffen sie nicht an, denn sie wußten
                    daß sie Symbole trugen
die stärker sind als Waffen.
                    In Frieden kehrten sie in ihre Dörfer zurück.
Kann es Frieden geben
ohne daß die Banken bankrott machen?
            100 Millionen jährlich bringt die Electra
der Lockheed ein (Electra, Aufklärungsflugzeug)
Und was verdient die Lockheed Aircraft Corp.
            am Projektil Polaris
              und an der F-104?
                                        Die Winde sind unsichtbar
                                                doch haben sie große Kraft
Alles Wasser ist heilig.
Die Weißen lehrten die Indianer den Tabak zu schänden.
Winde Sonne Erde Pflanzen Wasser
sind Kleinere Kräfte zwischen Tirawa und dem Menschen
            – Tirawa darf man sich nicht als Menschen vorstellen –
Ein Priester hörte eines Morgens einen Vogel
der lauter sang und fröhlicher als die anderen
er suchte ihn, und es war der Sperling, der schwächste von allen.
Und er sagte sich: das ist eine Lehre für mein Volk
alle können glücklich sein und ein Lied haben.

Ich habe getan was noch keiner tat
sagte der *Kúrajus* zu Miß Fletcher
ich habe Ihnen die Lieder gegeben.
Vielleicht wurde darum mein Leben erhalten
damit ich die heiligen Lieder sänge
auf der großen Flöte.
What are you going to do with the production?
(Der Vizepräsident zeigt auf die Boeing)
»Was würde aus der Produktion
und der Arbeit dieser 400 000
(er zeigt auf die Felder der Boeing)
wenn wir Frieden hätten?«

Die Stimme des alten *Kúrajus* auf dem alten Grammophon
alles was der weise *Kúrajus* der Pawnees
sagte (sang) auf der großen Flöte.

Die große Flöte: das Grammophon der Miß Fletcher.

ORAKEL VON TIKAL
(von einem Ah Kin de Ku)

Was die heiligen Bilder verkünden und die Zeichen
welche die Ah Kines, Sonnenpriester, sehen
auf den steil aufragenden Steinen, Grabsteinen der Katune
die Weissagungen der großen Weisen, großen Ah Kines:
das Ende der Habsucht und des Raubs
der Katun, in dem man gemeinsam ißt.
Wenn der Katun wechselt, wenn das System sich ändert
werden sie die Macht und die Banken verlieren
ihre Pfeile werden verfaulen
beraubt werden die Jaguare ihrer Flecken
ihrer Krallen
verloren sind dann die *Batabes* (Oligarchien). Denen-von-der-Axt
Emporkömmlinge
nimmt man ihre Tassen weg.
Jetzt weint Ku, Gottheit
wir haben Entsetzen getrunken wie Pozole
wir brachen zusammen unter der Last
Und seit so vielen Tunes
so vielen Tunes
werden die Bücher
nicht mehr gelesen.
Die Zeit, in der die Cenotebrunnen vertrocknen.
Es ist Nacht im Petén
dem Ort der riesigen behauenen Steine, zurückgelehnt
es schwätzt und schwätzt Ah Maax Cal, der Schwätzer-Affe
. . . und in den Augen der Indios eine zarte Traurigkeit
ohne Elektrizität in ihrer Nacht
– Elektrizität in den Lenden –
vertreut wie Wild
lang sind die Schatten der Kasernen in Mayapán

Offiziere, Generäle:
wir sind voll von eurem geilen Samen.
Die kapuzenbedeckten Folterknechte
die Doris vergewaltigten
legten vor unsere Gesichter die weinende Maske
randvoll mit Bitterkeit unsere Tassen
despotisch ihr Kaiserreich
Affengeschlecht
Intervention
Sie haben die Sonne kastriert.

Der Präsident mit dem Opferstein
Mayapán der Opferrehe
Ay, es kommt der Major bewaffnet mit elektrischen Drähten
Und Monsignore hat keinerlei Wunde gesehen
nichts hat er gesehen.
Unsere Texte sind nur auf den Bäumen, die Tiere
(darum verachten sie sie)
– Die Reden des Ah Maax Cal, des Schwätzer-Affen –
große Fäulnis
und traurige Himmel
Ubico, Carías, die Somozas
Wieviel müssen wir ihnen geben um sie zu sättigen?
Ubico ließ uns gratis Straßen bauen
Verloren das hieroglyphische Zeichen
und verloren seine Bedeutung
Die *Batabes,* Die-von-der-Axt (Oligarchie) Hagel der Erde
Die-von-der-Axt
Früher schritten wir aufrecht
Die ausländischen Herren, die
mit den Festkleidern
Blutsauger
Tier-Menschen
der General: großer ehebrecherischer Blutsauger
Worte, die ich weinend sage, ich, Chilam Balam
Dolmetscher des Ku
Ihre Orgien und Korruptionen sind allen bekannt

doch wenn sie enden:
anders wird sein, was die Jugend dann lernt
aus den Hieroglyphen der Nacht und den Hieroglyphen des Tages.
So wie du diesen Stern über deiner Hütte siehst am Abend
so wird die Revolution dein Leben erleuchten.
Das Volk wird aus den Urwäldern und Steinwüsten kommen
der Fastende wird es erleben
wenn das Elend nachläßt
wird man sich meiner Worte erinnern
Erfahrung der Nächte von Tikal, Ort-der-Zurückgezogenheit
Das wird die Zeit sein der Morgenröte und des Wachsam-seins
andere Teller, andere Regierung
und sie werden kommen aus den Urwäldern, aus den Steinwüsten
ihre Lehre zu verkünden
dies kann geschehen
oder nicht geschehen.
Das Volk wird Besitz ergreifen von der Regierung, von den
Banken
(wenn ein anderes Wort kommt)
wir reißen ihnen die Krallen, die Stoßzähne aus
dann werdet ihr eure Jungfrauen nicht mehr dem Kasino übergeben
und die Ausländer werden uns nicht mehr »Land der Hirsche«
nennen
Land-der-sehr-guten-Hirsche
armes verwaistes Rehkitz, das alle Hände leckt.
Wenn die Zarigüeyas-Mäuse sich gegenseitig auffressen
wenn sich die roten Jaguare zerfleischen
wenn die einen die anderen zerfleischen
dann wird sich das Volk nieder zum Essen setzen
es wird ihnen die Tassen, die Teller entreißen
dann kommt ein anderes Wort, eine andere Lehre
hervorgegangen aus den tiefen Brunnen, aus den Höhlen.
Sie werden wieder anlegen ihre weißen Kleider.
Zurück bleiben die Unfruchtbaren Herren.
Dies sagen die Bilder an den Wänden
dann wird der Morgen kommen
Ah Chac Chibal, der Große-Fleischfresser wird fallen

die Erde wird ihre Lenden den Gangstern nicht mehr öffnen
den Invasoren
Das wird das Ende sein der Blutsauger.
Am Meeresufer werden wir uns lustig machen
über den bösartigen Xooc, den Hai
quaken werden die Frösche am Mittag in ihren Tümpeln.
Es wird eine neue Weisheit kommen, ein neues Wort
und offen wird sein das Antlitz des Ku, der Gottheit.
Wenn der Machtwechsel kommt
werden auch andere Ah Kines, Sonnenpriester, kommen
in den Mondnächten werden singen die Mädchen
in den Cenote-Grotten
die von uns gegangenen Geliebten rufend
und die Geliebten kehren zurück
die Ah Kines werden miteinander sprechen können
Sonnenpriester
und man wird auf die Chilanes hören
mir ihren Okarinen
kehrt die Musik zurück
die Rasseln werden klingen am Himmel des Petén
dies kann geschehen
oder nicht geschehen
– »Der Das Buch bewahrt in seinem Busen« –
Ich komme von weit her, von Tikal, dem Ort-der-Zurückgezogen-
heit
die behauenen Steine im Herzen des Petén
Der Quetzal wird seine Flügel öffnen am Himmel von Guatemala
Yaax Imiche, grüne-Ceiba, wird von neuem grünen
so
las es der Ah Kin Chilam Balam im Ring der Katune
dies war es was er folgerte aus den Zeichen im Buch
nach der Auslegung der gemalten Zeichen
so wie sie die Bücher erklären.
So sprach der Dolmetscher der Heiligen Schrift
Prophet der tiefen Brunnen, der Höhlen.
Dies werdet ihr verstehen, wenn ein Ah Kin kommt
mit heiliger und rechtschaffener Seele.

DER TANZ DES GEISTES

»Dies ist unser Land
niemand hat das Recht uns auszuweisen
wir waren die ersten Herren«
Flüchtiger Stern zu Wells, 1807
Und der Präsident könnte ruhig sein in seinem Großen Dorf
seinen Wein in Frieden trinken
während er und Harrison kämpfen müßten
Flüchtiger Stern zu Harrison, 1810
Der Große Geist gab diese große Insel seinen rothäutigen
Söhnen ...
Sie haben uns vom Meer bis zu den Großen Seen gedrängt
weiter können wir nicht mehr
sagte Tecumtha (oder »Flüchtiger Stern«)
Er hoffte, die Weißen würden am Ohio stehenbleiben ...
Und jene großartige Konföderation von Stämmen
arm
in Lumpen, Hippies
von den Großen Seen bis hinunter nach Mexiko
... »die keinen Krieg wollten in den Vereinigten Staaten« ...
von der Tecumtha, Meteorit, Flüchtiger Stern, träumte.
(Er würde ein Kaiserreich gründen wie das Reich Moctezumas oder
der Inkas, informierte Harrison das State Department
»wenn er die Vereinigten Staaten nicht als Nachbarn hätte«)
Jahr für Jahr kehrten sie im Frühling zurück
kamen herauf vom Süden zum Norden mit dem Frühling
und ihre Ankunft war so sicher wie der Frühling.
Wenn das erste Grün erschien
die ersten
Blumen (Spuren
des Mokassins Gottes auf der Prärie)
dort am Horizont ... ein Punkt ... mehrere Punkte
viele Punkte!!!
Und die Prärie war eine ungeheure Masse von Büffeln.

Der Große Geist gab uns dieses Land
um hier unsere Feuer anzuzünden.
                    Hier
bleiben wir. Und was die Grenzen betrifft:
der Große Geist kennt keine Grenzen
und seine rothäutigen Söhne auch nicht . . .
                    (Flüchtiger Stern)
Danach Känakúk, ein neuer Prophet:
        wenn ein Weißer euch schlägt, beklagt euch nicht.
Schlecht ist es, Zauber und Amulette zu haben.

Herden von zwanzig von zweihundert von zehntausend von
        zehn Millionen Büffeln
zwanzig Meilen fünfzig Meilen zweihundert Meilen
        Breite (die Länge kannte man nicht)
        die ganze Erde erdröhnte unter den Büffeln
und man hörte 2 bis 3 Meilen weit
ihr Brüllen.
    (»Wenn die Vereinigten Staaten nicht unsere Nachbarn wären«)
Der Große Geist setzte uns in dieses Land
            warum willst du es uns nehmen?
Mein Vater General Clark
            ich rede und rede
damit du dich unser erbarmest
und uns dort läßt wo wir sind.
Mein Vater Clark wenn ich aufhöre zu sprechen
will ich daß du dem Großen Vater Präsidenten schreibst
wir möchten gern noch ein wenig bleiben
                dort wo wir sind.
Und nun werde ich für den Großen Vater Präsidenten sprechen:
Großer Vater Präsident ich möchte daß du über uns nachdenkst
ich will mit friedlichen und sanften Worten sprechen
einige Führer sagen das Land gehört uns den Kickappos
doch dies ist es nicht was der Große Geist zu mir sagte
das Land gehört Ihm
als ich den Großen Geist sah sagte er mir sage es dem Präsidenten
er sagte mir wir sollten die Tomahawks wegwerfen

Seit ich mit dem Großen Geist sprach
hat mein Volk nichts zu essen geht schlecht gekleidet
Er sagte nicht ich solle mein Land verkaufen
denn ich kenne den Preis eines Dollars nicht
du kannst schreiben abschreiben alles was aus mir spricht
nicht ich spreche alles tue ich für den Großen Geist
alle Dinge gehören dem Großen Geist
ich habe gesprochen ich vertraue auf den Großen Geist

Im Sommer waren sie in Montana
in Nebraska und Wyoming im Winter
        verschneite Ebenen schwarz von Büffeln
    und die Indianer wanderten nordwärts mit den Büffeln
und im Winter nach Süden bis Texas
mit den Büffeln.
Prärienacht, große Brände
            dort in der Ferne
        wie jetzt Denver bei Nacht
wie wenn man sich Denver nähert bei Nacht
    in einem Autobus der Greyhound.
Doch jedes Jahr waren es weniger
es waren weniger jedes Jahr die Herden.
IHR DÜRFT NICHT KÄMPFEN war die Lehre Wowokas
        sie hörten auf Whisky zu trinken
            entfernten aus ihren Zelten die Skalps.
Die Lehre der Payuten war der Tanz.
Die Büffel, die nach Süden zogen bei Winteranfang
            gegen den Wind
und vom Süden nach Norden kamen im Frühling
            gegen den Wind
wurden weniger jedes Jahr.
        Tuhulhulsote am Feuer: wir
haben nie Handel getrieben
dies Land ist ein Teil meines Körpers
nie verkaufte ich mein Land.
            Die Büffel verschwanden aus den Prärien
            und die Indianer mit den Büffeln.

Tanzen, tanzen
überall. Alle Indianer müssen tanzen.
Sehr bald, im nächsten Frühling
kommt der Große Geist
mit allen gejagten Tieren zurück
und allen toten Indianern zurück.
Tanzt weiter tanzt weiter
auf der Prärie.
Es kommen die guten Zeiten
ALLE TOTEN WERDEN AUFERSTEHEN sagte Wowoka
Jack Wilson (Wowoka)
Schlecht war der Krieg und sie durften nicht kämpfen
die ganze Erde wird gut sein später
Brüder, alle werden Brüder sein
Indianer und Weiße ein einziges Volk.

Ein Feuer. Der neue Glaube lief wie ein Feuer
getrieben vom Wind über die Prärie.
Die rote Farbe war die Morgenröte
die Adlerfedern die Sonnenstrahlen
der Adler die Sonne
der die Federn trägt, ist vereint mit Gott
auf seinem Haupt trägt er die »Anwesenheit«
Der Adler wird kommen und mich holen
Der Adler wird kommen und mich holen
Smohalla in seinem Zelt am Ufer des Columbia-Stroms
beim Rauchen seiner heiligen Zigarette:
»Wir sind wenige und schwach
wir können keinen Widerstand leisten.«
Es war ein böses Wort das aus Washington kam.
Am Anfang war nur Wasser und Gott war allein
er fühlte sich sehr einsam und schuf die Erde.
Der Mensch hatte Flügel und flog wohin er wollte
aber der Mensch fühlte sich einsam und Gott machte eine Frau.
Gott befahl dem Mann zu jagen
und der Frau zu kochen und die Felle zu bereiten.
Der große Fluß war voll Lachs die Prärie voller Büffel.

Die Stärksten besetzten die besten Fischstellen.
Da wurde Gott zornig und nahm ihnen die Flügel.
Er befahl die Fischstellen und Länder an alle zu verteilen
sie sollten weder bezeichnet noch begrenzt werden.
Dies war das Alte Gesetz. Die
das Land teilen und Papiere unterschreiben
werden bestraft werden von Gott.
Es ist ein schlechtes Wort das aus Washington kommt.
Alle Gestorbenen werden von neuem leben.
Wir gehen nicht fort denn
das Volk muß *hier* warten in diesem Land auf seine Rückkehr.
Und im Traum
seine Weisheit.
Die Weisheit kam ihm im Traum
sagte Smohalla.
»Die Knaben meines Stammes werden nicht arbeiten
denn Menschen die arbeiten träumen nicht.
Nie werden wir reich sein wie die Weißen.«
Und ein Umatilla-Führer (Staubwolken der letzten Büffel
in der Ferne, Kaktus, Cowboyfilmset
und schwankend im Wind das Zelt aus Büffelleder):
»Du sagst zieh in ein anderes Land
ich will kein Geld für mein Land.«
... und der Wind trägt herüber aus dem Lager
einen Klang
von Protestsongs.
Der Büffel war das Weltall
die Gesamtheit der ausgedrückten Formen
und Essen Kleidung Wohnung Geräte alles kam vom Büffel

Im Jahre 1810 gab es keine Büffel mehr in Kentucky
am nächsten Tag (1. Januar)
gab es keine Büffel mehr in Pensylvanien
Weihnachten 1802 wurde
der letzte Büffel von Ohio getötet.
Und nichts zu machen, sie konnten die Ankunft der Weißen nicht verhindern

jedes
Jahr mehr Weiße
die Eisenbahn brachte noch mehr Weiße
die Büffel verschwanden aus der Prärie
und die Eisenbahn rückte vor rückte vor
die Schienen durchschnitten die Felder der Indianer
und sie verloren ihre Freiheit in der Prärie
immer weiter zurückgedrängt, in immer
fernere Regionen
verschwanden sie wie die Büffel aus der Prärie
und ihre Gebräuche und ihre Lieder
mit den Büffeln.
Deine Büffel Frühlingsblumenfresser Vachel Lindsay
liefen einst wo jetzt Lokomotiven laufen.
Deine Büffel Frühlingsblumenfresser!
Und das Goldfieber. Das Gold
brachte noch mehr Weiße.
Müde hinkend erschöpft
umzingelt von Wölfen
der letzte Büffel den man sah in Montana.
Und ein alter Apache sehr alt in seinem alten Zelt
verfaultes Büffelleder:
»Das Gras ist alt
alt unser Leben
das Land sehr alt
alles wird wieder neu werden.«
Und es sagten die Indianer in den Prärien des Südens:
»Die Flüsse die Berge
alles ist alt und wird wieder neu.«
Von Stamm zu Stamm ging der Tanz
(verkohltes Holz von erloschenem Feuer
das geblasen geblasen
vom weiten Wind der Prärie
wieder aufflammt und zum Brand wird von Prärie
zu Prärie)
der TANZ DES GEISTES wurde ohne Waffen getanzt
Nacht für Nacht der heilige Tanz getanzt.

Es gab Stämme die ihre Feuerwaffen begruben
und selbst alle anderen Dinge aus Metall
»alles wie vor der Zeit der Weißen«
In Oklahoma sagte man, die neue Erde würde von Westen kommen
mit allen toten Indianern
mit allen seit den Anfängen gestorbenen Indianern,
wiederauferstanden
mit Büffeln Auerochsen Hirschen wiederauferstanden.
Und einige kehrten zurück zu ihren Stämmen und erzählten, Jesus
sei wiedergekommen. Die Weißen töteten ihn
hinter den Großen Wassern, jetzt
kam er zu den Indianern, die ihm nie etwas zuleide taten.

Die alten Tage kehren zurück
zurück kehren die Büffel.
Auf Menschen zu schießen ist böse.
Der Große Geist will es nicht.
Und in Nevada, ein anderer Prophet, Payute:
Als erstes, nie mehr Krieg
einander lieben
zusammen tanzen
MAKE LOVE NOT WAR
In Frieden leben mit den Weißen.
Und die Sioux, die sagten:
(die Sioux ohne Büffel)
Sie kommen
alle toten Stämme kommen
und große Büffelherden mit ihnen
wieder lebendig
von der Prärie des großen Geistes
kommen sie.
Alle Tiere werden den Indianern zurückgegeben
bald
im nächsten Frühling
wenn das Gras bis zu den Knien reicht
am Tag der Großen Auferstehung.

Keine Waffen in den Händen
sondern Hand in Hand
im Kreise tanzend
(das Rot der Morgenröte)
So sagte der Vater
alle sollen singen auf Erden
und weit seine Botschaft tragen
und weit seine Botschaft tragen
(Die Federn auf den Köpfen waren Flügel
mit denen man fliegen konnte zu
den Prärien des Himmels)
1889 hörten die Oglalas sagen
der Sohn Gottes sei gekommen im Westen
und es tanzten die Oglalas.
Hand in Hand.
Von Stamm zu Stamm ging der Tanz.
Pazifismus, Sit-ins, Non-Violence
»Wir wollen leben mit den Weißen wie Brüder«
Im Trance des Tanzes sahen sie die Welt der Geister
alle Zelte aus neuem Büffelleder
die Geister zu Pferde kehren zurück von der Büffeljagd
im Mondschein, beladen mit Büffelfleisch
und die tausend und abertausend Büffel auf der Prärie.
Der Tanz des Geistes wurde ohne Waffen getanzt.
Und einige, die im Reich der Indianer-Geister waren:
»Das Volk der toten Indianer kehrt zurück
es kehrt zurück
und es kehrt zurück zu seinen Indianern Rothäuten
DER GROSSE GEIST.«
Und
. . . »Im Land der Menschen-Geister
sah ich ein Tipee
und in der Tür des Tipee ein Menschen-Geist
sprach zu mir: Weiße und Indianer sollen tanzen
alle zusammen. Doch zuvor sollen sie singen.
Es darf keinen Krieg mehr geben.«

Sie sahen wie die Geister lagerten auf den Prärien des Himmels
wie sie die Pfähle einrammten, die
Zelte errichteten
wie die Frauen Feuerholz brachten und zu kochen begannen
wie der Wind um die Pfähle der Zelte pfiff und die
Lederplanen erzittern ließ.
Innen Feuer und Lieder
und der Rauch, der aufstieg von den Zelten . . .
Einige aßen Büffelfleisch mitgebracht von *dort.*
Und einer sah auf seinem Trip einen aus einem ausgestorbenen
Stamm.
Und es sahen auf ihren Trips die Flüsse des Himmels
in psychedelischen Farben
die Chayenne-Indianer.
Und es sangen die Komantschen:
Wir werden wieder leben
Wir werden wieder leben
Und die Caddos sangen: Wir steigen schon hinauf
– und tatsächlich stiegen die Caddos hinauf –
nach oben, hinauf zu ihrem Volk, hinauf zu ihrem Volk.
Komm Caddo, wir steigen alle hinauf
Komm Caddo, wir steigen alle hinauf
ins Große Dorf
ins Große Dorf
Sitting Bull prophezeite, daß
die heiligen Federn
die Indianer vor dem nuklearen Feuer schützen würden.

Neben der Agentur des Walker-Sees, ein Kreis
wie eine Zirkusmanege.
Dort warteten sie sehnsüchtig die ganze Nacht,
um Christus zu sehen.
Im Morgengrauen kamen sehr viele Leute, mit ihnen
kam der Christus. Nach dem Frühstück sprach der Christus zu ihnen.
»Ich sah eine Narbe in seinem Gesicht und eine andere
am Handgelenk. Die Füße konnte ich nicht sehen.«

Das Letzte was man von Wowoka erfuhr:
er wurde auf einer Kirmes in San Francisco gesehen.
Weiter ging der Tanz, doch mit einer neuen Hoffnung
nicht fiebriger Wahnsinn wie früher, sondern
gelassene Hoffnung
wie die Auferstehungshoffnung der Christen
sagt Mooney.
Und jener große Alte, den ich sah in Taos
(mit Kittel und Zöpfen)
verstand mich als ich sagte: to heaven.
Denn ein Tourist aus New England fragte ihn
ob er die Büffel noch gekannt habe. Ja, als Kind. Und traurig:
Keine Büffel mehr . . . I wonder where they have GONE.
Und ich sagte: to heaven.
Der Tourist kicherte wie über einen Witz
doch der alte Häuptling lächelte traurig (und verstand mich)
(Herbst 1965, meine Reise in die usa, um
Merton zu sehen und die Indianer).

ERKLÄRUNGEN

Acolhuacan	Mexikanisches Königreich, gegründet von Acolhua I., Hauptstadt Texcoco
Ahau	Ein Teil der Terminologie der Mayas zur Bezeichnung eines Datums bzw. einer Epoche
Ah Kin	Sonnenpriester
Airiway	April
Amahuacs	Indiostamm in Peru
Amaru Tupac	Peruanischer Kazike, von den Inkas abstammend, Sozialrevolutionär
Anahuac	die Erde
Atahualpa	Kaiser der Inkas
Ayllus	Kommunen, Kolchosen, Kibbuzim
Ayote	Tropenkürbis
Azapotzalco	früher unabhängige Stadt und Königreich, heute ein Teil der Stadt Mexiko
Ceiba	riesiger Baum, dessen Früchte Wolle tragen
Cenotes	Höhlen mit sehr tief liegendem Grundwasser, die als Wasserbehälter dienten
Chicha	Maisbranntwein
Chichén Itzá	Stadt in Yucatán, Hauptstadt der Itza, eines der mächtigsten Stämme der Mayas
Chichil	Musikinstrument, eine Art Rappel
Chilam Balam (auch Chilán)	Chroniken der Mayas aus Yucatán. Auch Chronist oder Weiser
Chili	scharfes Gewürz
Chinampas	schwimmende Gärten in den Lagunen von Mexiko
Chumayel	Die Chroniken Chilam Balam werden nach ihrem Herkunftsort, wie hier Chumayel, benannt

Cihuacoatl	Göttin der Erde der Azteken
Deganawida	Häuptling der Huronen (Gruppe der Irokesen)
Hiawatha	Häuptling der Onondaga-Indianer
Huehuetl	Trommel
Huitzilopochtli	mexikanischer Kriegsgott, dem blutige Opfer gebracht wurden
der Inka	der Kaiser
Itzcoatl	4. Aztekenkönig und 1. Kaiser von Mexiko, herrschte von 1427–1440
Katun	Jahrhundert der Mayas = 20 Jahre
Ku	Gottheit
Kúrajus	Priester und Weiser der Pawnees-Indianer
Llacta mama	Mutter Erde
Macchu Picchu	die heilige Stadt der Inkas in Peru
Macehuales	Arme, Asoziale
Maguey	Hanfpflanze
Manco Capac	»Tugendreicher« Kaiser der Inkas
Mictlan	Totenreich
nahuatl	linguistische Untergruppe der yuto-aztekischen Nahuatlano-Sprache
Nele	Kazike, Häuptling
Netzahualcóyotl	König der Azteken, 1402–1470
Netzahualpilli	König von Texcoco, 1465–1516 Sohn Netzahualcóyotls
Oaxaca	mexikanische Provinz
Papaya	tropischer Obstbaum
Pelota	lateinamerikanisches Ballspiel
Petén	Gebiet an der Grenze zwischen Guatemala und Britisch-Honduras
Pozole	Getränk aus Mais und Zucker
Pulque	Honig- oder Maguey-Branntwein
Puna	Hochlandsteppe
Quena	peruanische Querflöte
Quetzal	kleiner tropischer Klettervogel, Wappenvogel und Münzeinheit von Guatemala
Quetzalcoátl	mythischer König der Tolteken, auch Gott der primitiven Nahuas

Soles	peruanische Währung, spanisch: »Sonnen«
Tacos	mexikanisches Gericht
Tamales	mexikanisches Gericht
Tecolote	Uhu
Tehua	»Besitzer der Dinge Gottes«, Mystiker
Tenochtitlan	mexikanische Stadt
Tepescuintles	Agouti paca. Nagetier in Mexiko und Mittelamerika
Teponaztli	Musikinstrument. Bearbeiteter Baumstamm, der mit Stäben geschlagen verschiedene Töne gibt
Texcoco	mexikanische Stadt
Tipee	englisch: Indianerzelt
Tirawa	Gott der Pawnees-Indianer
Tlacaélel	Diktator von Tenochtitlan zur Zeit Netzahualcóyotls
Tlaloc	mexikanischer Regengott
Tlamatinimes	»Kenner der Dinge«, Weise
Tolteken	Altmexikanisches Kulturvolk. Ihr Reich wurde Ende des 6. Jahrhunderts zerstört, ihre Kultur von den Azteken übernommen
Tucán	großer, leicht zu zähmender Klettervogel
Tunes	Jahre der Mayas. Ein Katun (Jahrhundert) setzte sich aus 20 Tunes (Jahren) zusammen
Xiquipiles	Maßeinheit = Tausend
Yaravíes	Lieder der Indios in Chile, Peru und Kolumbien, meistens von Liebe handelnd
Yuca	eßbare Wurzel
10-Kaninchen, 6-Kaninchen, 2-Angel	Daten oder Zeitabschnitte

Ernesto Cardenal
Das Buch von der Liebe
Vida en el amor

Aus dem Spanischen
von
Anneliese Schwarzer de Ruiz

Der Durst

In den Augen aller Menschen wohnt eine unstillbare Sehnsucht. In den Pupillen der Menschen aller Rassen, in den Blicken der Kinder und Greise, der Mütter und liebenden Frauen, in den Augen des Polizisten und des Angestellten, des Abenteurers und des Mörders, des Revolutionärs und des Diktators und in denen des Heiligen: in allen wohnt der gleiche Funke unstillbaren Verlangens, das gleiche heimliche Feuer, der gleiche tiefe Abgrund, der gleiche unendliche Durst nach Glück und Freude und Besitz ohne Ende. Dieser Durst, den alle Wesen spüren und von dem auch im Gleichnis von der Samariterin am Brunnen gesprochen wird, ist die Liebe zu Gott.

Um dieser Liebe willen werden alle Verbrechen begangen und alle Kriege gekämpft, ihretwegen lieben und hassen sich die Menschen. Um dieser Liebe willen werden Berge bestiegen und die Tiefen der Meere erforscht, für sie wird geherrscht und intrigiert, gebaut und geschrieben, gesungen, geweint und geliebt. Alles menschliche Tun, sogar die Sünde, ist eine Suche nach Gott, nur sucht man Ihn meistens dort, wo er am wenigsten zu finden ist.

Darum sagt der Kirchenvater Augustinus: »Suche, was du suchst, aber nicht dort, wo du es suchst«. Überall suchen wir Gott, auf Festen und Orgien und Reisen, in Kinos und Bars, und doch finden wir Ihn einzig und allein in uns selbst.

In jedem Innern leuchtet die gleiche Flamme, brennt der gleiche Durst. »Wie der Hirsch nach frischem Wasser, so schreit meine Seele nach Dir, o Herr« sagt der Psalm. Jedes Herz ist von diesem Pfeil durchdrungen.

Der unstillbare Hunger der Diktatoren nach Macht und Geld und Besitz ist in Wirklichkeit Liebe zu Gott. Der Liebende, der Forscher, der Geschäftsmann, der Agitator, der Künstler und der kontemplative Mönch, alle suchen sie dasselbe, nämlich Gott und nichts als Gott.

Die Gesichter der ganz jungen Mädchen tragen einen Abglanz Gottes, darum sind sie so faszinierend für uns, weil wir geschaffen wurden für das ewige Leben.

Gott ist die Heimat aller Menschen. Er ist unsere einzige Sehnsucht. Gott ist im Innersten aller Kreatur verborgen und ruft uns. Das ist die geheimnisvolle Ausstrahlung, die von allen Wesen ausgeht. Wir hören seinen Ruf in der Tiefe unseres Wesens wie die Lerche, die in der Frühe von ihrer Gefährtin geweckt wird, oder wie Julia, die Romeo unter ihrem Balkon pfeifen hört.

Initialen

Die Abende und die Nächte sind ruhig und einsam, weil Gott sie für die Kontemplation geschaffen hat. Die Wälder und die Wüsten, der Sternenhimmel und die Berge sind geschaffen, damit wir uns in sie versenken.
Die Elstern und die Chocoyos erzählen uns von Gott, und es ist Gott, der ihnen die Sprache gegeben hat. Alle Tiere, die im Morgengrauen ihre Stimme erheben, singen Gott. Die Vulkane und die Wolken und die Bäume schreien uns von Gott. Die ganze Schöpfung schreit uns durchdringend, mit einem großen Schrei, von der Existenz und der Schönheit und der Liebe Gottes. Die Musik dröhnt es uns in die Ohren, und die Landschaft ruft es uns in die Augen.

»An jeder Straßenecke finde ich Briefe Gottes« sagt Whitman und »Das grüne Gras ist ein duftendes Taschentuch Gottes mit Seinen Initialen, das Er fallengelassen hat, um uns an Ihn zu erinnern«. So verstehen die Heiligen die Natur, so verstand sie Adam im Paradies. (Und auch die Dichter und Künstler verstehen sie in gewisser Weise und unter gewissen Umständen, wie Adam und die Heiligen sie verstanden haben.)
In der ganzen Natur finden wir die Initialen Gottes, und alle erschaffenen Wesen sind Liebesbriefe Gottes an uns.
Die ganze Natur steht in Flammen der Liebe, geschaffen durch die Liebe, um die Liebe in uns zu entzünden. Und es gibt keinen anderen Grund für die Existenz aller Wesen; sie haben keinen anderen Sinn und können uns keine andere Befriedigung gewähren als dies: in uns die Liebe Gottes zu entzünden. Die Natur ist wie ein Schatten Gottes, ein Widerschein und Abglanz Seiner Schönheit. Der stille blaue See ist ein Widerschein Gottes. In jedem Atom wohnt ein Bild der Dreifaltigkeit, eine Figur des dreieinigen Gottes.
Und auch mein eigener Körper ist erschaffen für die Liebe zu Gott. Jede einzelne meiner Zellen ist ein Hymnus auf den Schöpfer und eine immerwährende Liebeserklärung.
Wie der Eisvogel erschaffen wurde zum Fischefangen und der Schmetterling zum Nektarsaugen, so ist der Mensch zur Kontemplation bestimmt und zur Liebe zu Gott.
Gott ist überall, nicht nur in unserem Inneren. Er ist aber auch in unserer Seele, und wenn wir uns Seiner Gegenwart bewußt werden, wollen wir sie auch auskosten. Dann ziehen wir uns zurück in die Einsamkeit und in die Stille. Wir wollen nicht, daß sich irgendeine andere Kreatur in unserer Seele widerspiegelt, wir wollen nur den Widerschein Gottes auf uns.
Gott widerspiegelt sich in der Einsamkeit und im Frieden wie der Himmel im ruhigen See. Und es genügt, daß sich die Seele beruhige und reinige, damit sich auf ihrer Oberfläche das Antlitz Gottes widerspiegele.
Wir sind nur Spiegel Gottes, geschaffen, um Gott in uns aufzunehmen. Das Wasser kann noch trübe sein, aber auch so widerspiegelt es den Himmel.

Gottes Ebenbild

Die ganze Natur ist voller Stimmen, alles in ihr ist Gesang, Musik und Tönen. Alle Wesen flüstern oder seufzen, gurren, trillern, pfeifen, brüllen, jaulen, ächzen, wimmern, schreien, weinen oder klagen. Der Gesang der Grillen und Zikaden, das Quaken der Frösche, der Pfiff, mit dem sich die gestreiften Eichhörnchen rufen, alle Stimmen der Natur sind Gebet. Auch die menschliche Stimme ist ein Gebet. Aus diesem Grunde ziehen sich die kontemplativen Mönche ins Schweigen zurück. Sie haben ihre Stimme einzig dem Chorgesang geweiht, weil sie verstanden haben, daß ihre Stimme Gebet ist.
Und die Natur ist auch voller Symbole, die zu uns von Gott sprechen. Die ganze Schöpfung ist die Schönschrift Gottes, und

in Seiner Schrift gibt es nicht ein sinnloses Zeichen. Der Schriftzug der Meteore am Himmel und die Spur der Kriechtiere im Sand, der Flug der Zugvögel in den Herbstnächten und der Weg der Sonne durch die Wendekreise, die Jahresringe im Stamm einer Zeder und die Schlangenlinien der Flüsse in einer Luftaufnahme, alles sind Zeichen, die uns Botschaften übermitteln. Wir müssen nur verstehen, sie zu lesen.

Es gibt Menschen, die sich an diesen Zeichen bis zur Ekstase erfreuen können, ohne sie doch eigentlich zu entziffern, ohne zu verstehen, daß die Natur ja eigens als Botschaft für sie geschrieben und aufgezeichnet ist. Diese Menschen gleichen einem Bauernmädchen, das sich an der Schrift eines alten Manuskriptes erfreut, das ihm irgendwie in die Hände geraten ist, ohne aber zu wissen, daß es sich um einen Liebesbrief des Königs handelt.

Und wir selbst sind ebenfalls Zeichen Gottes. In jedem einzelnen von uns ist diese göttliche Schrift eingegraben, unser ganzes Sein ist eine Mitteilung und Botschaft Gottes. Wir sind hineingestellt in diese Schöpfung, die ganz Mitteilung ist, als die reinsten und schönsten Worte Gottes. Wir sind Gottes Ebenbild.

Der Mensch stellt sich seine Götter menschenähnlich vor, weil Gott den Menschen tatsächlich nach Seinem Bilde geschaffen hat.

Die menschliche Liebe hat nur darum einen Sinn, weil das Antlitz des Menschen eine Nachbildung des Antlitzes Gottes ist. Wir lieben Gott im Antlitz unseres Nächsten. Aber jedes menschliche Antlitz ist wie verschleiert; es ist der Schleier dessen, den wir nicht wirklich schauen können, ohne zu sterben.

Wir sind geschaffen für einen Gott in der Mehrzahl, für einen Gott, der im Plural sprach, als er den Menschen erschuf: »Laßt uns ein Bildnis machen nach Unserem Ebenbild«. Und es ist das Ebenbild dieser Mehrzahl, der Dreieinigkeit Gottes, das in jedem Menschen wohnt. Es ist ein Ebenbild der Liebe, weil Gott die Liebe ist (die gegenseitige Liebe) und weil wir als Ebenbild eines mitteilsamen Gottes geschaffen wurden.

Nicht nur dem Menschen, sondern allen schönen Dingen ist dieses göttliche Antlitz aufgedruckt. Sogar die Tiere sind das Ebenbild Gottes, weil sie ein Ebenbild des Menschen sind. (Und darum liebt der Mensch auch die Tiere.)

Juan Climaco erzählt von einem Mann, der beim Anblick einer schönen Frau nicht in Liebe zu dieser Frau, sondern in Liebe zu Gott entflammte und Tränen der Freude vergoß.
Dieser Widerschein Gottes auf jedem von uns ist das Antlitz Christi. Darum war es dem jüdischen Volk verboten, Bildnisse Gottes zu haben, weil der Mensch (Christus) dieses Bildnis Gottes ist.
Das Antlitz Gottes in uns wurde ausgelöscht durch die Sünde (die Teufel sind Wesen, von denen jeder Widerschein Gottes weggenommen ist) und wiedereingeprägt durch Christus. Mit Christus sind wir von neuem das Bildnis und das Wort Gottes, weil Er auch das Wort und das Bild Gottes ist. »Wer mich sieht, sieht den Vater«.
Gott ist im Innersten allen Seins, und Er ist auch in uns. Um Ihn zu finden, brauchen wir nicht weit zu laufen und auch nicht aus uns selbst herauszugehen. Es genügt, uns selbst zu finden. Wir müssen auf den Grund unseres eigenen Ichs steigen, um unsere wirkliche Identität zu finden, die Gott ist.
Nun fällt es dem modernen Menschen schon schwer, allein zu sein; auf den Grund seines eigenen Ichs zu steigen, ist fast unmöglich für ihn. Sollte er aber doch einmal mit sich selbst im stillen Kämmerlein bleiben und gerade kurz vor der Erkenntnis Gottes stehen, dann macht er das Radio oder das Fernsehen an.

Identität

Das Gebet ist etwas so Natürliches für den Menschen wie die Sprache, das Atmen oder das Schlagen eines verliebten Herzens. Es ist auch in Wirklichkeit nichts anderes als eine Klage, ein Seufzen, ein Blick oder ein Herzschlag. Das Gebet ist etwas Selbstverständliches für den Menschen, ein Instinkt; doch muß der Mensch mit seiner gefallenen Natur es neu üben, weil es ein vergessener Instinkt ist.
Das Gebet ist nichts anderes als ein Kontaktaufnehmen mit Gott. Es ist eine Verbindung mit Gott, die keine Worte und nicht einmal Gedanken braucht. Man kann sich mit einem Blick mitteilen oder mit einem Lächeln, mit Seufzern oder mit Taten. Sogar Rauchen kann ein Gebet sein, ein Bild malen,

den Himmel betrachten oder Wasser trinken. Tatsächlich ist jede Bewegung unseres Körpers ein Gebet. Unser Körper spricht ein tiefes Dankgebet, wenn er seinen Durst mit einem Glas Wasser stillt. Wenn wir uns an heißen Sommertagen in die Fluten eines kühlen Flusses stürzen, singt unsere Haut eine Dankeshymne an ihren Schöpfer, auch wenn dies ein irrationales Gebet ist, das ohne unsere ausdrückliche Zustimmung oder sogar gegen unseren Willen geschieht. Wir können aber willentlich aus allen unseren Taten ein Gebet machen. Unsere Arbeit ist ein existentielles Gebet.

Gott hat einmal in einer Vision zu Angela de Foligno gesagt, Er erfreue sich an allen ihren Taten, an ihrem Essen, Trinken und Schlafen. Er erfreue sich an ihrem ganzen Sein und am Stattfinden aller ihrer organischen Funktionen.

In den »Blümelein des Heiligen Franz« wird erzählt, daß die Anbetung des Bruders Maseo nur darin bestand, »u u u u u« zu sagen. Und die Anbetung des Bruders Bernardo bestand darin, in den Bergen herumzulaufen.

Gott hüllt uns von allen Seiten ein wie die Atmosphäre. Und wie die Atmosphäre voller Licht- und Schallwellen ist, die wir weder sehen noch hören können, wenn wir nicht die dafür bestimmten Kanäle einschalten, so können wir auch die Wellenlänge Gottes nicht hören, es sei denn, wir schalten den entsprechenden Kanal ein. Wer nur in der Welt der fühlbaren Sender lebt, kann den Sender Gottes nicht abhören.

Auch untereinander können wir uns durch Gott hindurch verständigen wie mit einer Fernverbindungslinie quer durch die ganze Atmosphäre. Wie zwei Freunde, die in weit voneinander entfernten Städten wohnen und sich über alle Entfernung hinweg doch näher sind als zwei Nachbarn im gleichen Dorf, die nichts voneinander trennt als eine Wand.

Obwohl uns Gott so nah ist, ist er jedoch auch unermeßlich weit von uns entfernt. Durch die ganze Ewigkeit sind wir von Ihm getrennt. Und alle Vereinigung mit Gott kann immer nur sein wie die Vereinigung zweier Liebender, die sich nie ganz umarmen, sondern sich nur, getrennt von einer Scheibe, durch das Glas hindurch küssen können.

Wir schauen Gott nur im Dämmerlicht. Wir sehen Ihn wie einen Film, der schon läuft, während die Türen noch nicht geschlossen, die Lichter noch nicht gelöscht sind. Erst wenn es langsam dunkler wird, fangen wir an, die Figuren auf der Leinwand immer deutlicher zu unterscheiden. Oder wie ein Haus, in dem kein Licht brennt, außer einer einzigen Lampe in einem Zimmer, und man tastet sich zwischen den Schatten hindurch und stößt an Möbel und durchquert finstere Flure, geführt von jemandem, der das Haus kennt.

Die Gegenwart Gottes ist unbestimmt und verschwommen, und je näher wir bei Gott sind, desto verschwommener kommt Er uns vor. Es ist, als ob sich ein feiner, durchsichtiger Film zwischen Wahrnehmung und Wirklichkeit schöbe. Und wir dürfen diese Verschwommenheit nicht zerstören, diesen Schleier nicht zerreißen. Wir sind so nahe bei Gott, daß wir Ihn nicht erkennen.

Der Grund, daß wir Menschen die Gegenwart Gottes nicht deutlicher an uns erfahren, ist der, daß wir allzusehr daran gewöhnt sind, alle Wahrnehmungen von außen her zu erwarten, und dabei kommen sie doch von innen. Wir sind so nach außen hin gewendet und achten nur auf die äußeren Eindrücke, daß wir die Berührungen und Stimmen in unserem Innern gar nicht mehr wahrnehmen.

Wir stellen uns vor, daß Gott, wenn Er mit uns spräche, eine stoffliche Stimme haben müsse, die von außen her, durch die Ohren in uns einginge.

Und wenn wir doch einmal diese Gegenwart Gottes irgendwie in uns spüren sollten, denken wir, diese Gegenwart wären wir selbst, und erkennen Gott nicht in uns.

Wir merken nicht, daß wir tief im Mittelpunkt unseres Seins nicht wir selbst, sondern ein Anderer sind. Unsere eigene Identität ist ein Anderer. Jeder einzelne von uns ist ontologisch eine Zweiheit. Wenn wir uns selbst finden, uns auf uns selbst konzentrieren, dann tun wir nichts anderes als uns in die Arme Gottes zu werfen.

In all unserem Tun suchen wir diese Umarmung mit Gott, aber irrigerweise, indem wir uns nach außen wenden. Wir hören die unwiderstehliche, betörende Stimme des Geliebten in unserem Innern und denken, ein Gassenjunge pfeift uns vor unserer Haustür.

Gott ist überall, sogar am Broadway, seine Stimme aber hören wir nur in der Stille.

Die Liebe aller Lieben

Für die heilige Therese von Avila ist das Leben nur wie eine in einem schlechten Wirtshaus verbrachte Nacht – und so sind für Cervantes alle menschlichen Luftschlösser nichts anderes als Spelunken. Die menschliche Seele aber ist für die heilige Therese wie eine Burg auf der kastilischen Hochebene. Und unser Innerstes, der Mittelpunkt unseres Wesens, der Ort, da Gott wohnt, ist das Prunkgemach dieser Burg. Für die meisten Menschen dagegen ist es wie eine Rumpelkammer, die sie so gut wie nie betreten.

Ganz innen in uns wohnt die Liebe. Gott ist verrückt vor Liebe, und daher ist Sein Benehmen nicht vorausschaubar. In irgendeinem Augenblick begeht der Liebhaber eine Verrücktheit, weil

er, wie alle Liebenden, Vernunftgründen nicht zugänglich ist. Er ist betrunken vor Liebe.
Unsere Seele ist das Prunkgemach, zu dem nur Gott einen Schlüssel hat. Und wenn Er nicht eintritt, bleibt es eben leer. Unsere Sinne können wir sättigen bis zum Überdruß, bis in die Seele dringt das alles gar nicht vor.
Ich habe Venedig und Capri gesehen, die mich mit ihrer Schönheit faszinierten, und doch war ich nicht befriedigt. Irgend etwas fehlte. Auf dem Grund jeder Freude fand ich Trauer und Beklemmung. Und heute sind alle meine Erinnerungen unwirklicher als Ansichtspostkarten. Alles war nichts anderes als eine leere Vision.
Alle Schönheit ist traurig. Auf dem Grund aller Dinge ist Bitterkeit und Weinen. Das ist die kosmische Trauer aller Kreatur, von der Paulus spricht. Aber die Kreatur kann sich im Menschen von dieser metaphysischen Agonie ausruhen, wenn das Herz des Menschen in Gott ausruht.
Man kann der Reisen, der Feiern und der Ausflüge auf Luxusjachten müde werden, aber man kann nicht Gottes müde werden. Die Trappistenmönche brauchen keine Ferien, weil ihr ganzes Leben Erholung ist, wie das Leben der Vögel und Eichhörnchen. Auch wenn sie arbeiten, indem sie ihre Nahrung suchen und Nester bauen, ist ihr ganzes Leben doch Erholung und unaufhörliches Spiel.
Wieviel würde ein Stahl- oder Petroleumkönig bezahlen, um sich den Frieden eines Eichhörnchens zu erkaufen? Er gäbe sein ganzes Stahl- oder Petroleumreich auf. Alle, die diesen Frieden einmal geschmeckt haben, gaben alles hin, was sie besaßen – wie die Mönche, die alle Möglichkeiten ihres Lebens geopfert haben, um sich dieses Glück zu erkaufen.
Zu diesem Frieden sind wir alle berufen. Wie viele Mädchen und Männer flirten wohl in diesem Augenblick in Bars oder Klubs herum und sind doch eigentlich von Gott zum mystischen Leben berufen. Vielleicht hat Er gerade für sie die höchsten Gaben der Kontemplation ausersehen, und sie haben keine Ahnung und werden es auch nie erfahren.
Es gibt Menschen, die sich mit einer fast mystischen Hingabe an die Freuden der Sinne klammern. Sie alle suchen Gott dort, wo Er nicht ist, und dieses Suchen und Nichtfinden führt sie zu Verzweiflung, Laster, Verbrechen, Wahnsinn oder Selbst-

mord. Sie suchen ihr Glück in so lächerlichen Dingen wie im Geld, im Alkohol oder im Vergnügen mit all der Kraft ihrer Sinne, die doch zum Schauen der Seligkeit bestimmt ist.

Dabei sind gerade die Menschen, die sich am heftigsten der Liebe, der Romantik oder dem Genuß der Sinne hingeben, auch am meisten befähigt, Gott zu lieben. Denn Ihn suchen sie ja gerade in all ihren Abenteuern, ohne Ihn je zu finden.

Wir wurden geschaffen für die Liebe von einem Gott, der die Liebe ist. Selbst das schwerste Leid und der heftigste Schmerz des Menschen haben ihren Ursprung in der Liebe.

Es gibt viele Arten unbefriedigter Liebe. Da sind die, die auf eine Liebe warten, welche nie eintrifft. Da gibt es andere, die an der Bitterkeit einer verschmähten Liebe leiden. Es gibt verbotene Liebe oder unmögliche Liebe oder verlorene Liebe. Es gibt auch die fade Traurigkeit einer befriedigten Liebe, die doch nicht ausfüllt. Und alle diese Leben könnten bis zum Rand angefüllt sein mit Liebe, alle könnten ihre fast unbegrenzten Möglichkeiten der Zärtlichkeit und Hingabe voll ausleben, wenn sie sich ihrem eigenen Inneren zuwenden würden, zur Großen, Einzigen Liebe, die in ihnen pulsiert und atmet. Man kann sich kaum vorstellen, wie alle jene Leben verändert würden, wenn sie nur einmal den Versuch machten, diese Liebe aller Liebe zu finden.

Leidenschaft, unendlich

Gott ist die Liebe. Und der Mensch ist auch die Liebe, weil er nach Seinem Bild und Gleichnis gemacht ist.

Gott ist die Liebe. Und da Er ein unendlich einfaches Wesen ist, kann Er, wenn Er die Liebe ist, nichts anderes als die Liebe sein. Wenn Er das unendlich Gute, die unendliche Weisheit, die unendliche Wahrheit, die unendliche Schönheit und die unendliche Gerechtigkeit genannt wird, will das nichts anderes heißen, als daß Er eine unendlich weise, unendlich wahre, unendlich schöne und unendlich gerechte Liebe ist, aber Er ist nichts anderes als nur Liebe.

Und auch der Mensch, nach Seinem Ebenbild geschaffen, ist nichts als Liebe. Im gleichen Augenblick, in dem der Mensch zu

einem vernunftbegabten Leben erwacht, merkt er, daß sein ganzes Leben nichts als Wunsch, Leidenschaft, Hunger und Durst nach Liebe ist.
Die unverfälschte Substanz unseres Wesens ist Liebe. Wir sind ontologisch Liebe. Und auch Gott ist wie ein einziger Liebesschrei, eine unendliche Leidenschaft und ein unendlicher Durst nach Liebe. Unsere einzige Daseinsberechtigung ist diese Liebe.
Gottes und unsere Liebe ist gleich. Sie bedrängt uns wie ein Durst, den wir nie stillen können, so viel wir auch trinken, weil es uns nach immer mehr und mehr verlangt.
Sogar fern von Gott bewahren wir in unserem Wesen und in allen unseren Bewegungen eine Erinnerung an Ihn, von dem wir ausgegangen sind. Wir sind wie diese Fische, die im Aquarium noch immer eine Erinnerung ans Meer bewahren und sich jeden Tag im gleichen Rhythmus mit Ebbe und Flut bewegen, auch wenn sie meilenweit vom Meer entfernt sind.
Gottes Herz findet keine Ruhe, bis die ganze Schöpfung, wie der verlorene Sohn, in Seinen Schoß zurückgekehrt ist. Wir sind der Gegenstand einer unendlichen Sehnsucht des Vaters, und der Heilige Geist ist der Seufzer dieser Sehnsucht.
Aus Liebe zu uns und aus Liebe zu Gott wurde das Wort Fleisch, um in uns den Vater zu lieben, damit Gott Gott lieben möge in Millionen von Seelen und Millionen von Leben.
Der Mensch ist eine Erfindung der Liebe und wurde geschaffen zum Lieben. Wir sollen unseren Nächsten mehr lieben als uns selbst, weil die egoistische Liebe den Liebesstrom unterbricht. Wenn wir uns aber ganz der Liebe hingeben, einfach zulassen, daß der Strom durch uns hindurch geht, werden wir zu Sendern der Liebe.
Alle geschaffenen Wesen stehen allein dadurch, daß sie leben, mit dem Leben Gottes in Verbindung; jedoch ist diese Verbindung bei der unvernünftigen Kreatur unvollkommen und begrenzt. Der Mensch ist das einzige Wesen im ganzen Universum, das lieben kann. Jeder Mensch wird mit einem unerschöpflichen Vorrat an Liebe geboren. Der Mensch ist keine »Leidenschaft ohne Sinn« wie Sartre sagt, sondern eine Leidenschaft, deren Sinn Gott ist.

Ego

Gott liebt uns nicht im Kollektiv, sondern als Einzelwesen. Die bloße Tatsache unserer Existenz ist ein Zeichen Seiner unendlichen und ewigen Liebe. Vor aller Ewigkeit wählte Er uns aus einer unendlichen Anzahl von möglichen Wesen aus, die Er alle unseretwegen beiseite ließ und zum Nichtsein verdammte. Aus allen diesen Eventualitäten wählte Er ausgerechnet uns. Gerade wir zogen dieses Los, nicht aus tausend oder Millionen Möglichkeiten, sondern aus einer unendlichen Anzahl von möglichen Wesen, die Er geschaffen haben könnte, die Er aber unseretwegen nicht schuf. Wir sind eine Auslese aus einer Unzahl von Wesen, und allein die Tatsache, daß wir sind, ist der größte Beweis der Vorliebe Gottes für uns.

Jeder einzelne von uns ist unersetzbar wie ein seltenes Exemplar einer Sammlung. Gott ist ein Künstler, der sich weder wiederholt noch plagiiert. Kein Blättchen gleicht dem anderen, kein Fingerabdruck und auch keine Seele. Und die Seele, die verlorengeht, wird Gott in aller Ewigkeit nicht noch einmal erschaffen, und ihr Verlust wird Ihn ewig schmerzen. Gott liebt uns mehr, als wir uns selbst lieben. Er liebt uns, seit Er Gott ist, und auf dieselbe Weise, wie Er sich selbst liebt.

Welch zerreißenden Schmerz wird Er fühlen, wenn Er sich auf ewig von uns trennen muß.

Gott ist die Liebe. Und Er ist eine verschmähte Liebe. Das ist die große Tragik Gottes. Wir sehen Ihn oft als einen Tyrannen, der immer mehr und mehr von uns fordert, aber Er ist nichts als bittende Liebe. Der Schöpfer der ganzen Welt bettelt um deine Liebe.

Gott liebt dich so, als ob es im ganzen Kosmos nur zwei Wesen gäbe: Gott und dich. Gott braucht den Menschen nicht, um glücklich zu sein, und doch liebt Er ihn so, als ob Er ohne ihn ewig unglücklich wäre. Obwohl Er die ganze Ewigkeit hindurch ohne uns ausgekommen ist, demütigt Er sich wie ein Sklave aus Liebe zu uns, als ob Er nicht einen Augenblick ohne uns auskommen könnte. »Gott liebt die Seele so sehr«, sagt die heilige Catalina von Genua, »als ob die Seele Gott wäre und Gott ihr Sklave.«

Manchmal scheint es, als ob Gott das ganze Universum vergessen hätte und nur daran interessiert ist, sich mit uns zu unterhalten. Wie der Liebende, der nur in Gedanken an die ferne Geliebte lebt, so hast Du mich geträumt, ehe ich noch geboren war, die ganze Ewigkeit hindurch.

Und auch wir sind eine große Sehnsucht nach Gott, eine unendliche Sehnsucht, die jeder mit sich bringt, wenn er geboren wird. Leben bedeutet für uns verbannt sein von Gott. Jede einzelne unserer Zellen ist Liebe, geschaffen für die Liebe wie das Weihrauchkörnchen fürs Feuer. Unser ganzes Sein ist der Brennstoff für dieses Feuer.

Das Einzige, das uns von Gott trennt, ist unser Ego, unsere Liebe zu uns selbst. Darum kann sich die Vereinigung mit Gott nur dann vollziehen, wenn das Ego gestorben ist. Entweder Gott oder ich. Im gleichen Augenblick, in dem das Ego aus unserem Innern verschwindet, nimmt Gott Wohnung in uns.

Es genügt, daß wir noch einmal das Fiat Marias aussprechen, und die Menschwerdung Gottes vollzieht sich noch einmal in uns. Eine Transsubstantiation findet in uns statt wie die Verwandlung von Brot und Wein, und unser Fleisch und Blut verwandelt sich in Christus, in das Fleisch und Blut Christi. Wir werden zur Eucharistie, zu einem Sühneopfer der Liebe.
Die mystische Vereinigung ist für St. Bernardo wie ein gegenseitiges Aufessen, ein gegenseitiges Verschlucken Gottes und der Seele. Die Liebe zielt immer darauf, aus zwei Dingen ein einziges Ding zu machen. Hier auf Erden werden zwei Wesen nie ein einziges. Nur Gott bringt es fertig, eins zu werden mit der Seele, ohne das beide jedoch aufhören, eine Zweiheit darzustellen.

Mittelpunkt

Gott ist die Liebe. Und gibt es ein größeres Glück als lieben und geliebt werden? Gott ist Glück, weil Er Liebe ist. Aber Er ist das unendliche Glück der unendlichen Liebe. Alles Leben ist hervorgekeimt aus dieser Liebe. Alle Dinge sind durch die Liebe geschaffen und sind daher Liebe.

Gott würde nicht ein einziges Ding geschaffen haben, wenn Er es *haßte,* wie es im Buch der Weisheit heißt (11, 24–25), und die bloße Tatsache, daß Er ein Ding bewahrt, ist der Beweis, daß Er es liebt. So ist die Existenz aller Dinge ein Beweis für Seine Liebe, ist ein Liebeskuß Gottes.

Picasso hatte recht, als er sagte, wir wüßten nicht, was ein Baum oder ein Fenster ist. Alle Dinge sind seltsam und geheimnisvoll (picassianisch), und wenn wir ihre Seltsamkeit und ihr Geheimnis vergessen, liegt das nur daran, daß wir uns so an sie gewöhnt haben. Wir verstehen die Dinge nur dunkel. Aber was sind die Dinge? Alle Dinge sind die Liebe Gottes, in Dinge verwandelt.

Gott spricht zu uns durch alle Dinge. Auch die Dinge sind eine Botschaft Seiner Liebe. Ich lese ein Buch, und Gott spricht zu mir durch dieses Buch. Ich betrachte eine Landschaft, und Gott hat diese Landschaft mir zur Freude erschaffen. Das Bild, das ich anschaue, wurde dem Maler durch Ihn inspiriert. Alles, was mich erfreut, wurde mit liebevoll von Gott geschenkt, damit ich es genösse. Und auch der Schmerz wurde uns liebevoll von Gott geschenkt.

Die Liebe Gottes hat die Welt erschaffen und erschafft sie noch in jedem Augenblick, im Prozeß ihrer Evolution. Weil der Gott der Schöpfung auch der Gott der Evolution ist, ist auch die Evolution das Werk Seiner Liebe. Mit Seinem »Wachset und mehret Euch« diktierte Er das Gesetz der Evolution.

Die Welt ist nicht wie ein Gemälde, das vor Jahrhunderten gemalt wurde und nun unantastbar in einem Museum hängt, sondern vielmehr wie ein Bild in der Werkstatt des Künstlers, das sich noch im Stadium des Geschaffenwerdens befindet.

Gott ist nicht aus Marmor, sagte Paulus den Athenern im Areopag von Athen angesichts ihrer Marmorstatuen. Er ist auch keine Skulptur, sondern ein lebendiger Gott, in dem »wir uns bewegen, in dem wir leben und in dem wir sind«. Aus Ihm stammt der Marmor im Areopag und die Hand, die diesen Marmor formte, und die Inspiration, die diese Hand führte.

Jeder von uns fühlt sich als Mittelpunkt der Welt, und darum leben wir in einer falschen Welt, so wie das Weltbild der Astronomen vor Kopernikus falsch war. Wir interessieren uns nur insofern für die Dinge, als sie für unsere kleinen Interessen nützlich sind. Wir können aber nur glücklich sein, wenn Gott der Mittelpunkt unserer Welt ist. Dann erfreuen wir uns an allem, was lebt, und daß die Dinge so sind wie sie sind, und daß alles geschieht, wie es geschieht, weil Gott es so will, ganz gleich, ob es nun in unsere kleinen Pläne paßt oder nicht.

Gott ist die Liebe, aber unsere Eigenliebe ist eine Anti-Liebe, weil Liebe Hingabe der eigenen Person an einen anderen Menschen ist. Die Eigenliebe ist eine Nicht-Hingabe der eigenen Person. Die Eigenliebe ist eine umgekehrte Liebe, ist zu sich selbst gekehrte Liebe und darum Haß.
Den Nächsten lieben wie sich selbst, das erscheint uns jetzt schwer und sogar unverständlich. Aber gerade das wäre eigentlich der natürliche Zustand des Menschen im Paradies, weil es *wirklich* der natürliche Zustand des Menschen ist. Der Mensch wurde als organisches Ganzes geschaffen, das sich jedoch aus vielen Einzelheiten zusammensetzt. »So schuf Gott den Menschen nach Seinem Bilde« (Genesis 1, 27). Alle Menschen zusammen sind wie ein einziger Körper, zusammengesetzt aus unzähligen Einzelstücken, und der persönliche Egoismus ist so widernatürlich, wie der Egoismus einer Zelle unseres Organismus widernatürlich wäre, die, sich nur auf sich selbst konzentrierend, ihre eigenen Interessen der organischen Funktion des Ganzen vorzöge und den übrigen Zellen den Krieg erklärte: das ist nämlich der Krebs. Und die Eigenliebe ist gleichfalls der Krebs des Mystischen Körpers, des Kosmischen Körpers. Oder wie Paulus sagt: »Das Auge kann nicht zur Hand sagen ›ich brauche dich nicht‹ noch der Kopf zu den Füßen ›ich bedarf Eurer nicht‹« (1. Korinther 12, 21).

Die Natur

Die ganze Natur ist *Caritas,* aber nur der Mystiker erlebt diese Art von Liebe mit seiner eigenen Erfahrung. Die Liebe Gottes umgibt uns von allen Seiten. Seine Liebe ist das Wasser, das wir trinken, die Luft, die wir atmen und das Licht, das wir schauen. Alle natürlichen Phänomene sind nichts anderes als verschiedene materielle Formen der Liebe Gottes. Wir bewegen uns in Seiner Liebe wie der Fisch im Wasser. Und wir sind so nahe bei Ihm, so durchtränkt von Seiner Liebe und Seinen Gaben (wir selbst sind eine Gabe Gottes), daß wir es gar nicht merken, weil uns die Perspektive fehlt. Seine Liebe hüllt uns von allen Seiten ein, darum spüren wir sie nicht, wie wir auch den Druck der Atmosphäre nicht spüren.

Die Natur ist die fühlbare, die materialisierte Liebe Gottes. Seine Vorsehung ist sichtbar in allem, was wir anschauen. Aber die Menschen hasten durch die Straßen, voller Sorgen und ohne einen Augenblick innezuhalten und an Ihn zu denken, an Ihn, der sie von allen Seiten einhüllt, der die Haare auf ihrem Haupte gezählt hat und alle ihre Zellen.
Warum sorgen wir uns dann eigentlich?
Warum gehen die Menschen mit ernsten Gesichtern durch die Städte, als ob sich jeder für sich alleine bewegte, in einer fremden und feindlichen Welt, in der jeder auf sich selbst gestellt ist? Warum sorgen wir uns, was wir essen und trinken, womit wir uns kleiden und welche Markenartikel wir kaufen sollen?
Gott wacht mit Seiner Vorsehung seit 4 Milliarden Jahren über die Erde und hat seit 100 Millionen Jahren für die Vögel und die Insekten gesorgt, du aber fühlst dich hilflos und allein in der Welt, als ob keiner für dich sorgte. Du vergißt, daß da Einer ist, der sich in diesem und jedem Augenblick um dein Gewebe sorgt, der den Lauf deines Blutes reguliert und die Funktion deiner Drüsen überwacht. Und dann denkst du, daß irgendein kleines Problem deines täglichen Lebens nur von dir allein gelöst werden könnte.

Sucht

Alle Menschen werden mit einem verwundeten Herzen und einem unstillbaren Durst geboren. »Wie dürres Land lechzt meine Seele Dir entgegen« (Psalm 142). Der Vorgang des Essens und Trinkens wurde vom Schöpfer als materielles Symbol dieses Hungers und Durstes nach Gott eingesetzt.
Dieser Durst nach Gott spiegelt sich als innere Unruhe auf den Gesichtern aller Menschen, welche die Straßen, die Läden, die Kinos und Bars bevölkern. Alle Welt trägt einen Wunsch mit sich, viele Wünsche, eine Unendlichkeit von Wünschen: noch ein Gläschen, noch ein Stück Kuchen, noch ein Blick, noch ein Wort, noch ein Kuß, noch ein Buch, noch eine Reise. Mehr und immer mehr. Alle Gesichter verwundet von Unruhe und

Wünschen. Aber wir, die wir aus der Sklaverei dieser Wünsche entronnen sind, fühlen uns wie aus den Konzentrationslagern der Nazis oder von der Zwangsarbeit in Sibirien befreit.
Der Mensch denkt immer, mit ein wenig mehr hätte er schon genug, aber immer wünscht er dann doch noch mehr und mehr. Er denkt, mit einem Häuschen, einem Wagen, einer netten Frau und gutgeratenen Kindern wäre er zufrieden, aber dann geht er doch immer wieder mit der gleichen Unruhe aus dem Haus. Er sucht immer neue Dinge mit immer gleicher Sucht. Mit immer gleicher Gier kauft er seine Zeitung, die er dann fortwirft, und immer wird er gleich unbefriedigt bleiben. Es ist wie eine Krankheit, die ihn zwingt, immer mehr und mehr zu essen, ohne daß er jemals satt würde.
Platon hat einmal gesagt, der Mensch sei wie ein zerbrochenes Gefäß, das sich nie füllen läßt. Die Sinne mögen sich an Genüssen überessen, die Seele bleibt doch immer unbefriedigt. Die irdischen Freuden bleiben an der Peripherie des Körperlichen und dringen nicht bis zur Seele vor. Sie verschlimmern höchstens ihren Durst, weil sie fühlt, daß der Kelch der Freude nicht einmal bis an ihre Lippen gelangt ist.
Es ist, als ob wir uns mit einer Nahrung sattessen wollten, die nichts hergibt oder uns mit einem Wein betrinken, der nicht trunken macht. Die Nahrung füllt uns zwar, aber unser innerster Hunger wird nicht gestillt, sondern eher angefacht. Wir können überdrüssig werden, aber niemals satt.
Und so, wie wir uns von der Tiefe eines Brunnens überzeugen, wenn wir einen Stein hineinwerfen und seinen Aufprall nicht mehr hören, so können wir uns von der Tiefe unserer Seele überzeugen, wenn die Dinge in sie hineinfallen und einfach verschwinden, ohne daß ein Echo nachklingt, ohne daß wir sie fallen hören.
Weil Gott auf dem Grund jeder Seele wohnt, ist die Seele unendlich und kann mit nichts gefüllt werden als mit Gott.
In den Klöstern sieht man Männer, die zufrieden und erfüllt ihres Weges gehen, lächelnd und ohne eine Sorgenfalte auf ihrer Stirn. Ignatius von Loyola sagte einmal, auch wenn ihm befohlen würde, die Kompanie Jesu aufzulösen, würde er in 15 Minuten seinen inneren Frieden wiedererlangt haben.
Die Menschen sind mit den Dingen dieser Erde nie zufrieden, weil sie nicht für sie geschaffen wurden. Die Tiere befriedigen

ihre Bedürfnisse und brauchen nicht mehr. Sie spüren keinen Durst nach Unendlichkeit in sich, und diese Erde ist ihr Himmel. Darum sind die Tiere nie von ihrem Leben enttäuscht und begehen nie Selbstmord, weil sie für diese Schöpfung erschaffen wurden. (Und alle Tiere sind auch Heilige, mit ihrer tierhaften Heiligkeit, sie sind keusch und arm und gehorsam wie die Mönche, und sie sind demütig.)
Unser Sein aber ist entworfen worden, um Gott zu lieben, um Ihn zu besitzen und Ihn zu genießen, wie die Makrele entworfen wurde zum Schwimmen und die Möwe zum Fliegen.
Der Mensch ist nicht zum Genießen dieser Erde, sondern zum Genießen Gottes erschaffen. Und darum sind wir nur mit Gott glücklich.
Obwohl wir Gott nie gesehen haben, sind wir wie Zugvögel, die an einem fremden Ort geboren, doch eine geheimnisvolle Unruhe empfinden, wenn der Winter naht, einen Ruf des Blutes, eine Sehnsucht nach der frühlingshaften Heimat, die sie nie gesehen haben und zu der sie aufbrechen, ohne zu wissen, wohin.
Sie haben den Ruf des Gelobten Landes vernommen, die Stimme des Geliebten, der ruft: »Auf, meine Freundin! Du meine Schöne, komm! Vorüber ist die Winterzeit, der Regen ist vorbei« (Hohes Lied 2, 10).

Gott, Nichts

Die menschliche Seele ist schon verliebt, wenn sie geboren wird, in einen Geliebten, den sie nie gesehen hat. Es liegt aber ein Widerschein dieses Geliebten auf allen Dingen, und so möchten wir von Geburt an alle Dinge umarmen. Das Kind streckt seine Ärmchen nach allem aus, was es sieht, und alles, was es anfaßt, steckt es in den Mund; es will alles berühren und verschlucken. Wenn es ein wenig größer geworden ist, umklammert es seine Spielsachen, und der erwachsene Mann klammert sich weiterhin und erst recht an alle Dinge. Aber er wird nie befriedigt, weil das, was er umarmt, nicht Gott ist, es sei denn, er ließe eines Tages alle Dinge fahren und klammere sich nur noch an Gott. Gott aber findet man nur im *Nichts.* Dort wo die Dinge nicht mehr existieren, da ist Gott.

Die Dinge lassen sich nicht besitzen und lassen uns darum ewig unbefriedigt. »O Welt, daß ich dich nicht ganz umfassen kann!«, ruft Edna Saint Vincent Millay, die Dichterin, die so sehr die Umarmung besang. Das ist die große Unruhe des menschlichen Herzens, die Welt besitzen zu wollen und sie nicht besitzen zu können (wie Alexander, der weinte, weil er die Sterne nicht erobern konnte). In der Liebe versuchen wir auch den menschlichen Körper zu besitzen, und auch er läßt sich nie ganz erobern. Nur Gott kann man vollständig besitzen. Nur Gott läßt sich umarmen, weil die Arme der menschlichen Seele zum Umfassen des Unendlichen und zu nichts sonst erschaffen sind.

Gott gibt das Glück der Lust und die Trunkenheit des Weins, ohne daß Lust oder Wein dazu nötig wären. In Ihm ist die Essenz der Trunkenheit. Er ist alle Lust und alle Freuden und alles Ergötzen in unendlichem Maße und nicht wie die Schatten der Lust und der Freude und der Liebe, denen wir nachgejagt sind.

In Ihm ist die Schönheit aller Frauen, der Geschmack aller Früchte, die Trunkenheit aller Weine und die Bitterkeit und Süße aller irdischen Liebe vereint, und wer nur einen Tropfen von Gott kostet, der bleibt verzückt für immer.

Ein Mensch, der diese Seligkeit geschmeckt hat, kann nicht mehr dasselbe Leben weiterführen wie vorher, er kann nicht mehr jeden Tag brav in sein Büro gehen und allen menschlichen Konventionen folgen. Er ist ein Mensch, der plötzlich närrisch geworden ist, und der anfängt, Torheiten zu begehen: vielleicht läuft er in Lumpen auf die Straße oder mit einer Büßermütze, damit die Leute über ihn lachen. Vielleicht fängt er an, auf den Straßen zu predigen, schließt sich für den Rest seines Lebens in einer Zelle ein oder geht die Leprakranken küssen. Das ist, was die Leute eine »Konversion« nennen.

Gott, Dich zu lieben ist jetzt der einzige Grund meines Daseins, mein einziger Beruf und mein einziges Handwerk. Dir habe ich mich hingegeben mit der gleichen Leidenschaft, mit der ich mich früher der Schönheit der Mädchen hingab. Dir habe ich mich ergeben wie ich mich früher ihnen ergab, völlig habe ich mich Dir geschenkt wie ich mich früher ihnen schenkte. Und ich weiß, daß Du mich lieben und meinen Liebesdurst stillen wirst, wie sie mich nie geliebt und meinen Durst nie gestillt haben. Ich weiß, daß ich jedes Antlitz, das ich je geliebt habe, in Dir wiederfinden werde. Ich liebe Dich mit der Liebe, die ich früher für die ganze Schöpfung Deiner Hände empfand. Nichts ist mir geblieben als ein Durst wie das trockene Brennen einer Sahara, ein Hunger nach Liebe, der fast kosmisch ist, eine unstillbare Sehnsucht, ein leeres Herz. Alle meine Leidenschaften sind gestorben, zurück bleibt nur die Liebe zu Dir, zu Dir, den ich jetzt mit allen Lieben liebe. Erbarme Dich meines leeren Herzens.

Der unendliche Spiegel

Gott ist die Liebe. Aber die Liebe ist immer hin zu etwas oder zu jemand. Gott ist die Liebe. Zu wem? Liebe zu Gott natürlich. Gott ist die Liebe, die sich liebt, ein Spiegel, der sich in einem anderen Spiegel widerspiegelt, eine unendliche Anzahl von Spiegeln oder ein unendlicher Spiegel.
Auch den Nächsten lieben, heißt an Gott teilhaben. Das, was wir im anderen lieben, ist das Göttliche in ihm, und es ist das Göttliche in uns, das uns ihn lieben heißt. Und das, was die anderen in uns lieben, ist das, was wir von Gott haben. So ist alle gegenseitige Liebe ein Stück Gott.
Alle, die sich lieben, geben sich eine Gabe, welche die innerste Wirklichkeit Gottes ist. Wäre Gott nur eine Einheit, so wäre

Er vollkommen allein, ohne Generation, und daher ein Gott ohne Liebe, ein unfruchtbarer Gott. Er ist aber die Einheit in der Teilung. Alle Teilung und alle Vielzahl in der Schöpfung kommt aus Ihm. Und alle Individualität und alle Einheit in den Dingen kommt auch aus Ihm. Die menschliche Liebe und Vereinigung ist ein Gleichnis der Einheit Gottes. Und unser aller Vereinigung mit Christus ist ein Teilhaben an der Einheit der Dreifaltigkeit.

Der Heilige Geist ist die Liebe beider göttlichen Personen, ist Eingebung, Hauch und Kuß. Das Wort ist die Sprache Gottes, der Heilige Geist aber ist Schluchzen und Seufzen, ein Wiegenlied der Liebe. Der Sohn ist Darstellung und Ausdruck des Vaters, Dialog Gottes, der Heilige Geist dagegen ist der Seufzer zwischen zwei Liebenden.

Dies ist das Dogma der Liebe, das Dogma der Heiligen Dreifaltigkeit, daß Gott nicht eins ist, sondern Union, Kommunion und Kommunismus.

Ignatius von Loyola war jedesmal zu Tränen gerührt, wenn er in den Straßen Roms irgend etwas sah, das eine Dreiheit war: drei Tauben, drei Männer, drei Sterne am Himmel, drei spielende Kinder, weil alles Dreifache ihn an dieses Liebes-Mysterium der Dreifaltigkeit erinnerte. Auch jede menschliche Familie – Vater, Mutter und Kind – ist ein Ebenbild der Dreifaltigkeit. Und in der Natur ist ebenfalls alles Dreieinigkeit, denn alles was lebt, vereinigt sich mit einem zweiten, um ein neues drittes hervorzubringen.

Gott ist drei und eins, aber Seine Zahl entspricht nicht unserem Zahlensystem, sondern ist unendlich eins und unendlich drei, und in Ihm haben alle Zahlen und alle Einheiten Raum.

Gott steht über allen Zahlen, und Sein Name (das Wort) steht über allen Namen. Alle anderen Worte und alle anderen Namen sind Zeichen und Symbole der Dinge, die sie benennen. Das Unendliche Wort aber ist das Zeichen und Symbol des Unendlichen. Es ist der unendliche Name einer unendlichen Realität, und der Name ist die gleiche Realität. Wenn Gott von sich selbst spricht sagt Er: »der, der da ist«, das soll heißen, der, dessen Existenz in Seinem Namen eingeschlossen ist. Oder der, der keinen Namen hat, sondern *ist*. Oder der, dessen Name Wirklichkeit ist.

Das ist der Name, den der Vater dem Sohne gab: »ein Name über allen Namen«, wie Paulus schreibt, ein Name, der über all unsere Wortbedeutungslehre und Sprachwissenschaft hinausgeht.

»Dieser Name ist glorreich und furchtbar: Herr, Du mein Gott« (Deuteronomium 28, 58).

Licht, Dunkelheit

Der Atheist, der die Existenz Gottes leugnet, bestätigt in einem Punkt eine Wahrheit Gottes: die Nicht-Existenz Gottes in dem Sinne, wie alle anderen Dinge existieren – was die Theologen die »Transzendenz« Gottes nennen. Auch Dionysus Areopagita, Meister Eckehart, Seuse und andere Mystiker nennen Gott das Nichts, das große Nichts. Gott ist keinerlei Ding wie alle anderen Dinge, sondern das Nichts im Vergleich zu allem anderen. Er ist das Nicht-Sein. Wenn wir das, was die Dinge sind, Existenz nennen, dann existiert Gott nicht. Und wenn wir das, was Gott ist, Existenz nennen, dann existiert kein anderes Ding. Er ist so völlig anders von allem Seienden, daß es ist, als ob Er nicht existiere. Oder man kann auch sagen: wenn Gott ist, dann ist alles andere nichts vor Ihm. So existiert also Gott in einem Sinne überhaupt nicht, und in einem anderen Sinne existiert nichts außer Ihm.

In einer Art haben die Atheisten also recht, wenn sie Gott verneinen, weil sie sich unter Gott einen anthropomorphen Gott vorstellen – einen unwirklichen Gott, der nichts anderes als ein Kindermärchen ist. Wenn sie aber fühlen, daß es irgendetwas Vages, Unverständliches, Geheimnisvolles gibt, von dem sie selbst nicht wissen, was es ist, noch wie es heißt, das Gott zu nennen sie sich aber weigern und dem sie keine göttlichen Eigenschaften zuschreiben, dann bestätigen sie dunkel doch auch die Existenz Gottes, eines Wesens, das unverstehbar und unvorstellbar ist, und das niemand schauen kann, ohne zu sterben. Der Gott der Atheisten ist auch der unbekannte Gott im Areopag von Athen, von dem Paulus zu den Athenern sagte, er sei der wahre Gott, und sie hätten ihn angebetet, ohne es zu wissen.

Gott ist nicht nur Licht, sondern auch Dunkelheit. Die Vorstellung des Nichts, welche die Atheisten von Gott haben, ist auch der Begriff der Mystiker von Ihm, aber für diese ist *ER* ein experimenteller Begriff, sie haben dieses Nichts am eigenen Leibe erfahren, sie haben diesen Abgrund der Süße und Liebe ohne Ende gespürt und haben seinen Kuß und seine Berührung erfahren.

Gott ist Licht und Finsternis zugleich, oder besser gesagt, weder Licht noch Finsternis, sondern der, der bei der Erschaffung der Welt für uns das Licht von der Finsternis schied und uns zu »Kindern des Lichtes« machte. Wir können keine Erkenntnis des Guten und Bösen haben, sondern nur des Guten, weil wir für das Gute geschaffen wurden, weil wir im Lichte erschaffen wurden mit allem, was da lebt. Die Erkenntnis von Gut und Böse, von Licht und Finsternis ist nur Gott vorbehalten. Die mystische Erfahrung ist eine Erfahrung dieser Finsternis Gottes oder dieser Wirklichkeit Gottes, in der es keinen Unterschied zwischen Licht und Dunkel gibt, und aus der Tag und Nacht gleichermaßen herausgeschaffen sind.

Gott ist auch der Schöpfer der Nacht, und darum ist Er auch Nacht. Nacht der Liebe und des Unerforschlichen. Und wir, die wir von dort ausgegangen sind, bewahren immer eine Sehnsucht nach dieser Nacht.

Gott ist unendlich schön, aber man könnte sagen, es gibt auch eine »Häßlichkeit« Gottes. Gott ist nicht nur Schönheit, weil Er jenseits aller unserer Schönheitsbegriffe steht. »Wenn man etwas Neues schaffen will, muß man es immer häßlich machen«, sagt Picasso. Und Gott ist unendliche Neuheit. »Wir kennen die unsichtbare Vollkommenheit Gottes durch die sichtbare Welt«, sagt Paulus. Die faszinierende Häßlichkeit gewisser Reptile und Insekten, der Ungeheuer des Meeres und des Mikrokosmos (und der modernen Malerei) können uns zum Meditieren anregen über die schreckliche und ewig neue und revolutionäre Schönheit Gottes.

Gott ist nicht nur unendlich groß, sondern, wie Dionysus von Areopagita sagt: »Gott ist auch klein.« Er ist unendlich klein. Wenn wir durch ein Teleskop in die Welt des Makrokosmos blicken, schauen wir ein Bild der unendlichen Größe Gottes. Genauso können wir mit einem Blick durchs Mikroskop in die Welt des Mikrokosmos die unendliche Kleinheit Gottes entdecken.

Und wenn Sternenhimmel und Meer von der Majestät Gottes künden, so erzählen uns die Augen der Insekten oder der Verdauungsapparat der Ameisen von der Demut Gottes. Denn wenn wir sagen »Gott ist größer als das ganze Universum«, so können wir auch behaupten »Gott ist kleiner als ein Elektron«.

Aber »alles, was du von Ihm sprichst, ist falsch«, sagt Meister Eckehart.

Schauen

Es gibt Augenblicke, da fühlen wir Seine Augen auf uns, Augen, die uns mit einer unendlichen Intensität anschauen, fest auf uns gerichtet durch alle Ewigkeit hindurch. Und manchmal fühlen wir, daß unsere Seele Ihn anblickt, die Augen unermeßlich weit geöffnet, ganz dem Schauen hingegeben, die ganze Seele verwandelt in Blick. Ein anderes Mal fühlt sich die kleine Seele umarmt vom Geliebten, oder sie selbst verwandelt sich ganz in Umarmung mit Ihm und fühlt unverwechselbar die Berührung mit Ihm. Oft ist es nichts als eine zarteste Liebkosung, die Seele und Haut gleichermaßen einhüllt mit einem Schauer, der über Haut und Seele geht, denn »wenn die Seele nicht Körper ist, was ist sie dann«?

Und die Seele wird ganz Seufzer, liebend und liebend mit jedem Ausatmen und Einatmen, mit allen Zellen und allen Drüsen und allen Organen, eine unaufhörliche Flamme der Liebe.
Die Seele ist weiblich, und in Seiner Gegenwart wird sie manchmal ein wenig kokett, weil sie sich geliebt weiß, und weil sie sich ihrer Macht über den Geliebten bewußt ist. Und manchmal benimmt sie sich ein wenig tyrannisch im Bewußtsein ihres Sieges und Seiner Ergebung, aber gleichzeitig auch im Bewußtsein ihrer völligen Hingabe.
Heute habe ich Dich lange angeschaut, mit nassen und traurigen Augen, mit hungrigen Augen, wie nur die Seele schauen kann. Du Brunnen aller Schönheit und Schöpfer aller Herrlichkeit der Welt, die nichts ist als der Widerschein Deiner Schönheit. Und alle Lieben dieser Welt sind nichts anderes als der Widerschein Deiner Liebe, die Liebe zweier Vögelchen, die Lieben aller Menschen und aller Tiere.
Wir sind allein in der Kapelle, während draußen die Wagen der Welt vorbeifahren. In diesem Augenblick habe ich nichts und niemand. Ich bin losgelöst von allem und allein auf der Welt. Und trotzdem besitze ich alles, ich bin glücklich und brauche nichts; nichts wünsche ich. Denn was die anderen in der Liebe suchen, in der Familie, bei Freunden, auf Festen, das habe ich hier. Was der Dichter in der Poesie sucht und der Maler in der Kunst, das bist Du für mich. Was der Diktator in der Macht sucht, der Reiche im Geld und der Trinker im Wein und was auch ich früher vergeblich suchte: alles habe ich jetzt hier. Mein ganzes Leben ist hier, meine ganze Welt und all meine Liebe. Mir gehört aller Reichtum, mir, der ich nichts mein eigen nenne. Ich habe alle Freude, allen Frieden, alle Schönheit und alle Liebe. Ich bin ganz gefüllt mit diesem allen, ich wünsche nichts mehr. Ich habe Dich und habe alles, denn Du bist der Herr aller Dinge: aller Sterne und aller Länder und aller Wesen dieser Erde.
Alle Dinge des Weltalls, alle Poesie, alle Freundschaft, alle Tage und Nächte sind zu Deinem Lob bestimmt.
Ich lebe, um Dich zu lieben mit aller Kraft meines Gemüts, mit meiner Intelligenz und meiner Vorstellungskraft, mit aller Zartheit, deren ich fähig bin, mit aller Empfindsamkeit und allem poetischen Gefühl, das in mir ist. Und auch mit all

meinen Leidenschaften und Wünschen und all meiner Heftigkeit und dem ungestillten Wunsch nach Besitz, der früher meiner Liebe zu aller Kreatur innewohnte. Zur Kreatur, die ein Tyrann für mich war: »Die Söhne meiner Mutter zürnten mir und machten mich zur Hüterin von anderen Weinbergen. So konnte ich meinen eigenen Weinberg nicht behüten« (Hohes Lied 1, 6).

Der unendliche Augenblick

Es gibt Situationen, da fühlt die Seele Seine Gegenwart plötzlich auf eine Weise, die einen Irrtum unmöglich macht, und mit Zittern und Angst ruft sie: »Du bist der, der Himmel und Erde gemacht hat!« Und sie will sich verstecken, will davonlaufen vor dieser Gegenwart und kann es doch nicht, weil sie wie zwischen Wand und Schwert steht, zwischen Ihm und Ihm. Sie kann sich nicht verbergen, weil diese Gegenwart Himmel und Erde überschwemmt und weil sie auch die Seele vollkommen einhüllt. Und die Seele, die ihr ganzes Leben lang dem Glück nachgelaufen ist, ohne es je ganz zu finden, die in jedem Augenblick die Schönheit und die Lust und die Freude gesucht hat und von allem immer mehr und mehr wollte, sie ruft jetzt in Todesangst, ausgelöscht in einem Ozean unerträglichen Glücks: »Es ist genug! Laß mich nicht länger diese Seligkeit spüren, wenn Du mich liebst, sonst sterbe ich.« Sie spürt eine solche Süße in sich eindringen, daß diese Süße Schmerz wird, unendlicher Schmerz, eine unendliche Bitterkeit und eine unendliche Süße. Das Ganze dauert vielleicht eine einzige Sekunde, und vielleicht wiederholt es sich im ganzen Leben nicht noch einmal. Die Seele, die aber einmal diese Sekunde erfahren hat, fühlt alle Schönheit und alle Freude und alles Glück dahinschwinden, sie sind »nichts als Dung«, wie die Heiligen sagen (Skybala – »Scheiße« – sagt Paulus), nichts erfreut sie mehr als diese Seligkeit. Von nun an wird ihr ganzes Leben ein Leben des Leidens und der Sehnsucht, weil sie wahnsinnig geworden ist, wahnsinnig vor Liebe und Verlangen nach dem, was sie einmal geschmeckt hat. Und sie würde alle Schmerzen und alle Folter erleiden, nur um ein zweitel Mal noch eine Sekunde, noch einen Tropfen von dieser Gegenwart zu kosten. Freundschaft, Liebe, Wein, Reisen und Feste, alles ist für immer dahingeschwunden, nie mehr wird die Seele eine größere Freude verspüren als die, die sie einmal an sich erfahren durfte.

Der innerste Raum

Alle Menschen nennen eine innere Kammer ihr eigen. Im Innern jedes menschlichen Wesens gibt es einen Raum, einen ganz persönlichen Bereich, zu dem nur Gott Zutritt hat. Aber die meisten Menschen ignorieren das Vorhandensein dieses innersten Raumes, und darum ist ihr Herz leer und ohne Liebe. Denn die menschliche Liebe, selbst die allerheftigste nicht, dringt jemals in diesen Bereich vor. Gott ist es, der draußen steht und darauf wartet, eingelassen zu werden. »Siehe, ich stehe vor der Türe und klopfe an . . .«, heißt es in der Apokalypse.

Die meisten Menschen hören diese schmerzerfüllte Stimme in der Nacht und ein Klopfen an der Tür. Darum ist ihr Herz voller Trauer. Wir suchen das Glück außerhalb unserer selbst, anstatt der Stimme in unserem Innern zu lauschen. Vielleicht wissen wir, daß wir uns nach innen wenden sollten und tun es nicht, weil wir auch wissen, daß wir vorher durch den Kampf der Lossagung von allen Dingen und sogar der Lossagung von uns selbst hindurch müßten. Gott ruft uns in unserem tiefsten Sein, so tief, daß wir denken könnten, Er wäre außerhalb unserer Seele. Er wohnt aber tiefer als unser Gewissen und unsere Träume.

Wir hassen das Alleinsein. Im Zug, im Wartezimmer oder wo wir auch sind, fürchten wir uns vor dem Alleinsein mit uns selbst, ohne ein Buch, ohne eine Zeitschrift, ohne etwas zu sehen, zu tun oder zu hören. Und währenddessen wartet unser einziger Begleiter, unsere einzige Liebe vor der Tür unseres Herzens.

Der Mensch wurde für die Liebe geschaffen, einzig geschaffen, um seinen Schöpfer zu lieben. Und alle Zeit, die er nicht dieser Liebe widmet, ist vertane und vergeudete Zeit.

Gott ist dieses innerste Gefühl der Einsamkeit in uns und das Wissen, daß es einen Gefährten gibt, der uns von Geburt an begleitet.

Und er ist tief innen in unserer Seele. Dort wo die Träume wohnen, im Dunkel unseres Unterbewußtseins, in den Tiefen der Persönlichkeit, in diesem intimsten Bereich, der sich keinem mitteilt. An den Quellen der Träume, der Mythen und der Liebe: Dort ist der Raum, in dem Gott Wohnung nehmen möchte. Wenn dieser Raum leersteht, dann ist der Mensch von Unruhe, Angst und Überdruß bewohnt. Dann helfen ihm weder Geld noch Besitz noch alle Schätze der Erde, aus seinem leeren Herzen weht der eisige Wind der Einsamkeit. Und dann kann es geschehen, daß die unterdrückte Seele, so lange der Liebkosung Gottes beraubt, nachts wach wird (vielleicht nach einem Abend voller Vergnügen und Genuß) und erschrocken ist über ihre eigene Leere.

Ruf
und Berufung

Wir wollen Gottes Stimme klar; und das ist sie nicht. Sie kann nicht klar und leichtverständlich für unsere Sinne sein. Aber sie ist tief. Es ist eine tiefe, feine und unerklärbare Stimme. Sie ist eine tiefe Beklemmung auf dem Grund unseres Seins, dort wo die Seele ihre Wurzel hat. Es ist eine Stimme in der Nacht. Berufung heißt Ruf und eine Stimme in der Nacht.
Eine Stimme ruft und ruft. Man hört etwas und sieht doch nichts. Wir wollen sie klar wie den Tag, und sie ist doch tief wie die Nacht. Sie ist tief und klar, aber von einer dunklen Klarheit wie Röntgenstrahlen. Und sie dringt bis auf die Knochen.

Der Ruf ist eine Unzufriedenheit, eine Entzauberung aller Dinge. Er geschieht nicht mit Worten, sondern mit Taten, mit Umständen, mit Wirklichkeit. Er ist nicht oberflächlich, und darum erscheint er uns unklar, weil wir uns nur auf der Oberfläche unserer selbst bewegen, wo man sich mit Worten verständigen kann. Der Ruf aber ist tief, weil Gott auf dem Grund unseres Wesens wohnt. Und Seine Stimme ist ein Schweigen.
Der Ruf Gottes – die Berufung – ist zweifach oder vielfach. Gott ruft uns: »Komm und folge mir.« Es ist ein Ankommen und Weiterschreiten, ein Finden und Weitersuchen. Der heilige Gregor von Nisa sagt: »Gott finden heißt Ihn unaufhörlich suchen.« Der Ruf Gottes ist ein beharrlicher Ruf, der uns ins Unbekannte, ins Abenteuer, in die Nacht und die Einsamkeit lockt. Es ist ein unablässiger Ruf, immer weiter und weiter zu gehen. Weil Gott dynamisch ist und nicht statisch (wie auch Seine Schöpfung dynamisch ist) heißt zu Ihm gelangen, unaufhörlich vorwärtsschreiten. Von Gott berufen sein, heißt zum Forscher berufen sein, ist eine Einladung zum Abenteuer.
Gottes Ruf ist wie die Stimme eines Vogels in der Nacht, die ruft und lockt. Und ein anderer Vogel antwortet in weiter Ferne. Er kommt näher heran, und der andere fliegt weiter, ist schon weit fort, immer wieder rufend und lockend. Der folgende Vogel kommt noch näher, doch schon läßt sich der andere in noch größerer Ferne hören. Zuletzt hört man die Stimme des folgenden Vogels auch ganz von weitem. Und beide Stimmen verlieren sich in der Nacht.

Lust, Güte

Die Lust ist ein falscher Gott, der uns lockt: »Gib dich mir hin, und ich will dich satt machen.« Aber dieser Götze kann uns nicht befriedigen, weil unsere Seele größer ist als die Lust. Sie will keine Lust, die nicht unendlich ist. Wir sind zerbrochene Gefäße. Sie will auch keine Schönheit in Grenzen. Und alle Schönheit, die nicht Gott ist, hat Grenzen. »In aller Vollkommenheit sah ich eine Begrenzung« ruft der Psalmist aus. So erklärt sich dieses Gefühl der Trauer, diese schmerzliche Süße aller schönen Dinge.
Den Tieren genügt diese Erde, und sie brauchen nicht mehr. Der Mensch aber begnügt sich nur mit der Unendlichkeit.

Jeder Instinkt in der Schöpfung will seiner Natur gemäß befriedigt werden, und alle natürlichen Bedürfnisse sollen auch gestillt werden.
Der Mensch wird mit einem Instinkt für die Unendlichkeit geboren, mit einem Instinkt für Gott, und auch dieser Trieb muß seiner Natur gemäß befriedigt werden. Das ist der »Durst nach unendlichen Illusionen« wie Darío sagt.
Alle Abhängigkeit von den Dingen ist Frustration. Weil es eine Abhängigkeit von etwas ist, das uns nicht gehört und das wir zu Unrecht beherrschen wollen und das uns einmal weggenommen werden wird.
Wer aber von Gott gekostet hat, den können die Freuden der geschaffenen Welt nicht mehr locken. An einer Festtafel würde uns vor dem schimmeligen Brot ekeln, das wir mit Heißhunger und Genuß im Konzentrationslager gegessen haben.
Dieser Glanz der Wahrheit, des Wirklichen und Authentischen, der aus allem Geschaffenen erstrahlt und der macht, daß uns die Dinge anziehen, ist der Glanz Gottes. (Er ist unendlicher Glanz, weil Er die Wahrheit ist.) Dieser süße Schimmer der Güte in aller Kreatur, der macht, daß wir die Welt lieben, ist der Widerschein der Güte Gottes.
Von Ihm nehmen alle Sterne und alle schönen Dinge dieser Erde ihren Glanz. Er ist in allen Dingen gegenwärtig und erleuchtet sie, ohne sie zu verbrennen, wie das Feuer im Dornbusch, das Moses sah.
Beim Anblick alles Schönen, eines schönen Menschen, einer schönen Landschaft, sollen wir an die Schönheit Gottes denken, der alles erschaffen hat. Wir sollen uns uneigennützig daran erfreuen, ohne sie selbst besitzen zu wollen und sie damit Ihm wegzunehmen, weil diese Schönheit ein Tribut an Ihn ist. Du lebst für Gott und Gott für dich. Freue dich an aller Schönheit, weil sie ein Lobgesang auf den Geliebten ist und darum auch ein Lobgesang auf Dich. Er ist dein und du bist Sein.
Die Erde ist überall schön: in Nicaragua wie in Venedig, in Kentucky wie in der Sahara. Alle Landschaften der Welt sind schön: das Meer, die Wüste und die Wälder, die Steppe, die Seen und die Berge, der Wendekreis und die Arktis. Überall ist Gott und umhüllt uns mit seiner Schönheit und Poesie.

Durch unsere Augen und durch alle Sinne unseres Körpers läßt Er die sichtbare Schönheit, durch Ihn geschaffen, in uns eingehen. Und alles ist nur ein Widerschein und ein Abglanz Seiner Pracht und Herrlichkeit.

Alle Schönheit Deiner Erde, Gott, ist voll Verzauberung, und alle Deine Geschöpfe sind verführerisch. Aber wie sollten wir nicht all dieser Herrlichkeit widerstehen, um Dich zu besitzen, der Du doch viel mehr bist als alles dies? Wenn uns die Welt schon so entzückt, wie sollten wir nicht brennen, wenn wir Dich von Angesicht zu Angesicht schauen?

Ich würde zu Fuß bis ans Ende der Welt laufen, wenn ich Dich dort finden würde. Aber Du bist nicht am Ende der Welt, sondern in mir.

Alle Blicke der Liebe dieser Welt sind in Deinem Blick, und Deine Augen sind in meine Augen getaucht durch alle Ewigkeit hindurch, durch alle Ewigkeit hindurch sehen sie mich an.

Zweiheit

Wer Gott liebt, möchte mit Ihm allein sein, wie ein junges Paar allein sein möchte, ohne von den anderen gestört zu werden, denn alle anderen Menschen sind wie Fremde für sie. Darum ziehen sich die, die Gottes Liebe einmal gespürt haben, gern in die Einsamkeit und die Stille zurück.
»Ohne Liebe kann die Seele nicht leben« sagt die heilige Katharina von Siena. Wer nicht Gott liebt, liebt andere Dinge. Und wer Gott liebt, liebt ihn mit der gleichen Liebe, mit der er früher alle anderen Dinge liebte. Wer nur noch Gott liebt, liebt Ihn mit einer Liebe, mit der er früher tausende von Dingen geliebt hat. Er liebt Ihn mit der unermeßlichen Kraft dessen, der nur ein Einziges im ganzen Universum liebt und seine ganze Liebe darauf konzentrieren kann.

Liebe bedeutet, daß ein anderer in uns wohnt. Liebe ist eine Gegenwart. Wir fühlen, daß wir einem anderen gehören und der andere uns. Liebe heißt, sich als Zweiheit fühlen. Liebe bedeutet sich geliebt fühlen, die Gegenwart eines anderen wahrzunehmen, der einen liebt und einem zulächelt. Lieben heißt, der andere sein wollen, wissen, daß man der andere ist und daß der andere man selbst sein will und man selbst ist. Es bedeutet, von sich selbst leer und voll vom anderen sein. Wenn wir den Geliebten ansehen, verwandelt sich die ganze Seele in Blick. Wenn wir seufzen, gießt sich die ganze Seele in den Seufzer. Man weiß sich zwei und fühlt sich identifiziert mit allen Paaren: mit zwei Liebenden, zwei Wolken, zwei vorüberfliegenden Tauben, zwei Sternen.

Meine Einsamkeit und mein Seufzen in der Nacht fiel immer ins Leere, fand nie ein Echo. Ich war allein. Jetzt hat mein Rufen ein Echo gefunden, da ist jemand, der mich hört. Ich kann ihn nicht sehen in der Dunkelheit und auch nicht hören, aber fast spüre ich in meinem Innern, tiefer innen als ich selbst, Seinen Atem.

Und dieser Jemand bist Du. Ich verstehe Deine Liebe und weiß, wie Du mir alles verzeihst. Denn auch ich, genau wie Du, habe geliebt, andere Lieben, aber auch ich verzieh alles – sieben mal siebzig Mal –. Ich kenne Deine Reaktionen, weil ich die Psychologie des Verliebten kenne. Meine früheren Lieben haben mich gelehrt, was diese Liebe bedeutet. Ich weiß, wie Du mich liebst, denn auch ich habe geliebt und weiß, was Leidenschaft und Besessensein ist und Verrücktsein nach jemandem. Und Du bist verrückt nach mir und liebst mich mit Besessenheit.

Du liebst mich mit allen meinen Schwächen, mit allen Fehlern, geerbten wie dazuerworbenen, mit meinem Wesen, geradeso wie es ist, mit meiner Überempfindlichkeit und meinem Temperament, mit meinen Angewohnheiten und meinen Komplexen. Du liebst mich, wie ich bin.

Eines Tages blieb die Tür zu meiner Seele offen. Oder jemand, der nicht mehr ich bin, hat den Schlüssel und geht ein und aus, wie es ihm paßt.

Sexualität der Mönche

»Das Himmelreich ist wie ein König, der seinem Sohn ein Hochzeitsmahl bereitet ...«
Im Himmel gibt es keine Ehen, sagt Christus. Das heißt, im Himmel wird es keine Ehen zwischen den einen und anderen geben, weil keine Generation und keine Vermehrung mehr nötig ist. Der mystische Leib ist dann vollständig. Und es wird nur noch eine Ehe geben: die Hochzeit des Lammes.
Der Himmel ist Ehe, während die Hölle verschmähte Liebe ist. Die menschliche Ehe ist nur ein Abbild, eine »Typologie« des Himmels.
Das Geschlecht ist ein Symbol der göttlichen Liebe. Der Sexus ist Symbol und Sakrament, und alle Herabwürdigung ist Sakrileg. Und als Sakrament und Symbol bedeutet er mehr als

seine tatsächliche Wirklichkeit. Er ist eine Realität, die eine andere höhere Realität symbolisiert, er ist ein Zeichen. Und das, was dieses Zeichen bedeutet, ist die göttliche Liebe. Darum hat ein Karthäuser gesagt, daß wir Mönche, gerade weil wir wissen, was Liebe bedeutet, der Liebe entsagt haben.

Das Hohelied wird ursprünglich ein Lied auf die menschliche Liebe gewesen sein, aber die göttliche Eingebung verwandelte es in eine ganze Symbolik der göttlichen Liebe. Alle geschlechtliche Liebe ist ein Symbol dieser Liebe. In Wirklichkeit ist jeder Dichter, der seine Geliebte besingt, ist alle Liebesliteratur der Welt und alle menschliche Liebe (sogar die irrationale Liebe der Tiere und die Befruchtung der Pflanzen und die Kraft der Kohäsion der unbelebten Materie) Gestalt und Typologie der göttlichen Liebe.

Die Ehe hat soviel Anziehungskraft und ist so unwiderstehlich und so göttlich für uns, weil sie ein Bild der Liebe Gottes ist. Gott lieben heißt Gott besitzen. Und Gott lieben heißt sich mit Ihm verheiraten.

Man nimmt im allgemeinen an, daß da ein Dilemma besteht: entweder Ehe oder sich Gott weihen. Dabei ist die Hingabe an Gott eine Ehe, und wer Gott liebt, »heiratet«, wie St. Bernardo sagt.

Die Sexualität der Mönche ist gekreuzigt und wieder auferstanden. Sie besteht, aber sie ist umgeformt. Ein Mönch ist eine reine Leidenschaft, er ist nichts als Passion und Wahnsinn der Liebe.

Alles religiöse Leben ist nur eine Frage der Liebe.

Der Mönch entsagt der Welt und ihren Kreaturen nicht, weil sie böse sind, sondern ganz im Gegenteil, weil sie gut und schön sind. So gut und schön, daß sie es fertigbrachten, ihn in ihren Schöpfer verliebt zu machen, denn wir kennen die Schönheit des Schöpfers nur durch die Schönheit Seiner Geschöpfe. Es gibt keine andere Art, Seine Schönheit zu erfahren.

Wir verzichten nicht auf menschliche Schönheit und menschliche Liebe, weil wir sie für nichtig erachten, sondern weil sie in uns das Feuer Seiner Liebe entzündet haben. Ist Gott nicht der Erfinder des Geschlechtes und aller Liebkosungen und der Schöpfer der Leidenschaft und der Wollust? Der Schöpfer aller Dinge ist kein unfruchtbarer Gott. Bei Jesaja heißt es:

»Soll ich den mütterlichen Schoß öffnen, damit Söhne geboren werden oder soll ich ihn verschließen? Denn ich bin es, der gebären macht, spricht dein Gott«.

Gott ist ewig jung und neu. Seine Werke sind immer frisch, und die Welt erwacht jeden Morgen wie neu erschaffen durch Ihn. Jedes Morgenrot ist ein neues »Es werde Licht« und hat die gleiche Frische und Ursprünglichkeit wie der allererste Sonnenaufgang. Die Unschuld und der Zauber der jungen Mädchen kommt von Ihm, dem Brunnen aller Jungfräulichkeit und aller Fruchtbarkeit.

Und Er ist die einzige Liebe, die nicht alt wird und nicht untreu und die nie stirbt.

In allem unserem Wünschen und Trachten steckt eine große Dosis Energie, Leidenschaft und Feuer. Welch eine Kraft muß dann in einer Seele stecken, die all diese Energie nur auf einen Wunsch und auf eine Liebe konzentriert!

Leidenschaften, Gelüste, Instinkte und Affekte, alle Sehnsucht des menschlichen Herzens sind der Brennstoff der Liebe zu Gott. Tatsächlich ist der ganze Mensch Brennstoff. Und die Liebe, mit der Gott uns wiederliebt, hat die gleiche Wirkung wie ein Kanister Benzin, der ins Feuer gegossen wird.

Wenn wir uns von der geliebten Person wiedergeliebt wissen, wächst unsere Liebe zu ihr. Nichts facht die Liebe so an wie die Gegenliebe des Geliebten, und je mehr wir die Liebe in unserem Partner zu wecken imstande sind, um so mehr wecken wir auch unsere eigene Liebe.

Alle Zellen unseres Körpers, alle Partikel unseres Seins sind hochzeitlich, weil wir für eine Hochzeit geschaffen wurden. Was Freud die »Libido« nennt, ist der Brennstoff in den Lampen der klugen Jungfrauen, die auf den Bräutigam warten.

Die heilige Maria Magdalena de Pazzis rannte durch die Gänge ihres Klosters und schrie: »Liebe, Liebe, wißt ihr, Schwestern, daß Jesus die Liebe ist und daß er verrückt ist vor Liebe zu uns?«

Wer einmal wahnsinnig verliebt war, kann sich ein Bild von der Göttlichen Liebe machen. Die menschliche und die göttliche Liebe sind gleich, nur der Gegenstand ist ein anderer.

Die Jugend ist das beste Alter, sich Gott zu schenken, weil es die Zeit der Liebe und der Illusionen ist, der Liebe des Mannes zur Frau, die Zeit des Frühlings und der Poesie. Die

Hingabe an Gott ist eine Hingabe aus Liebe. Je mehr Hoffnungen und Illusionen wir im Herzen hegen (»ein unendlicher Hunger nach Illusionen«) und je größer unsere Liebe ist zu dem, was wir hinter uns lassen, um *so* größer ist die Gabe, die wir Gott darbringen, um so größer auch die, die wir empfangen. Welche Gabe bringt schon der, der vom Leben enttäuscht ist? Gott verlangt nach Jugend und Feuer und Leidenschaft. Er will das von uns, was wir sonst nur in der Ehe geben würden, weil Seine Liebe Ehe ist.

Diese Ehe besteht zwischen der ganzen Kirche und Christus, gleichzeitig aber auch zwischen jeder einzelnen Seele und Ihm, weil in jeder Seele die ganze Christenheit vereint ist wie der ganze Leib Christi in jedem Stück verwandelten Brotes. So ist die Höhle eines Einsiedlers die ganze kämpfende, leidende und triumphierende Kirche. In jeder Seele, die sich mit Christus vermählt, ist der ganze Christus, und da in Christus alle Menschen vereint sind, lebt in jeder Seele zugleich mit Christus die ganze Menschheit oder, wie der heilige Augustinus sagt, »der vollständige Christus«.

»Das Himmelreich ist wie ein König, der seinem Sohn ein Hochzeitsmahl bereitet«. Aber die ersten Geladenen kamen nicht; wir sind die zweiten, die Blinden und Lahmen aus den Gassen. Wer mögen die ersten gewesen sein? Vielleicht waren die Großen dieser Welt damit gemeint: die Präsidenten und Premierminister, die Bankdirektoren und Filmstars, die Führer und großen Bosse, die Bestsellerautoren, die Männer mit eisernem Willen, die Führungspersönlichkeiten, die Männer, die Geld machen und große Taten vollbringen. Sie wiesen die Einladung zur Hochzeit zurück, weil sie alle gerade Wichtigeres zu tun hatten. Sie mußten früheren Verpflichtungen nachkommen und andere Verabredungen einhalten. Sie hatten soviel unaufschiebbare Korrespondenz, daß sie die Einladung übersahen, oder sie heirateten selbst gerade zur gleichen Zeit.

Lossagung

Den Schöpfer suchend, wenden wir uns den Geschöpfen zu – wie der Schmetterling, der gegen eine Scheibe stößt. Denn die Schöpfung ist durchsichtig wie Glas und der Glanz Gottes scheint durch sie hindurch.
Wir wenden uns nach außen, weil uns die Schönheit der Dinge anzieht, und merken doch nicht, daß alles nur Widerschein der wirklichen Schönheit ist. Denn die eigentliche Schönheit ist in unserem Innern. So entfernen wir uns paradoxerweise um so mehr von der Schönheit, je mehr wir sie suchen, weil sie genau in der entgegengesetzten Richtung liegt, in der wir sie zu finden hoffen.

Es geht nicht an, sich zuerst mit Gott vereinigen zu wollen und danach alle Dinge fahren zu lassen. Zuerst kommt die Entsagung, dann die Vereinigung. Gott kann sich nicht mit uns verbinden, solange wir nicht wollen, wie ein Mann sich nicht mit seiner Geliebten vereinen kann, solange sie einen anderen liebt. Aber Gott geht im gleichen Augenblick in die Seele ein, in dem sie anfängt, Ihn zu lieben. Das vollzieht sich ganz automatisch. Wenn die Seele aufhört, die Welt zu lieben, bleibt sie nicht im Leeren hängen – es gibt keine Leere –, sondern fällt gleich in den bodenlosen Abgrund der Liebe Gottes. Ganz automatisch wird dann die Seele von Gott umfaßt und umschlungen.
Wie man keinen Wein in ein Gefäß füllen kann, ohne es vorher zu leeren, so kann auch die Seele nicht mit Gott gefüllt werden, solange sie sich nicht von allem anderen frei macht.
Aber bevor wir Gottes Umarmung empfangen, müssen wir durch jene qualvolle Enge der Lossagung von allen Dingen. Alles Wünschen und alles Begehren der Seele muß sich erst losreißen von der Welt, an die sie sich hartnäckig wie mit Saugnäpfen anklammert. Erst dann bleiben ihre Arme frei zur Umarmung mit Gott.
Immer treibt es die Liebe zur Vereinigung mit dem geliebten Gegenstand, und darum verbindet sich Gott, der uns schon die ganze Ewigkeit hindurch geliebt hat, unverzüglich mit der Seele, ohne noch einen Augenblick zu warten, im gleichen Augenblick, in dem kein Hindernis mehr besteht zwischen dem, der Ihn liebt und dem, den Er liebt.
Die Lossagung von allen Dingen kann sich langsam vollziehen, durch Jahre hindurch, sie kann aber auch in einem einzigen Augenblick geschehen. Aber im gleichen Moment, in dem die Seele leer geworden ist, losgelöst von der ganzen geschaffenen Welt, dringt Gott mit Ungestüm in sie ein. Dann wird sie von Gott überschwemmt, weil es, wie der heilige Johannes vom Kreuz sagt, keine Leere im Universum gibt. Sich leermachen heißt ganz von Gott voll werden.
Es genügt aber schon, daß noch eine kleine Liebe, eine kleine Anhänglichkeit in der Seele zurückbleibt, so kann Gott nicht in sie eingehen. Wenn nämlich nur ein einziges irdisches Begehren zurückbleibt, dann sind alle Saugnäpfe der Seele daran festgekrallt, weil die Seele nicht leben kann, ohne zu umarmen.

Es bleibt nichts anderes übrig, als zuerst diese Agonie der Loslösung zu durchschreiten, um in Gott fallen zu können. Zuerst müssen wir sterben.
Wenn wir uns ohne Reserven Gott geben, gibt Er sich uns auch ohne Reserven. Das Opfer ist übergroß. Aber auch der Preis ist suprem: es ist ein Tausch aller privaten, endlichen und flüchtigen Schönheit gegen die absolute, unendliche und ewige Schönheit.
Die Reise zu Gott ist wie ein Weltraumflug, der immer schwieriger wird, je mehr sich die Rakete von der Schwerkraft der Erde befreit, aber in dem Augenblick, in dem sie die Grenze dieser Schwerkraft überschreitet, wird sie immer leichter und leichter, und die Anziehungskraft des neuen Planeten, zu dem die Rakete aufgebrochen ist, wird immer wirksamer.

Die unerschöpfliche Quelle

Die Natur ist ihrem Wesen nach Religion. Der Sternenhimmel ist ein Gebet und jede Landschaft eine Anrufung. Die Grillen sprechen zu uns genauso von Gott wie die Sterne, und Grillen wie Sterne schreien uns in die Ohren, daß Er sie schuf.

Das ganze Weltall wartet auf seine Wiedervereinigung mit Gott, aus dem es hervorging. Fern von Gott sind alle Dinge wie zerstreut und suchen deshalb die Vereinigung mit anderen Dingen. Das Gesetz der Liebe ist das einzige physische und biologische Gesetz des Universums und auch das einzige moralische Gesetz. (»Ein neues Gebot gebe ich Euch: daß ihr euren Nächsten liebet, wie ich euch geliebet habe.«)

Alle natürlichen Wünsche des Menschen wie Essen, Liebe und Freundschaft sind ein einziger Wunsch, sich miteinander und mit dem ganzen Weltall zu vereinen. Diese kosmische Kommunion vollzieht sich aber nur in Christus. »Wenn ich in den Himmel aufgenommen werde, ziehe ich alle Dinge hinauf zu mir«. Wenn Christus zum Vater zurückgekehrt ist, sind wir alle mit Ihm zurückgekehrt. Dieses kosmische Zurückfinden ist das, was uns Christus im Gleichnis vom verlorenen Sohn klarmachen wollte.

Wir sind aus dem Schoße Gottes ausgegangen, in dem wir so fest verwachsen waren wie der Embryo im Mutterleib. Wir alle sehnen uns danach, zu Gott zurückzukehren, wie man zur Mutter zurückkehrt.

Bis das geschieht, rufen wir nach Gott wie das verwaiste Kälbchen nach seiner Mutter schreit, und wie die Kuh nach dem Kälbchen muht, das man ihr weggenommen hat.

Es zieht uns hin zu Ihm wie die Motte zum Licht. Wir sind wie Fische, die nachts, angelockt von der Fackel des Fischers, der mit dem Netz auf sie wartet, an die Oberfläche des Meeres steigen und wie das Wild, das vom Licht des Jägers, der mit dem Gewehr auf Anschlag steht, geblendet ist.

Die Seele wird verliebt geboren: und kaum öffnet sie die Augen, so sieht sie überall den Widerschein dessen, den sie liebt, aber nicht den Geliebten selbst. Darum machen sie alle Dinge verrückt vor Liebe.

Alle Dinge haben für uns eine Anziehungskraft und bereiten uns gleichzeitig eine Enttäuschung. Sie ziehen uns an, weil sie ein Abglanz Gottes sind und enttäuschen uns, weil sie eben nur Abglanz, aber nicht Gott selber sind.

Es gibt nichts Häßliches in der Schöpfung. Es gibt nur Schönheit oder relatives Fehlen der Schönheit, eine relative Abwesenheit des Widerscheins Gottes.

Alle Dinge sind mehr oder weniger intensiv in Schönheit gebadet oder von ihr beleuchtet, wie in einem verschwommenen, wässrigen Licht, das alles bedeckt.

Aber Gott ist diese Schönheit konzentriert und nicht verschwommen und verwässert. Er ist die Quelle dieses Lichts.

Die Dinge tragen Elemente der Schönheit in mehr oder weniger starkem Maße in sich, aber sie sind nicht diese Schönheit selbst. Gott ist dieses Licht, das die Dinge in Schönheit taucht.

Er ist nichts als Schönheit. Darum erscheint dem, der einmal von Gott gekostet hat, alle andere Schönheit so fade und ungenügend. Aber alle Freude bringt uns zu Gott, dem Quell aller Freude und aller Schönheit.
Alle sichtbare Schönheit ist wie ein Rinnsal, an dem entlang wir den Weg zur Quelle finden oder wie eine Goldader, die uns bis zur Mine führt.
Das Lachen der Kinder, alle Blumen und Fische und Sternschnuppen sind nur ein flüchtiges Aufleuchten der Schönheit; kaum aus Gottes Schoß hervorgegangen, tauchen sie schon wieder in die unermeßliche Tiefe zurück, aus der sie gekommen sind. Warum also suchen wir diese vergänglichen Schönheiten und nicht die unerschöpfliche Quelle, den Ausgangspunkt dieser unzählbaren Funken und Splitter, die einmal aufleuchten und sofort wieder untergehen.
Die Dinge haben ihre reale Existenz in Gott. Alles Geschaffene hat diese Existenz in Gott. Was wir als Wirklichkeit empfinden, ist wie der Schatten der Dinge, die in Gott sind. Unsere Realität ist so irreal im Vergleich mit der anderen, wirklichen, wie ein Farbfoto irreal im Vergleich mit der Wirklichkeit ist. Ein Schmetterling, der Schnee, die Berge, alles ist der Widerschein einer göttlichen Perfektion, die in Gott im höchstmöglichem Maße existiert. In Gott lebt ein unendlicher Schmetterling, ein unendlicher Schnee und unendliche Berge, Prototypen dessen, was wir hier sehen, und gleichzeitig die innerste Essenz Gottes, Gott selber. Auf Erden ist alles begrenzt, endlich, zufällig und persönlich, in Gott aber sind dieser Schmetterling, dieser Schnee und diese Berge konzentriert: ein einziges unendliches Ding. Da Gott unendlich und darum alles in einem ist, sind alle Dinge das gleiche, einfache Ding, das Gott ist. Gott flimmert durch die Materie hindurch, obwohl Er unendlich weit von der Materie entfernt ist, und obwohl die Materie undurchsichtig ist und aus groben Atomen besteht. Der Widerschein der einzigen Schönheit läßt hier und dort Schönheiten aufleuchten: das blaue Meer, die Schönheit eines Menschen oder eines Reihers oder eines grünen Tropenflusses, der im Abendlicht träge unter den Palmen dahinfließt.
Wie wird das Schauen dieser Schönheit an sich sein, ohne Schleier, von Angesicht zu Angesicht, nicht mehr zurückgespiegelt in der Materie, sondern konzentriert in Gott? Dort

werden wir die Schönheit, die wir hier im Meer, im Schnee und im Reiher gesehen haben, schauen, aber nicht verstreut in flüchtigen Reflexen, sondern zusammengebündelt, konzentriert in einem, Ding und Wesen.
Das sind die verstreuten Blätter aus dem Buch der Welt, von denen Dante im letzten Gesang spricht, die von der Liebe zusammengetragen, in einem einzigen Buch gebündelt sind.
Das ist der Lichtstrahl, in dem der heilige Benito in seiner Ekstase das gesamte Weltall konzentriert sah.
Das Flugzeug, das die Wolken durchpflügt, das Auto, das die Landstraße entlang saust, der Wald, die Blumen, die Mädchen und die Göttliche Komödie, alles, was existiert, hat eine ewige Existenz in Gott. Aber in Gott sind es keine verschiedenen und individuellen Dinge wie in ihrer gegenwärtigen Wirklichkeit als Geschaffenes, sondern eine einzige Essenz, die persönliche Essenz Gottes, sind Gott. Hier bestehen die Dinge einzeln: eine Blume, die Liebe, ein Gedicht, ein Musikstück. In Gott sind Blume, Liebe, Gedicht und Musik ein unendlicher, reiner Akt.
Die Betrachtung Gottes ist eine Zusammenfassung und eine Synthese aller geschaffenen Dinge. Alles aber muß erst vergehen, ehe es zu seinem Ursprung zurückkehren kann, zur Einheit aller Dinge, die Gott ist. Alles müssen wir hinter uns lassen – auch uns selbst, die wir auch ein Teil dieses Alles sind – um zum Alles zurückzukehren. Nur wenn wir uns selbst sterben, finden wir unsere eigentliche Identität, weil unsere Identität nicht in uns ist, sondern im Alles. Unsere Mitte ist Gott, der auch die Mitte aller Dinge ist.
Übereinstimmen, eins sein mit allen Dingen heißt sich selbst finden, und sich selbst finden, heißt sich mit allem Geschaffenem vereinigen. Sich hingeben ist sich finden, und sich verlieren ist sich wiedererlangen. (»Wer seine Seele rettet, wird sie verlieren, und wer sie verliert um meinetwillen, der wird sie finden.«)
Unser Ich ist Einsamkeit, und wer sich wehrt, zu leiden und zu sterben, wer sich nicht hingeben, sondern er selbst bleiben will, der bleibt außerhalb der Einheit aller Schöpfung, außerhalb Gottes. (»Wenn das Weizenkorn nicht abstirbt, bleibt es allein ...«)

Strukturen

Wie sich in einem Kunstwerk die Persönlichkeit des Künstlers ausdrückt, so widerspiegelt sich in der innersten Struktur aller geschaffenen Dinge die Persönlichkeit Gottes.

Die ganze Natur trägt ein Gütezeichen, das ist die Fabrikmarke Gottes. Eine gestreifte Muschel, die Zeichnung im Fell des Zebras, die Maserung des Holzes und die Adern eines trockenen Blattes, die Linien auf dem Flügel einer Libelle und die Spur der Sterne auf einer fotografischen Platte, die Zellen eines Lilienblattes, die Struktur der Atome und der Galaxien: alles trägt den Fingerabdruck Gottes.

Es ist ein *Stil* in allem, der Stil Gottes; man kann erkennen, daß alles vom gleichen Künstler geschaffen wurde.

In allem Geschaffenen besteht eine Vielheit in der Einheit. Alles ist gleichzeitig verschiedenartig und ähnlich. Jedes Wesen hat seine eigene Art, es ist es selbst und nicht irgendein anderes, aber zur gleichen Zeit gibt es Millionen und Abermillionen gleicher Wesen, ob es sich nun um ein winziges Urtierchen oder um Sterne handelt.
Jedes Ding hat seine ganz persönliche Art von Streifen oder Flecken oder Punkten oder Adern: die Raupe und die Tonvase, das Chamäleon und die Bilder von Klee oder ein Perserteppich, der Schaum des Meeres, die Stalaktiten und die schimmernde Maserung eines Achats, das Holz und der Marmor, die Schalen der Foraminiferen und das Skelett der Radiolarien.
Alles trägt den Fingerabdruck Gottes, der genau wie die Linien unserer Finger in der Zeichnung gleich und doch auch verschieden ist. Das ist der Stempel der Dreifaltigkeit, eines Gottes, der drei und eins ist, unendliche Vielfalt in der unendlichen Gleichheit und unendliche Gleichheit in der unendlichen Vielfalt.
Genau wie Gott, der sie schuf, sind alle Wesen eins und viele gleichzeitig, von der Galaxis bis zum Elektron.
Es gibt keine zwei gleichen Raupen noch zwei gleiche Sterne, auch wenn diese uns am nächtlichen Himmel alle ähnlich erscheinen. Und trotzdem ist alles identisch. Die Poesie ist nichts anderes als die Entdeckung dieses Schnittmusters, dieser Gleichheit in der Zeichnung, die sich durch alles Geschaffene zieht. Sie ist das Erkennen, daß alle noch so verschiedenen Dinge gleich sind: »Die Berge hüpfen wie Böcke und die Hügel wie Lämmer ...« und »Dein Haar gleicht einer Ziegenherde, die sich herab am Gileadberg lagert.«

Sünde, Unfreiheit

Jedes Kunstwerk ist ein Gebet, es preist Gott ebenso wie die Sterne, die jede Nacht einen Lobgesang Seiner Herrlichkeit anstimmen. Alle Kunst ist eine Lobpreisung Gottes. Dabei muß es sich nicht um religiöse Kunst handeln, denn alle Kunst ist in sich religiös. Für einen Christen gibt es nichts Profanes: weder die sinnliche Liebe ist profan noch der nackte Körper, denn alles wurde von Gott geschaffen, und alle Werke Gottes sind heilig.

Gottes Heiligkeit bekundet sich in allen Dingen, sogar in den blanken Pupillen der Schweine.

In der Natur ist alles rein: der Auswurf eines Tuberkulosekranken ebenso wie die klaren Wasser der Karibischen See. (Und darum trank die heilige Katharina von Genua Eiter und küßte der heilige König Ludwig die Wunden der Leprakranken.) Ein Wurm ist nicht weniger rein als ein Reiher. Alle Materie ist rein und heilig, weil sie aus den Händen Gottes entsprang. Alles ist rein, außer der Sünde. Alles ist pur, sauber, unbefleckt in der Natur, nur der Sündenfall des Menschen nicht. Eine Landschaft ist rein, weil weder Habgier noch Unordnung in ihr wohnen wie im gefallenen Menschen. Die Tiere sind rein, weil sie weder Stolz noch Unzucht kennen. Und wenn ein Mensch heilig ist, wenn weder Habgier noch Unordnung noch Stolz noch Unzucht in ihm wohnen, dann wird seine vernunftbegabte Seele so rein wie die Wälder und die Seen, wie die Würmer und die Reiher.

Ein Tier oder ein Baum ist das exakte Abbild eines Gedanken Gottes. Und ein Gedanke Gottes ist Gott selbst, denn alles was in Ihm ist, ist auch Sein Wesen. Alles Geschaffene ist eine getreue Botschaft, die ohne Wortverdrehung genau das ausdrückt, was Gott sagen wollte. Alle Materie ist perfekter Gehorsam. Jeder Gegenstand führt mit seinem Dasein genau das aus, was Gott von ihm wollte. Jeder Stern ruft, wie der Prophet Baruch sagt, »hier bin ich«. Alle irrationalen Dinge sind der erfüllte Wunsch Gottes.

Auch der menschliche Körper ist rein und kann nicht sündigen. Nur der Wille des Menschen kann sündigen, und wenn der Wille zur Sünde fehlt, besteht auch keine Sünde.

Da Gott allgegenwärtig ist, machen wir Ihn – die unendliche Unschuld – wenn wir sündigen, zum Betrachter und gezwungenen Komplizen unserer Schuld und gleichzeitig zu ihrem Opfer. Und das ist es, was die Sünde zur Sünde macht.

Sündigen heißt Gott tyrannisieren. Aber sündigen heißt gleichzeitig uns selbst, zusammen mit Gott, tyrannisieren. Der Verdammte hat sich ein Leben lang selbst tyrannisiert und beging damit sich selbst gegenüber eine himmelschreiende Ungerechtigkeit. Die Sünde ist nicht Freiheit, sondern Sklaverei, sie macht uns aber glauben, sie wäre Freiheit, genauso wie die Propaganda der Diktaturen, die verbreitet, sie seien die »Regierung des Volkes«. Viele denken, sie sind frei, weil sie machen können, was sie wollen, und merken doch nicht, daß sie ihre Diktatur in sich selbst tragen. Und es ist diese Diktatur, die ihren Willen lenkt und sie veranlaßt, das zu tun, was sie eigentlich gar nicht tun wollten, obwohl sie glauben, daß sie es wollten. Darum bereuen sie dann, was sie tun, weil sie das tun, was sie nicht wollen und nicht wollen, was sie tun. Sie glauben, sie seien frei, weil die Diktatur so ganz aus ihrem Innern ausbricht. Der Tyrann steckt so im Mittelpunkt ihres Seins, daß sie denken, sie wären selbst der Tyrann und sind doch nichts anderes als Sklaven.

Wenn so ein Mensch, dessen eigener Wille tyrannisiert ist, ein Volk regiert, dann ist dieses Volk von einer Diktatur beherrscht. Die Habsucht, die Hoffart, die Grausamkeit und der Haß, die den Tyrannen tyrannisieren, beherrschen dann auch das Volk und sind der eigentliche Premierminister oder Präsident dieses Landes.

Armut

Adam im Paradies war nackt. Also ist die Armut der eigentliche paradiesische Zustand. Adam war arm wie die Tiere, wie der heilige Franz von Assisi und wie Christus.
Nach dem Sündenfall konnte der Mensch nicht mehr nackt sein, die Kutte der Mönche jedoch ist der paradiesischen Nacktheit am ähnlichsten.
Armut ist auch Wahrheit, während Reichtum alle Arten von Verkleidung bedeuten kann. Wir kleiden uns mit Äußerlichkeiten, um die Nacktheit unserer Seele zu vertuschen. Falschheit und Reichtum sind Synonyme.
Reichtum ist Verfälschung der Dinge. Ein reichgeschmücktes Kleid, ein teures Haus sind eine Verfälschung der ursprünglichen Echtheit der Materialien, eine Auskleidung der natürlichen Einfachheit der Dinge, ein Betrug.

In der Armut liegt ein Glanz verborgen, der Glanz des Authentischen. Ein Gegenstand des Reichtums ist immer unrealer als ein armer. Darum sagte Henry David Thoreau, daß es wichtig für einen Menschen sei, mit einer geflickten Hose auf die Straße gehen zu können. Dieser Glanz der armen Dinge – aus Ton, aus Stroh, aus grobem Leinen, aus ungemaltem Holz; das Grobe, das Rauhe, das Ungehobelte, das Rustikale – ist der Glanz der nackten Materie, ist wie das Leuchten eines nackten Körpers.

Es ist das gleiche Leuchten wie in einem wirklichen Kunstwerk, seiner Struktur und seiner Farben.

Wenn der Mensch seine Unschuld nicht verloren hätte, würde er weiterhin nackt herumlaufen. Darum waren der einzige Besitz des heiligen Franz eine Unterhose, ein Sack und ein Strick (und selbst von diesen trennte er sich zuweilen).

Die Falschheit des Reichtums besteht darin, daß wir das, was wir *haben,* mit dem verwechseln, was wir *sind.* Wir denken, wir wären mehr, wenn wir mehr haben. Wir kaufen einen schicken Wagen und denken, dieser Wagen wäre nun ein Teil unserer selbst, wie ein weiteres Glied unseres Körpers. Darum sagte der heilige Augustinus, sich vom Reichtum zu trennen sei so schwer wie sich von einem Glied seines Körpers zu trennen. Wenn die anderen unseren Wagen bewundern, fühlen wir uns, als ob sie uns selbst bewunderten. Wir betrachten die Dinge, die uns gehören, als ob sie ein Teil unserer selbst wären, wie eine Schnecke, die ein Haus mit sich herumschleppt, das nicht ihr eigenes ist. Und darum ist Besitz eine Verfälschung unserer selbst.

Der Reiche denkt, was er besitze, sei er selbst. Er prahlt damit, um bewundert zu werden, als ob der Besitz die Person wäre. Reichtum ist auch Täuschung. Die Leute, die sich einbilden, ein Stückchen Erde dieses Planeten durch irgendeine Urkunde besitzen zu können, sind genauso verrückt wie eine gewisse Sorte Amerikaner, die schon heute Grundstücke auf dem Mond erwerben, die ihnen irgendeine extravagante und geschäftstüchtige Agentur verkauft. Einen Wald oder eine Wiese besitzen die Vögel und die Tiere, die sich daran erfreuen oder auch das Liebespaar, das darin spazierengeht oder der Einsiedler, der da lebt, aber auf keinen Fall einer, der nur eine Besitzurkunde darüber hat.

Wir alle besitzen die ganze Natur, den Sternenhimmel und die Erde mitsamt allen ihren Landschaften. Sobald wir aber unser Besitzergefühl auf ein paar Hektar Land beschränken, gehört uns von alledem nichts mehr. Nur wenn wir arm sind, können wir die Welt unser eigen nennen wie die Vögel den Himmel ihr eigen nennen und die Fische das Wasser und der heilige Franz alle irdischen Dinge. Darum nannte der heilige Franz die Armut einen großen Schatz (»wir sind nicht würdig eines so großen Schatzes«), und er nannte es einen großen Luxus, an einem großen schönen Stein zu essen, neben einer frischen Quelle unter dem blauen Himmel, während die armen Reichen nur einen Speisesaal reduzierten Ausmaßes hätten.
Gott ist der Herr der ganzen Welt, und wir als Seine Söhne sind auch Eigentümer des Reichtums der ganzen Welt. Wir sind von unermeßlichem Reichtum umgeben und brauchen nur die Hand auszustrecken, um von allem zu nehmen. Eine Handvoll Wasser, das mir zwischen den Fingern zerrinnt, ist nicht weniger wertvoll als eine Handvoll Diamanten. Ein goldener Fisch in der Lagune, ein Fröschlein, grün wie Jade, ein Kieselstein oder ein trockenes Stück Holz, das auf dem Wasser schwimmt, alles das sind Schätze, auch wenn sie keinen festen Preis an der Börse haben.
Christliche Armut heißt nicht, wenig besitzen, sondern überhaupt nichts besitzen, um alles sein eigen nennen zu können. Der Mönch beschränkt sich nicht auf den legalen Besitz einiger weniger Dinge; ihm gehören Luft und Sonne, Erde, Himmel und Meer.
Die Armut ist auch die Tugend der Heiligen Dreifaltigkeit, denn das Leben in Gott ist Mitteilung, und jede einzelne der drei göttlichen Personen gibt sich ganz den beiden anderen; es gibt kein »mein« und »dein« zwischen ihnen, wohl aber ein »ich« und ein »du«.
Die Täuschung, die im Reichtum liegt, besteht darin, zu glauben, materielle Dinge könnten von etwas Geistigem, wie es die Seele ist, besessen werden. Es gab hier in Nicaragua einen Diktator, der nie müde wurde, immer mehr und mehr Land zu erwerben, und der doch nie genug hatte, weil ihm das Land trotz aller Überschreibungsurkunden so fremd blieb wie zuvor. Soviel er auch an sich brachte, blieb er doch arm. Die grünen Felder mit ihren Kühen und Bäumen und Bächen, die

sie durchflossen, blieben genauso unberührt von ihm wie zuvor. Er besaß die Urkunden über das Land, aber das Land gehörte ihm nicht. Es gehörte dem, der sich im Vorübergehen an der Landschaft erfreute oder in den Flüssen fischte. Wer sich daran erfreute, ohne mehr zu wollen, der hatte das Land im tieferen Sinn besessen als der, dem die Urkunden gehörten. Nur unbegierig, nur losgelöst von allem, können wir alles besitzen. Darum sagt Paulus: »Wer hat, sei wie der, der nicht hat, und wer kauft wie der, der nicht kauft, und wer heiratet wie der, der nicht heiratet.«

Materialismus, Götzendienst

Das Geld ist ein Tyrann, oder wie Christus in der Sprache der damaligen Zeit sagt, »ein Herr« (was damals soviel bedeutete wie Gott). »Keiner kann zwei Herren dienen ...« Und danach nennt er das Geld mit dem Namen des Gottes der Sidoniter »Mammon«, weil das Geld auch eine Götzenherrschaft ist.
Das Geld ist ein Teil der Tyrannei, der Grausamkeit, der Überheblichkeit, der Vergötterung: des Tiberius. Jedes Geldstück und jeder Geldschein tragen dieses Bildnis des Tiberius. (Darum verbot der heilige Franz seinen Brüdern, Geld anzufassen).

Das erste der Zehn Gebote, uns keine geschnitzten Bildwerke zu machen noch andere Götter anzubeten, scheint uns ein Gebot für primitive Völker, die die Vielgötterei noch nicht überwunden haben, eine archäologische Reliquie ohne irgendeinen praktischen Wert für den zivilisierten Menschen.
Aber der moderne Materialismus ist die gleiche alte Vielgötterei, und die Welt hat noch nie so viele Götter und Idole gehabt wie heutzutage. Ein teurer Wagen, ein Filmstar, ein politischer Führer, eine Ideologie, das sind die Götter von heute. Die Städte der modernen Welt sind voll von diesen Göttern: die Götter der kommerziellen Werbung und der politischen Propaganda, die lächelnden Göttinnen der Fruchtbarkeit und Fülle, der Ernährung und der Hygiene, die Götter der Biermarken, der Cornflakes und der Zahnpasta. Oder die Gesichter der Diktatoren und politischen Führer – die dunklen Götter des Terrors und des Krieges, der Vernichtung und des Todes.
Die gleichen Naturkräfte, die der primitive Mensch im Feuer und im Donner anbetete, ohne sie zu verstehen, betet der moderne Mensch in der Elektrizität und in der Atomenergie an, auch ohne sie zu verstehen.

Der einzige Besitz

Vom Mikrokosmos bis zum Makrokosmos offenbart uns die ganze Schöpfung die Unendlichkeit Gottes. Wir sollen alle Dinge als Symbole und Bilder betrachten, als Fotos Gottes, aber nicht als Gegenstände, die an sich etwas wert sind und um ihrer selbst willen besessen und genossen werden können.
Gott besitzen heißt sich von allen Dingen lösen. Sich von allen Dingen lösen, heißt Gott umarmen.
Und nur Gott läßt sich besitzen. Wenn ich einen Gegenstand sehe, der mir gefällt, und ich kaufe ihn, so besitze ich ihn darum doch nicht. Auch wenn ich ihn verkaufen oder verschenken kann, habe ich ihn nie besessen. Er ist unverletzt und

unberührt geblieben, weil unsere Fähigkeit zu besitzen so ganz in unserem Innern ist, daß kein äußerliches Ding an sie heranreicht. So erklärt sich die tiefe Unzufriedenheit aller Menschen, die Reichtümer ihr eigen nennen. Es ist eine Unzufriedenheit, die nie gestillt werden kann, höchstens verschlimmert. Zwischen uns und den Dingen liegt eine unsichtbare gläserne Wand. Wir stoßen wieder und wieder dagegen, wie ein Schmetterling, ohne je zu den Dingen zu gelangen. Und auf der anderen Seite dieser Wand lacht uns immer weiter die Welt, heil und unerreicht.

Auch die Menschen, die wir lieben, können wir nicht besitzen. In ihrer innersten Persönlichkeit bleiben sie unberührt, wie auch wir selbst immer jungfräulich bleiben. Selbst zwischen Mann und Frau besteht ein Abgrund, der sich nicht überbrücken läßt, ein Bereich, der sich nicht mit dem anderen verschmelzen läßt. Sie kommen sich nie so nahe, wie sie möchten. Es ist nur eine Illusion der Vereinigung.

Allein Gott läßt sich besitzen, weil Er der einzige ist, der Zugang zu unserem innersten Wesen hat, dort wo wir besitzen und besessen werden können. Nur Er hat den Schlüssel zu unserem Sein.

Denn Er kommt nicht von außen, sondern tritt von innen her in uns ein. Er spottet der Festungsgräben und Verteidigungsmauern unserer inneren Burg und kommt durch Geheimgänge, die nur Er kennt.

Und wir können uns mit Ihm vereinigen, ohne aus uns selbst herauszugehen. Mehr noch, wir können uns nur mit Ihm vereinigen, wenn wir in uns selbst sind.

Dann können wir die geschaffene Kreatur also nie besitzen? Dieser Gedanke würde uns noch in der Ewigkeit quälen, weil wir sie in aller Ewigkeit nicht vergessen könnten. Eher würde sich die Erinnerung an das, was wir nie besitzen durften, noch vergrößern. Ja, wir können alles besitzen, aber in Gott. Wenn wir Gott haben, haben wir alles, denn Er ist der Herr aller Dinge. Alle Schöpfung ging hervor aus Gott, und alle Kreatur kehrt zu Ihm zurück durch Christus. »Wenn ich in die Höhe erhoben werde, ziehe ich alle Dinge hinauf zu mir«, sagt Christus. Und wenn alle Dinge hingezogen werden zu Ihm, werden sie auch zu mir hingezogen, denn Er ist mehr ich als ich selbst. Er ist mein innerstes Wesen.

Aber um das erfahren zu können, müssen wir alles fahren lassen. Der heilige Johannes vom Kreuz sagt, der einzige Weg alles zu besitzen, ist die Entäußerung von allem.
Bis dahin sind wir wie Vögel in einer verschlossenen Wohnung, die sich die Flügel an den Scheiben des Wohnzimmers wundstoßen. Wir sehen eine strahlende Landschaft vor uns und können nicht heraus. So stoßen wir uns an der Kreatur, die uns täuscht, weil sie uns Gott vorspiegelt. Wir stoßen uns an ihr wund, weil sie kompakt ist und uns darum nicht zu Gott läßt. Das Licht, die Helligkeit Gottes scheint nur durch sie hindurch. Und nur, wenn wir diese faszinierende Helligkeit der Kreatur vergessen und uns zurückwenden in das Dunkel der Wohnung, in der wir gefangen sind, finden wir den Ausgang zum Garten, zur Freiheit und zum Licht, den Ausgang zu Gott.

Schein, Erscheinung

Diese Welt ist nur ein Abbild. Bilder auf dem Grund einer Höhle, wie Platon sagt, oder Bilder auf einer Kinoleinwand oder auf dem Fernsehschirm, wie wir heute sagen würden.
Wie Filmschauspieler, die wir auf einer Leinwand singen und lachen sehen, und die doch nicht wirklich sind, sondern Bilder, Effekte von Licht und Schatten, so sind auch die Sterne des Himmels, die in der Nacht lachen und singen, nur Lichteffekte. Vielleicht sind es Sterne, die längst nicht mehr existieren, sondern vor Millionen von Jahren gestorben sind, obwohl ihr Licht uns noch erreicht, genau wie die Schauspieler vielleicht schon vor Jahren gestorben sein können, obwohl wir sie immer noch auf dem Bildschirm lachen und singen sehen.
Die Welt rollt schnell vor uns ab wie ein Film.

Wir nehmen flüchtige Bilder wahr, mit unseren Augen, mit unseren Ohren und unserem Gefühl, auf dem Bildschirm der Sinne. Aber der Tod ist für uns das Ende des Programms und die Rückkehr zur Wirklichkeit. Inzwischen betrachten wir die Welt mit offenen Mündern, wie Kinder vorm Fernsehschirm.

Die Wirklichkeit ist Gott, der dunkel ist, und den wir weder mit unseren Sinnen noch mit unserer Vorstellungskraft noch mit unserem Geist aufnehmen können. Wir können ihn nur erfassen als etwas Vages, außerhalb unserer Fantasie und unserer Sinne, in der Dunkelheit des Glaubens. Obwohl der Glaube nichts Dunkles ist, sondern ein unsichtbares Licht, das tiefer in die Wirklichkeit eindringt als das Licht, das wir mit unseren Augen aufnehmen, wie Röntgenstrahlen, die alles durchdringen.

Die Gegenwart Gottes ist eine dunkle und unsichtbare Gegenwart, wie die unsichtbare Gegenwart eines Menschen, der mit uns zusammen in einem dunklen Zimmer sitzt.

Viele Male haben wir diese Gegenwart in uns gespürt, ohne uns dessen bewußt zu werden. Es ist vielleicht ein Gefühl der Einsamkeit oder der Angst, eine Empfindung der Stille, eine seltsame Liebe, die in uns ausbricht.

Wenn du nach einer festlich verbrachten Nacht im Morgengrauen in dein Zimmer kommst und allein mit dir bist, in diesen Augenblicken der Einsamkeit und der Stille, spürst du vielleicht die Gegenwart dieses Jemand, ein trauriges Antlitz neben dir, das nicht du bist. Und dann fühlst du auch deine Leere. Du hast Angst, in den Spiegel zu schauen, weil das, was du da siehst, nicht du bist, dein Gesicht ist wie eine Maske. Und du schreckst davor zurück, dich anzusehen, als ob du Angst hättest, einen Toten zu sehen. Und du graust dich vor dem Alleinsein, allein zu sein mit dir selbst, wie einem ein leeres Haus Furcht einflößt.

Du fühlst, daß du, nur du im ganzen Universum, fern bist von Ihm. Die Galaxien, die sich langsam seit Billionen von Jahren um ihre Achse drehen, die allmähliche geologische Evolution der Erde, die ganze Flora und Fauna des Meeres und der Erde gehorchen Seinen Gesetzen, nur du nicht.

Dieser Wille Gottes, dem du nicht gehorchst, ist nicht deinem eigenen Willen von außen her aufgedrängt, sondern dir eigen

als dein eigener Wille, ein *du,* mehr als du selbst, dein innerstes Sein, deine eigentliche Identität und dein tiefster Wille.
Wir spüren die Gegenwart des Geliebten in der Dunkelheit, seine geheimnisvolle Liebkosung. Jemand ist in uns, den wir nicht sehen können. Was wir sehen, ist nur die materielle Wirklichkeit, eine Wirklichkeit so falsch wie ein Farbfilm oder wie ein Werbeprogramm im Fernsehen.
Wie oft, auch als ich fern von Gott war, tauchte in meinen Träumen ein verschwommenes Antlitz vor mir auf, in den Stunden der Einsamkeit, in der Stille der Nacht, nach Feiern und Festen: Gott – unterdrückt, in die Schatten des Unterbewußtseins verbannt. Er war jedoch da, abgebildet auf dem Leintuch meiner Seele, verschwommen und schmerzlich wie das Antlitz Christi auf dem Schweißtuch der Veronika. Meine Ängste, meine Träume, meine nächtlichen Schrecken waren eingegraben in dieses Antlitz.
In unserem Innern ist die Liebe und zieht uns hin zu sich, hin zum Zentrum unserer selbst, das Er ist. Die Liebe sucht immer die Vereinigung, die Identifikation des Geliebten mit der Geliebten. Es ist jemand in mir, der ich nicht selbst bin. Wir sind so konstruiert, daß der Mittelpunkt unseres Wesens Gott ist. Wenn wir uns also selbst finden, nähern wir uns Gott, wenn wir auch nicht ganz zu Ihm kommen können, denn auch die Entfernung zwischen Ihm und uns ist unendlich, gerade weil Er uns unendlich nah ist.

Die Seele

Die Heiligkeit ist unsere eigentliche Persönlichkeit. Es gibt keine zwei gleichen Blätter, und es gibt auch keine zwei gleichen Menschen. Aber die Sünde macht uns alle gleich, wie Gefangene in der gleichen Uniform. Die Heiligen dagegen sind alle verschieden, weil die Heiligkeit vollkommene Verwirklichung der eigenen Persönlichkeit ist. Die Heiligkeit ist das Wiederfinden der eigenen Identität, die jedem Wesen eigen ist, und die durch die Sünde verloren gegangen ist.
Je mehr wir uns mit Gott identifizieren, desto mehr sind wir selbst, nicht weil unser Wesen Gott ist, sondern weil wir das Bild Gottes sind, was fast auf dasselbe hinausläuft.

Je mehr die Seele also Gott gleicht, desto mehr ist sie sie selbst, weil es ihr Schicksal ist, Bildnis – Selbstbildnis – Gottes zu sein. Die Seele ist nicht unendlich, sie ist aber ein Bild der Unendlichkeit, und auch das ist fast das gleiche.

Wir wissen nicht, wie die Schönheit der Seele aussieht, weil wir sie nie gesehen haben. Wir haben aber die Abwesenheit der Seele gesehen, die Häßlichkeit eines Körpers, aus dem die Seele ausgefahren ist. Die Grimasse des Todes kann uns eine Ahnung davon vermitteln, was die Seele ist. Und ebenso die Schönheit eines Körpers, dem eine Seele innewohnt, kann uns eine Empfindung dafür geben, was die Schönheit einer nackten Seele sein kann. Eine gleiche Ahnung geben uns die großen Kunstwerke, in denen sich die Seele des Künstlers widerspiegelt. Auch in der Intimität der Liebe oder einer Freundschaft nähern wir uns dem Geheimnis einer Seele.

Die Liebe und Schönheit Gottes geben der Seele ihre Schönheit, und eine Seele, in der sich Gott widerspiegelt, ist ganz entzündet und entflammt vor Liebe. Eine unendliche Liebe und eine unendliche Schönheit spiegeln sich in ihr, wie der unendlich blaue Himmel in einem stillen See.

Eine bloße Seele ist ganz Lächeln und Gefühl und Liebe, ganz Zittern und Brennen und Leidenschaft und Feuer, sie ist nichts als Zärtlichkeit und Empfindsamkeit, Vitalität und Leben.

Und je mehr die Seele Gott schaut, desto mehr kennt sie Ihn, und je mehr sie Ihn kennt, desto mehr liebt sie Ihn, und je mehr sie Ihn liebt, desto mehr besitzt sie Ihn und kennt sie Ihn und liebt sie Ihn. Ihr ganzes Leben gibt und empfängt sie, immer mehr liebend, bis sie vor Liebe zittert.

Die Seele ist vor Gott passiv, ist weiblich. Die Seele kann nicht die Initiative ergreifen. Sie kann Gott nicht besuchen, denn sie weiß weder wie sie zu ihm kommen kann, noch wo Er ist. Sie muß warten, bis Er sie besucht, und wenn Er nicht kommt, ist sie allein. Die Seele kann sich nicht von ihrem Platz fortbewegen; Gott ist es, der ein- und ausgeht. Und die Seele kann auch nicht liebkosen. Nur ganz schüchtern wagt sie zuweilen eine Zärtlichkeit Gott gegenüber. Sie kann sich nur von Ihm liebkosen lassen. Sich von Ihm streicheln lassen, ist das einzige, was sie kann.

Die Seele einer alten Frau ist genauso weich und jung und frisch wie die Seele eines Kindes, weil sie der Brunnen der

Lebenskraft ist und nicht alt werden kann. Die Seele des rüdesten Kerls ist geradeso voller Licht wie die Seele eines Beethoven oder Dante, und die Seele des Mannes ist genauso weiblich wie die Seele der Frau. Die Seele ist Anfang des Lebens, ist reine Unschuld und nichts als Licht und Freude und Klarheit und Süße und Gnade, darum liebt Gott sie so leidenschaftlich. Absolut alle Menschen haben so eine Seele. Und darum ist es so schade, wenn sich die Seele unwürdigen Liebhabern hingibt, daß sie sich von Essen und Trinken, von Vergnügungen und Geld versklaven läßt.

Manchmal blickt uns etwas von dieser Schönheit der Seele aus einem Paar reiner Augen an; dann ist es, als ob etwas von ihrem Glanz durch die undurchdringliche Materie hindurchsickere, wie der Sonnenschein durch die geschlossenen Augenlider.

Aber Seele und Körper sind auch eins. Wenn der Körper lebendig ist, dann ist die Seele nichts anderes als die Wirklichkeit und die Lebenskraft des Körpers, die macht, daß der Körper keine Leiche ist. »Wenn der Körper nicht Seele ist, was ist dann Seele?«, fragt Whitman.

Und Tertullian hat gesagt, die Seele sei von Natur aus christlich (»Anima naturaliter Christiana«). Wenn sich ein skeptischer Heide von seiner Erziehung, seiner Kultur und den Einflüssen seiner Umwelt lösen könnte, würde er auf dem Grund seiner Seele – in seinem Unterbewußtsein sagen wir heute – die Wahrheiten des christlichen Glaubens entdecken.

Schon der Widerschein Gottes auf der undurchsichtigen Materie blendet uns. Wie betäubend muß dann erst die Schönheit Gottes, widergespiegelt, nicht auf undurchsichtiger Materie, sondern auf reinem Geist, sein! Die Essenz aller natürlichen Schönheit, dieser gemeinsame Nenner, der allen schönen Dingen eigen ist (dem Blau der Meere und der Seen, den beschneiten Bergen, der Wüste, den Blumen und den Sternen), wohnt dann in der Seele, aber konzentriert, verfeinert, verwandelt in eine höhere Schönheit, in reinen Geist wie der Geist Gottes, wie eine Einheit von Millionen Lächeln und Millionen Landschaften.

Abbild und Urbild

Wir sind Ebenbilder Gottes, Kunstwerke. Unser innerstes Geheimnis, unsere letzte Daseinberechtigung ist, daß wir nicht nur wir selbst, sondern Ebenbilder sind. Der Sinn unseres Lebens ist nicht, uns selbst darzustellen, sondern Kopien, Fotos eines anderen zu sein. Nur wenn dieser Andere durch uns hindurchscheint, sind wir wir selbst. Wir sind wie eine weiße Leinwand, auf der sich Gott projiziert. Nehmen wir den Film weg, bleibt nichts übrig.
Diese Dualität ist das Geheimnis des Menschen: wir sind alles, und zur gleichen Zeit sind wir nichts. Wir sind ein Nichts, auf das sich ein Alles projiziert. Wir können aber willentlich dieses Alles auslöschen. Eine sündige Seele ist dann das Nichts.

Einerseits sind wir Kinder des Nichts, und andererseits sind wir Kinder Gottes, weil Gott uns aus dem Nichts erschuf. Das Nichts und Gott, das ist die Dualität des Menschen.
Wir sind aus dem Schoße Gottes hervorgegangen, in dem wir die ganze Ewigkeit hindurch ein Teil Gottes waren. Und nie werden wir Frieden finden, ehe wir nicht zu Gott zurückkehren.
Inzwischen leben wir im Exil. Wir sind Verbannte Gottes. Gleichzeitig haben wir unseren Ursprung aber auch im Nichts, denn als wir noch bei Gott waren, waren wir nicht wir selbst, sondern Gott. Wir sind empfangen vom Chaos, das von Gott befruchtet wurde.
Die Heiligen sehen dieses unendliche Nichts, dieses Chaos, aus dem wir stammen, ganz klar in sich. Das ist der Grund ihrer erschreckenden Demut. Sie sehen in sich ein Nichts, eine totale Abwesenheit, eine vollständige Leere, Auflösung, Verfall, Herbst, Tod und Vergessen. Denn daraus sind wir gemacht: aus Alter und Herbst, aus der Materie des Todes, aus Welken und Verfall.
Die Gespenster des Hungers und der Pest und aller Kriegesschrecken geben uns ein Bild davon, was wir auch sind. Denn sobald Gottes Bild auf uns ausgelöscht wird, sind wir nur noch Abbild der Trauer, der Angst und des Todes. Hinter jedem Menschen steht der Tod und die Fratze des Todes. In diesem Land der Schatten mögen die Menschen vielleicht lachen, aber ihr Lachen ist wie die Grimasse der Toten in den Kühlräumen der Morgue. Das ist es, was die Kinder im Dunkeln fürchten und was das Kind in jedem von uns immer noch entsetzt in der Dunkelheit der Welt unserer Träume: das Nichts, aus dem wir hervorgegangen sind und das wir weiterhin sind, der Staub, der wir waren und sind und wieder sein werden.
Das Leben, das jetzt in uns ist, ist oberflächlich und setzt schon heute zeitweilig aus. Im Schlaf sind wir bereits tot, und auch im Wachen sind wir halb betäubt und tot für eine Fülle von Empfindungen. Das innere Ringen eines Künstlers ist der Kampf um das künstliche Wachhalten des Lebens. Und auch der Liebende kämpft darum, das Leben durch seine Liebe vor der Routine und dem Tod zu retten. Alles nutzt sich ab, und alles sinkt eines Tages in Starre und Tod. Auch die Kunst nutzt sich ab und wird Rhetorik. Die Schönheit altert und welkt, und die

Liebe wird Gewohnheit. Alles im Universum gehorcht diesem zweiten Gesetz der Thermodynamik. Nur Gott ist lebendig, das lebendige Leben, das immer Neue, immerwährende Frische und ewiger Neubeginn. Er ist der, der *ist*. Er hat kein Leben, sondern *ist* das Leben. »Wen da dürstet, komme zu mir und trinke. Wer an mich glaubt, wie die Schrift sagt, aus dessen Innern werden Ströme lebendigen Wassers fließen.«

Der Wille Gottes

Jedes Geschehnis ist ein Sakrament des Willens Gottes. Wie der Leib Christi in Brot und Wein verborgen ist, so ist der Wille Gottes in den alltäglichen Begebenheiten verborgen.
Alle historischen Ereignisse sind so heilig wie die Heilige Schrift, weil sie gleichfalls ein Ausdruck des Willens Gottes sind. Und die bescheidenste Begebenheit des Alltags ist ein Ausdruck des Willens Gottes und darum genauso wichtig wie das wichtigste historische Ereignis. Das Verpassen eines Zuges ist genauso wichtig wie das Verlieren der Schlacht von Waterloo.
Darum gibt es nichts Banales und nichts Unbedeutendes auf der Welt. (»Alle Haare auf eurem Kopfe sind gezählt.«) Der unbedeutendste Zwischenfall kann die ganze Weltgeschichte

verändern. Ein fallender Dachziegel verursachte den Tod eines spanischen Königs, und der kleine Zeitungsjunge von heute kann morgen die Titelseiten aller Zeitungen der Welt füllen. Auch andere noch so winzige Vorkommnisse haben irgendwie den Lauf der Welt beeinflußt, obwohl wir nie etwas davon gehört haben. Und genauso wichtig ist das Leben jedes einzelnen Menschen, auch wenn keine Zeitung je etwas über ihn berichtet.

Unser tägliches kleines Leben ist voller Wunder und Geheimnis. Es ist wie eine Weiterführung der verborgenen Jahre Jesu in Nazareth, die nie in den Evangelien beschrieben wurden.

Obwohl diese Jahre wie auch alle anderen unbekannten Taten Jesu nie aufgezeichnet wurden, haben sie darum doch nicht weniger Bedeutung.

Die Heilige Schrift ist nichts weiter als ein Fragment – erleuchtet vom Heiligen Geist – der Weltgeschichte, des Eingreifen Gottes in den Lauf der Welt. Alle Geschichte ist heilig, und heilig sind auch die Ereignisse unseres Privatlebens. Die Bibel, von der Genesis bis zur Apokalypse ist nur ein beleuchteter Ausschnitt aller menschlichen Geschehnisse vom Anfang bis zum Ende der Welt, vom ersten Morgen bis zum letzten. Der Rest der Geschichte unserer Welt und auch anderer, vielleicht bewohnter Welten blieb im Dunkeln, ist ein unleserlicher Text. Darum ist der Wille Gottes aber nicht weniger gegenwärtig in ihm.

Dieser Text der Weltgeschichte kann allerdings vom Menschen verändert und verfälscht werden, und das ist auch in reichlichem Maße geschehen, von der ersten Sünde an. Die Heilige Schrift ist auch die Geschichte des dauernd unterbrochenen Willens Gottes durch den Menschen. Gott hat beschlossen, Israel ins Gelobte Land zu führen. Als das Volk sich auflehnt und nach Ägypten zurückkehren will, ändert Gott seine Pläne und beschließt, es auszurotten und für Moses ein neues Volk zu schaffen. Moses bittet Gott für das Volk Israel und bewirkt, daß Gott erneut Seine Meinung ändert, er rottet es nicht aus, läßt es aber auch nicht ins Gelobte Land gelangen, wie Er zuerst vorgehabt hatte. »Ihr sollt nicht in das Land eingehen, das ich euch mit zum Schwur erhobener Hand versprochen habe.«

Der Wille Gottes ist ein unheimlich kompliziertes Gewebe, das immer wieder durch den freien Willen des Menschen durchkreuzt wird, das aber darum doch nie reißt. Jeden Augenblick ändert Gott Seinen Willen, je nach dem, wie sich die Umstände durch das Dazwischentreten des Menschen wandeln.
In jedem einzelnen Fall beachtet Gott aber auch die unendlichen Wirkungen, die eine Abänderung Seines Willens für alle anderen Fälle und Umstände des Universums zur Folge haben könnte. Wenn ich um Regen für meine Ernte oder um Schönwetter für eine Verabredung bitte, denke ich nur an die Vorteile, die das Regnen oder Nichtregnen für mich hat. Gott denkt aber gleichzeitig an alle Wirkungen und Folgen der Wirkungen, die das Regnen oder Nichtregnen auf die ganze Welt hat. Der Wille Gottes ist die Koordinierung aller dieser Wirkungen, die Er mit unendlicher Weisheit und unendlicher Liebe kombiniert. Darum sollen wir mit Freuden alles annehmen, was geschieht, so widrig es im Augenblick auch sein mag, weil alles zu unserem besten geschieht, weil es uns zuträglich ist.
Das einzige, was uns nicht zuträglich ist, ist die Sünde. Allein die Sünde hängt ausschließlich von uns ab und nicht vom Willen Gottes. Die Sünde verwirrt den Willen Gottes, sie ist das einzig Gegensätzliche zu ihm.
Aber alles, was nicht von unserem Willen abhängt, ist der Wille Gottes. Sogar die Wirkungen und Ergebnisse der Sünde sind Gottes Wille. Nur die Sünde selbst hängt von uns ab, die Wirkungen und Konsequenzen unserer Sünden und der Sünden anderer unterliegen dem Willen Gottes. Die innere Zustimmung eines Menschen, der auf einen anderen Menschen schießt, hängt von diesem Menschen selbst ab. Ob der Revolver aber geladen war und welchen Lauf die Kugel nimmt, ob sie trifft oder nicht und alle anderen Umstände, ist Sache Gottes. Darum sollen wir alles segnen, was geschieht, denn alles, sogar die Konsequenzen der Sünde, ist der Wille Gottes. Von uns hängt einzig und allein die Zustimmung zur Sünde ab. Manchmal wollen wir den Willen Gottes nicht erkennen, weil er verkleidet unter schrecklichen Aspekten auftritt. Die Juden wollten ihren König nicht anerkennen, als er ihnen mit Dornen gekrönt vorgeführt wurde; da zogen sie lieber die Diktatur des Tiberius vor. »Wir haben keinen anderen König

als den Kaiser.« (Der Kaiser würde sie später niederdrücken, während Christus ihr Befreier war.) Der Wille Gottes zeigt sich uns oft versteckt unter Mißerfolg, Elend, Einsamkeit und Tod. Dann wählen wir lieber den Tiberius, den Vertreter der Macht, der Vergnügungen, des Geldes und der Sinnlichkeit, der Grausamkeit und des Sieges. Dann rufen wir: »Kreuzigt ihn, wir haben keinen anderen König als den Kaiser.«

Der Wille Gottes kann verkleidet als Krebs zu uns kommen, als Verkehrsunfall oder als Geheimpolizist eines totalitären Regimes, um uns eines Nachts zu verhaften. Und es ist schwer, ihn in dieser Verkleidung zu erkennen und zu segnen. Aber alles, was wir Wirklichkeit nennen, ist die Fleischwerdung des Wortes Gottes, ist das Wollen Gottes. Alle Wirklichkeit ist heilig. Ein flüchtiges Treffen auf der Straße, ein verpaßter Zug oder ein rechtzeitig erreichtes Flugzeug, alles sind Verwirklichungen des Willens Gottes.

Gott ist nicht nur in den äußeren Zeichen der Sakramente gegenwärtig, sondern in gewisser Form in allem Wein und in allem Weizen, in allem Wasser und in allem Öl, in der ganzen Realität der Welt. In aller Wirklichkeit ist Gott verborgen, stumm und demütig.

Alle Wirklichkeit ist Sakrament.

Wir wissen nicht, was uns gut tut, darum dürfen wir nichts wollen und nichts nicht wollen, sondern nur das annehmen, was Gott für uns will oder nicht will, weil nur Er weiß, was uns not tut.

Wir sind umgeben von Ereignissen, die wir nicht verstehen, von denen wir nicht wissen, woher sie kommen und wohin sie führen, wie ein Blinder im Verkehrsgewühl. Wir sind wie ein Kind auf einem großen Flughafen voller Flugzeuge, die kommen und gehen. Wir können in keins von ihnen einsteigen, weil wir ihre Route nicht kennen. Wir kennen nicht einmal unser eigenes Ziel, wir können nur warten, bis jemand kommt und uns zeigt, in welches Flugzeug wir einsteigen müssen. So kennen wir auch unser Schicksal nicht und wissen nicht, welche Ereignisse unseres Lebens gut und welche schlecht für uns sind.

Wir kennen unsere Zukunft nicht, und auch unsere Gegenwart und unsere Vergangenheit sind uns nur bruchstückhaft bekannt.

Die Sünde ist der Glaube, wir wüßten besser als Gott, was gut für uns ist, die Annahme, Gott hätte sich in dem einen oder anderen Fall in bezug auf uns vertan.

Gott weiß, was uns zuträglich ist, weil alles, was geschieht und noch geschehen wird, in seinem Geiste seit aller Ewigkeit schon geschehen ist, wie ein Foto, das schon vor einiger Zeit aufgenommen wurde, und das wir nun beim Entwickeln des Films in der Dunkelkammer zum ersten Mal sehen. Oder wie ein Film, der seinerzeit gedreht wurde und den wir nun auf der Leinwand projiziert sehen. Ober wie das Licht eines Sterns, das vor Millionen von Jahren ausgesandt wurde, das aber erst jetzt auf unsere Netzhaut gelangt.

Gott weiß, daß Dinge, die heute schlecht für mich sind, morgen vielleicht gut für mich sein können. Und Gott kann heute etwas wollen, was Er später nicht mehr will. Er kann hier etwas beabsichtigen, was Er an einem anderen Ort nicht will oder mit mir etwas vorhaben, was Er mit einem anderen Menschen nicht vorhat.

Als die Jungfrau von Orleans in ihrem Prozeß gefragt wurde, ob Gott auch die Engländer liebe, antwortete sie: »Gott liebt die Engländer nicht in Frankreich.« Das ist das Mysterium unserer Berufung. Gott liebt auch einen Diktator von Nicaragua, aber Er liebt ihn nicht als Diktator von Nicaragua.

Die natürlichen Wunder

Wir leben umgeben von Wundern, ohne es zu merken. Dabei handelt es sich nicht nur um die Ereignisse, die man für gewöhnlich als Wunder bezeichnet, sondern auch um die natürlichen Wunder. Niemand liebt die Natur so wie Gott, der sie erschaffen hat, und Er wollte, daß ihre Wunder natürlich seien. Grund aller Gründe, wollte Er, daß alle Dinge ihren Grund hätten, und daß die Gründe ihre Wirkungen ausübten und daß alles auf natürliche Weise geschähe.

Alles was geschieht, ist wunderbar, das Alltägliche so wunderbar wie das Unerklärliche. »Eine Maus ist ein Wunder« sagt Whitman. Alles Natürliche ist ein Wunder, um so wunderbarer, als es unbemerkt bleibt. Es ist das unsichtbare und bescheidene Wunder des Gewöhnlichen.

Augustinus sagt, die wunderbare Brotvermehrung sei nicht wunderbarer gewesen als das, was täglich in irgendeinem Samenkorn geschieht, sie war nur unalltäglicher.
Die Schöpfung war für Gott nicht irgendein vereinzelter Akt, versunken im Meer der Zeit, sondern ist ein immerwährendes Ereignis, das sich jeden Augenblick neu vor unseren Augen vollzieht. Auch vor den Augen der Ungläubigen vollzieht sich diese immer neue Schöpfung und bringt sie doch nicht zum Glauben. In jedem Augenblick werden wir neu erschaffen, in jedem Moment neu hervorgebracht aus dem Nichts. Das Weltall ist ein ewiges Wunder, und jedes alltägliche Ereignis ist so wunderbar wie die Heilungen von Lourdes.
Das Normale ist die normale Art Gottes, Wunder zu tun. Das Alltägliche ist genauso wunderbar wie das Außergewöhnliche, wir sehen es nur nicht, weil wir so daran gewöhnt sind. Wer aber mit Gott in Berührung steht, der sieht sein ganzes Leben als außergewöhnlich und übernatürlich und voller Wunder an.
Gott vollbringt manchmal fühlbare Wunder, um die Welt zu überzeugen. In der Zweisamkeit der Seele aber hat Er solche Wunder nicht nötig. Dort vollbringt Er seine Wunder durch das wunderbare Zusammentreffen der täglichen Ereignisse.
Manchmal ist es nicht schwer, Wunder und Zufall zu unterscheiden, aber oft ist auch der Zufall ein Wunder, oder Gott vollbringt Seine Wunder durch den Zufall.
In Wirklichkeit existiert der Zufall gar nicht. Was wir Zufall oder Schickung nennen, ist nichts anderes als der Wille Gottes unter einem anderen Namen. Oft ist es schwer, den Willen Gottes zu erkennen, weil er sich in den Ereignissen des täglichen Lebens verwirklicht, in den Naturgesetzen und der Geschichte, im Zufall, im Schicksal, in Schickungen und Zufälligkeiten. Aber alles das ist die Vorsehung Gottes.
Meistens nennen wir nur das Außergewöhnliche in unserem Leben Vorsehung oder das, was gerade in unsere Pläne paßt und von dem wir meinen, daß es gut für uns ist. Wir nennen Vorsehung, wenn wir unverletzt einen Verkehrsunfall überstehen oder wenn wir im letzten Augenblick das abgestürzte Flugzeug verpaßt haben, und denken nicht daran, daß auch das Umkommen bei einem Unfall oder bei einem Flugzeugabsturz gleichermaßen Vorsehung ist. Im Grunde ist diese

unsere Einstellung ein Überbleibsel des Manichäismus, des Glaubens, daß es zwei Götter gibt, einen guten und einen bösen, und daß die Vorsehung der Triumph des guten Gottes über den Gott des Chaos und der Katastrophen ist. Aber es gibt nur einen Gott, und nichts entgeht Seiner vorsorgenden Herrschaft, außer der Sünde. Alles was geschieht, ist Vorsehung, und alles ist gut für uns, nur die Sünde nicht. Nur die Sünde ist nicht von der Vorsehung bestimmt, weil die Sünde das einzige ist, das nicht von Gott, sondern vom Menschen gemacht wurde. Aber die Auswirkungen der Sünde hängen nicht vom Menschen ab und sind darum auch Göttliche Vorsehung.

Vorsehung ist nicht nur das Angenehme, sondern auch das Unangenehme, nicht nur das Außergewöhnliche, sondern auch das Gewöhnliche, nicht nur das, was geschieht, sondern auch das, was nicht geschieht.

Oft erkennen wir die Göttliche Vorsehung nicht, weil sich unser Wille störend gegen den Willen Gottes stellt und so Seine Absichten und Pläne unterbricht. Wenn wir unseren Willen aber ganz unter den Willen Gottes stellen, wenn wir nicht das Geringste unternehmen, um uns gegen Seine Pläne zu stellen, dann sehen wir auf wunderbare Weise die Göttliche Vorsehung in unser Leben eingreifen. Dann erhält aller Zufall und unser ganzes tägliches Leben einen Sinn, und unser ganzes Leben wird voll von unvergleichlichen Fügungen.

Wenn wir unseren Willen ganz dem Willen Gottes unterordnen, erhält jede Kleinigkeit, jedes Treffen auf der Straße, jeder Telefonanruf, jeder Brief plötzlich einen Sinn. Dann erfahren wir, daß alles einen Grund hat und alles einer Vorsehung gehorcht.

Die meisten Menschen fühlen sich allein und unbeschützt in der Welt, als ob es keine andere Vorsehung als ihre eigene gäbe, als ob sie aus sich selbst oder vom Zufall erschaffen wären und in einer vom Zufall regierten Welt lebten. Sie fühlen sich allein und hilflos wie verlorene Kinder in einem dunklen Wald und nicht wie von Gott geschaffene Wesen, die von Gott in eine gute Welt gesetzt wurden, die von Ihm für sie erschaffen ist. Wir sind nicht allein, der, der uns schuf, bewohnt uns von innen und umgibt uns von außen. Wenn wir gläubig und liebend »Vater unser« sagen, werden uns selbst die großen interstellaren Räume vertraut.

Wenn wir davon überzeugt sind, daß der, der die Sterne und die Milchstraßen und die ganze Ausdehnung des Universums regiert, sich auch um unseren Blutkreislauf und unseren Metabolismus und um alle Ereignisse unseres täglichen Lebens kümmert, dann fühlen wir uns sicher und vertrauensvoll und ruhig. Er sorgt genauso für die Glühwürmchen wie für die Milchstraßen, und kein Atom bewegt sich ohne Seine Zustimmung. Was kann uns dann schon in der Welt geschehen?
Die Freude kann ein vollendetes Gebet sein, weil sie ein Akt des Vertrauens in Gott ist und die Sicherheit, daß uns nichts Böses in der Welt geschehen kann. Und die Freude kann auch heroisch sein.
Die physikalischen Gesetze des Universums und das moralische Gesetz sind gleich – mit dem einzigen Unterschied, daß das von Gott gestiftete moralische Gesetz vom Menschen verletzt werden kann. In bezug auf die Thermodynamik können wir in die Naturgesetze nicht eingreifen, wir können aber das Naturgesetz in unserem Innern verletzen. Der Mensch ist das einzige Wesen des Universums, das ungehorsam sein kann. Wenn wir dem Willen Gottes gehorchen, leben wir in Harmonie mit dem ganzen übrigen Weltall, weil wir dann demselben Gesetz gehorchen, dem die ganze Natur zu Willen ist. Alle unvernünftige Kreatur folgt pünktlich ihrem Schöpfer. Der Prophet Baruch sagt: »Er, der das Licht entsendet, und es strahlt auf, Er, der es ruft, und es gehorcht Ihm zitternd. Die Sterne freuen sich, auf ihrem Posten leuchtend. Er ruft sie, und sie sprechen ›Hier!‹ Sie leuchten freudig dem, der sie schuf.«

Verdammnis, Selbstverneinung

Sündigen heißt wie Götter sein wollen, kleine, beschränkte und vergängliche Götter, aber immerhin Götter. Wir wollen der Mittelpunkt der Welt sein und uns unsere eigenen Gesetze vorschreiben.

Sündigen heißt sich sein eigenes, privates Gesetz erlassen wollen und das Gesetz Gottes abschaffen. Die Sünde ist eine Tyrannei, und der Sünder ist sein eigener Diktator. Der heilige Bernhard sagt, Gott ungehorsam sein, bedeutet, sein eigener Tyrann zu sein. Der Verdammte ist ungerecht gegen sich selbst, er hat sein eigenes unschuldiges Sein verdammt, hat für ewig auf Gott verzichtet und es vorgezogen, ein Nichts zu sein. Darum verabscheut Gott den Verdammten, weil der Verdammte sich selbst verabscheut, denn Gott liebt auch den Verdammten unendlich.

Gott würde mit Freuden statt unserer die Hölle erleiden, sagt die heilige Katharina von Genua, wenn Gott die Hölle erleiden könnte.

Gott verabscheut den Verdammten, weil Er ihn liebt, und der Verdammte ist ein Feind seiner selbst. Gott liebt das, was der Verdammte ist oder sein sollte, das was er als Sein in sich hatte, und nun ist er die Verneinung seiner selbst und ein Anti-Sein. Die Sünde ist die Verneinung Gottes und ein Anti-Gott.

Die Sünde ist etwas, was nicht ist, was anti-ist. Sie ist voller Leere. Sie ist schlimmer als das Nichts, weil das Nichts nicht existiert und nichts ist, die Sünde aber ist ein reales Nichts, ist lebender Tod. Der Verdammte lebt in einem ewigen Zustand des Todes, er ist verdammt, in alle Ewigkeit *nichts* zu sein.

Der natürliche Tod ist nur eine Umwandlung der Materie, aber der ewige Tod ist die Materie in einem ewigen Zustand des Kadaver-seins. Der ewige Tod ist die grausige Fratze eines Stücks Kosmos, das zum Kadaver geworden ist.

Eine Seele in Sünde ist wie ein erloschener Stern, ist der Schrecken eines unendlichen, eisigen und leeren Universums, in dem nichts ist als Einsamkeit. Gott ist unendlich gut und unendlich schön, und darum ist die Sünde, die Abwesenheit Gottes bedeutet, die unendliche Abwesenheit des Guten und Schönen und ist darum unendlich schrecklich. Wenn Gott unendliche Güte und unendliche Schönheit ist, dann ist Nicht-Gott unendlicher Schrecken. Und wenn Gott das absolute Sein ist, dann ist die Sünde – die Verneinung Gottes – ein absolutes Nicht-Sein, die vollständigste Leere und das grausigste Nichts.

Die Seele ist ein Wesen, und als Wesen kann sie nicht aufhören zu existieren, aber die sündige Seele, leer von Gott, ist ein vollständig leeres und eisiges Wesen, vollkommen ungetröstet und voll von Nichts.

Man glaubt im allgemeinen, die Hölle sei eine Strafe Gottes und der Himmel ein Preis, den wir gewinnen können. Aber Paulus sagt uns genau das Gegenteil: »Der Tod ist der Sünde Sold, aber die Gabe Gottes ist das ewige Leben in Christus, unserem Herrn.«

Die Verdammnis verdient sich der Mensch, er fordert sie, und Gott kann nicht umhin, sie ihm zu geben, auch gegen Seinen

Willen. Aber die Erlösung verdient sich der Mensch nicht, sondern sie wird ihm von Gott geschenkt. Die Verdammnis gibt sich der Mensch selbst, die Erlösung ist ein Geschenk.
Auch das Feuer der Hölle ist ein Feuer der Liebe. Die Hölle ist ein Werk der Göttlichen Liebe, sagt Dante. Denn auch in der Hölle liebt man, aber ohne Hoffnung. Der Himmel ist erwiderte und erfüllte Liebe, die Hölle ist verschmähte Liebe. Im Hohelied steht, die Eifersucht sei so schrecklich wie die Hölle; tatsächlich ist die Hölle Eifersucht. Die Hölle ist lieben und abgewiesen werden von dem, was man liebt. Wer einmal geliebt hat und zurückgewiesen wurde, hat ein wenig die Hölle hier auf Erden erfahren. Der Himmel ist die Gemeinschaft der Heiligen, die Hölle ist nur Absonderung und Einsamkeit, ontologische Einsamkeit. Das Feuer ist das gleiche Feuer der Sinnenlust, mit dem sich manchmal hier auf Erden das Fleisch verbrennt, ist egoistische Liebe, ist das Feuer der unbefriedigten Wünsche, ist Einsamkeit und Eifersucht.

Ewigkeit

Der Tod existiert für uns nicht mehr. Unser Tod ist die Taufe, durch die wir am Tode Christi teilhaben, durch die wir in Christus sterben. Christus starb für uns und an unserer Statt, darum brauchen wir nicht mehr zu sterben. Der leibliche Tod ist nichts anderes als der Anfang des ewigen Lebens, die Bedingung für die Auferstehung. Wer getauft ist, hat den Tod schon überstanden. Der andere »Tod« ist nicht mehr Tod, sondern das Zusammentreffen mit Christus.
Christus ist der »Erstgeborene unter den Toten« wie Paulus sagt. Das heißt, Christus war der erste, der von den Toten auferstanden ist, der als erster aus dem Leib des Todes ins neue Leben hineingeboren wurde. Alle anderen folgen ihm später nach wie die weiteren Geschwister, die nach dem Erstgeborenen aus dem Mutterleib hervorgehen.

Für einen Mönch, für einen religiösen Menschen existiert der Tod nicht mehr, sondern ist längst überwunden. Und wer in Gemeinschaft mit Gott lebt, der weiß, daß ihn nichts mehr schrecken kann.

Die Welt macht sich die größten Sorgen um die Flüchtigkeit des Lebens. Wir aber freuen uns gerade, daß es so flüchtig ist und daß die Tage so schnell vergehen. Wir sehen das Leben vorüberfliegen wie einen Schnellzug und freuen uns darüber, wie sich jemand freut, der in einem Zug sitzt und schnell seinem Ziel, einem glücklichen Wiedersehn, entgegenfährt. Die Zeit ist ein Zug mit einem Ziel, die uns zu jemandem bringt.

Und es ist eine Lüge zu behaupten, das Leben sei kurz. Unser Leben ist nicht kurz, sondern ewig. Wir haben nicht den Tod, sondern die Ewigkeit vor uns. Wir wurden nicht geboren, um zu sterben, sondern um zu leben und ewig zu leben. Beklagen wir doch nicht die Flüchtigkeit der Zeit, das Leben hört ja nicht auf, die Zeit hört nur auf (die nur ein beständiges Gleiten der Zukunft in die Vergangenheit ist, ein Fließen dessen, was noch nicht ist in das, was nicht mehr ist), und dann kommt die Ewigkeit, die immer gegenwärtige Gegenwart, ohne Zukunft und Vergangenheit, ohne Ende, das Leben in ewiger Gegenwart. Fürchten wir doch nicht den Tod, wir sterben ja nicht, wir gehen nur in ein vollendeteres, wahreres, lebendigeres Leben über.

Wie eine Raupe, die in ihrem Kokon einschläft und dann, in einen Schmetterling verwandelt, wieder aufwacht.

»Ich sah einen neuen Himmel und eine neue Erde« sagt Johannes in der Offenbarung. Das Weltall stirbt nicht, es gibt kein »Ende« der Welt, sondern eine Erneuerung. Wenn es heißt, die Sterne werden vom Himmel »fallen«, so bedeutet das nur, daß es ein neues Weltall geben wird, einen Kosmos mit einer neuen Struktur. Und in dieser neuen Welt wird es auch ein neues Leben geben. Wir gehören zu diesem neuen Weltall, das sich noch im Werden befindet, und dessen erstes Samenkorn der auferstandene Christus ist. (»Der Erstgeborene unter den Toten« und »Die Erstlingsgabe der Auferstehung.«) Dieses Samenkorn wird aufgehen und sich vermehren, bis die neue Welt die alte ersetzt hat. (»Das Himmelreich ist wie ein Senfkorn . . .«) Die Materie wird neu erschaffen, in einer neuen, unvergänglichen Art, mit einer neuen nuklearen und zellularen Struktur, und der Mittelpunkt dieser neuen Welt wird Christus sein, und die ganze Schöpfung wird sich um Ihn drehen wie die Erde und die Planeten sich um die Sonne drehen.

»Die Stadt braucht auch nicht die Sonne noch den Mond, damit sie ihr scheinen, denn die Herrlichkeit Gottes erhellt sie, und ihre Leuchte ist das Lamm« (Offenbarung 21,23). Wenn wir uns mit Christus vereinigen, werden wir eins mit der Auferstehung und der Erneuerung des Weltalls und trinken an der wirklichen Quelle des Frühlings.

Die Zikaden, die 17 Jahre als Larven in der Erde eingegraben sind und dann plötzlich eines Frühlings auferstehn und singen, sind ein Symbol für die Auferstehung Christi und der unseren. Jeder neue Frühling ist ein Symbol dieser Auferstehung.

Sein wie Gott

»Ein Christ ist immer ein Pilger«, sagt Clemens von Alexandrien. Wir sind Touristen, die ein Land ohne allzu großen Schmerz verlassen, weil wir in die Heimat zurückkehren. Wir gehen nicht traurig aus dieser Welt wie Menschen, die ins Exil gehen, sondern fröhlich, wie Vertriebene, die wieder nach Hause können, wie Emigranten, die zurückkehren.
Für alle, die nicht an das ewige Leben glauben, sind die Freuden und Vergnügungen traurig, weil sie einmal ein Ende haben. Nur wer seine Hoffnung auf die Ewigkeit setzt, kann die irdischen Freuden von Herzen genießen, weil er in ihnen eine Ankündigung der Freuden sieht, die auf ihn warten. Er freut sich, daß die irdischen Freuden flüchtig sind und bald aufhören, weil er sich nach denen sehnt, die noch kommen.

»Jetzt sehen wir wie in einem Spiegel«, sagt Paulus, im Himmel aber werden wir von Angesicht zu Angesicht schauen und erkennen, wie wir erkannt worden sind. Jetzt können wir die Wesen im Mysterium ihres Seins nicht erfassen. Wir erfassen nicht, wie sie wirklich sind, wie sie von Gott erkannt und von Gott besessen werden. Unsere Sinne lassen uns nur ein Abbild wahrnehmen, eine Form, eine Farbe, einen Geschmack, ein Gefühl der Dinge, aber nicht die Dinge selbst.

Alles sind nur Eindrücke der Sinne, die von unserem Hirn zurückgespiegelt werden. Wie wird das wirkliche Schauen sein, wie werden sich unsere Freunde, alle Menschen unserer Umgebung, die ganze Welt verwandeln, wenn wir sie zum ersten Mal nicht als Sinneseindrücke wahrnehmen, sondern im Glanz dessen, was sie wirklich sind. Wir werden sie erkennen, wie Gott sie erkennt, und lieben, wie Gott sie liebt. Und auch Gott selbst werden wir erkennen, so wie Er uns jetzt erkennt, weil wir dann auch Gott »von Angesicht zu Angesicht« schauen werden und nicht, wie jetzt, reflektiert im Spiegel der Dinge. Und wenn wir Gott wirklich schauen, sehen wir auch gleichzeitig alle Dinge von Angesicht zu Angesicht, wie sie von Gott gesehen werden, wie sie wirklich sind.

Wir werden die Schönheit sehen, nicht die Schönheit, die sich in den Dingen widerspiegelt, sondern die Schönheit an sich, direkt und ohne Vermittlung der Dinge. Wir werden die Schönheit sehen und nicht schöne Dinge, wir werden ohne Schleier sehen, einfach schauen. Im Himmel sein heißt schauen und schauen und gleichzeitig auch lieben und lieben und lieben. Denn Sehen bedeutet Lieben und Lieben heißt Besitzen. Auch hier auf Erden haben wir Freuden kennengelernt, größere und kleinere, aber alle waren die Freude am Besitz. Die Dinge sind jedoch begrenzt, und die Freude an ihnen kann also nicht größer sein, als die Dinge selbst sind. Die Freude am Besitz Gottes aber ist wie ein unendliches Meer der Freude, ohne Grund und ohne Grenzen, wie ein Jubel, der immer brausender anschwillt bis über die Grenzen unserer äußersten Fähigkeit zur Freude hinaus.

Wir werden erkennen, wie wir jetzt schon von Gott erkannt sind. Wir werden Gott besitzen, wie wir jetzt schon von Ihm besessen werden, wir werden Herren Gottes sein, wie Gott jetzt schon unser Herr ist, wir werden Freude spüren wie Gott und

Gott sein, wie Gott Gott ist. Denn Gott sehen heißt Gott besitzen, und Gott besitzen heißt sein wie Gott. »Wir wissen aber, wenn Er erscheint, werden wir Ihm gleich sein, weil wir Ihn schauen, wie Er ist« (1. Joh. 3, 2).

Dann werden wir uns alle zum ersten Mal wirklich kennenlernen, und der Himmel wird eine Gemeinschaft der Liebe sein. Denn auf Erden kennen wir uns nur scheinbar. Auch zwei, die sich wirklich kennen und lieben, sind sich immer ein tiefes Geheimnis, sind im Grunde immer zwei Unbekannte. Und auch wir selbst sind uns unbekannt, sind uns immer ein Rätsel. Nur im Himmel können wir uns den anderen wirklich mitteilen, können unser inneres Wort weitergeben und brauchen nicht einmal eine Sprache dazu, weil eine vollendete Kommunikation der Liebe zwischen allen herrscht. Und es wird auch keine Zeit mehr geben, wie in der Offenbarung steht. Die Qual der Zeit, die vorübereilt, das Fest, das zu Ende geht, wird nicht mehr bestehen. Wir werden uns nicht mehr fragmentarisch in der Zeit erkennen, in diesem Fluß, der immer weiterfließt, sondern mit einem vollständigen Erkennen, mit der totalen Gegenwart aller, die wir lieben.

Unsere Rede hier wird augenblicklich vom Wind verweht, unser Lachen vergeht. Die Freude am Zusammensein, die zwei Liebende spüren, verflüchtigt sich in der Zeit wie Rauch im Wind. Aber im Himmel wird es weder Raum noch Zeit geben. Dann werden wir in Ewigkeit lieben, im ewigen Leben, in einem Leben, das Bewegung ist, aber doch nicht vorübergeht, in ewiger Gegenwart.

Dann gibt es auch die Qual des Raumes nicht mehr. Jetzt können wir nicht gleichzeitig mit allen zusammensein, die wir lieben, um bei den einen zu sein, müssen wir uns von anderen abkehren. Und dann gibt es so viele andere, die wir nicht einmal kennen und darum auch nicht lieben können. Die wir jetzt lieben, waren uns ja auch einmal unbekannt und fremd.

Im Himmel aber sind wir alle zusammen und erfreuen uns an der Gemeinschaft mit der ganzen Menschheit, mit denen, die wir hier undeutlich und unvollkommen lieben, und mit denen, die wir nicht lieben, weil wir sie nicht kennen. Und um wieviel intensiver mögen sich die lieben, die sich auf Erden schon liebten, gefangen zwischen den Zufälligkeiten von Zeit und

Raum! Alle Toten werden wir wiedersehen, und keine Menschenschönheit kann sich mit der Schönheit ihrer verklärten Leiber messen. Die Schönheit des menschlichen Körpers kann uns eine Ahnung vom Glanz der Auferstehung vermitteln, von dem, was der Himmel bedeutet. Novalis hat einmal gesagt, in gewissem Sinn sei einen menschlichen Körper berühren soviel wie den Himmel berühren. Aber die Schönheit altert. Die irdische Schönheit verhält sich zur Schönheit eines auferstandenen Leibes wie das Samenkorn zur Pflanze, wie Paulus sagt. Was kann uns also Geld, Erfolg oder Vergnügen bedeuten, wenn wir an den Himmel denken! Dann fürchten wir nicht den Tod, sondern wünschen ihn herbei. Dann beklagen wir nicht das Sterben unserer Lieben, sondern beneiden sie, weil wir auch dort sein möchten, wo sie jetzt sind. Wir wollen schnell alt werden und wünschen, das Leben möge bald vergehen. Zeit und Raum sollen ein Ende haben, die Enttäuschungen, die Ängste, die Mißerfolge, die Krankheiten, die Angst vor dem Tod und sogar die Freuden sollen bald vorüber sein.

Paradies, Leid

Gott stellte einen Engel mit einem Flammenschwert vor das Paradies, und von diesem Augenblick an wohnt in jeder irdischen Freude Traurigkeit, Angst und Überdruß.
Seitdem der Mensch aus dem Paradies vertrieben wurde, verzehrt er sich in der Hoffnung, es wiederzufinden. Die Kindheit, der Frühling, das erste Entdecken der Liebe sind Spuren, die vom Paradies zurückgeblieben sind, und auch die Tiere, die ihre Unschuld nicht verloren haben wie der Mensch, haben noch etwas vom Paradies.
Aber das Paradies findet man nicht in den Tropen, wie Kolumbus glaubte, und auch nicht in den »Tropenparadiesen«, die von den Reisebüros angepriesen werden. Das Paradies liegt nicht in Florida und nicht in Miami Beach, sondern auf Golgatha.

»Noch heute wirst du mit mir im Paradiese sein.« Der Dieb hatte zu Christus von dessen Königreich gesprochen: »Denk an mich, wenn du in deinem Königreich bist«. Christus aber antwortet ihm mit dem Wort »Paradies«. Er wollte damit sagen, daß Er gerade dabei war, die Tore des Paradieses für den Menschen wieder zu öffnen. Das war keine Metapher, denn sterbend am Kreuze hängen und mit einem anderen Sterbenden sprechen ist nicht der Augenblick, in Metaphern zu reden. Wer das Kreuz umarmt hat und die Schädelstätte hinaufgestiegen ist wie Christus, weiß ganz genau, daß das keine Wortspielerei ist.

Von dem Augenblick an blieb das Paradies für den Menschen offen, aber es liegt nicht in Vergnügungen und im Komfort, sondern im Leid.

Das Paradies ist die Vereinigung mit Gott. Die Versöhnung mit Gott verwandelt die Erde wieder in einen Garten Eden. Dort, wo Er und wir sind, ist Paradies, und die ganze Natur ist der herrliche Rahmen für unsere Vereinigung: der gestirnte Himmel, die Berge und die blühenden Apfelbäume. Die Natur ist nicht mehr feindlich für den, der in der Gegenwart Gottes lebt, denn er fühlt sich gefeit gegen alles Böse wie Adam im Paradies. Ohne die Gegenwart Gottes sieht sich der Mensch umgeben von Gefahren, er fühlt jederzeit, daß die Dinge ihn verletzen, zerdrücken, ersticken, zerstückeln, schlagen, beißen können. Wer aber in Gemeinschaft mit Gott lebt, der weiß, daß kein Blatt vom Baume fällt ohne Seine Zustimmung, daß alle Haare auf seinem Haupte gezählt sind und daß ihm kein geschaffenes Wesen etwas zuleide tun kann.

Für den, der in Gemeinschaft mit Gott lebt, ist alles wie von einem besonderen Licht verwandelt, und eine Quelle der Freude bricht aus allen Dingen des täglichen Lebens. Jeder Augenblick seines Lebens atmet Glück, eine Art Verzauberung verwandelt alles, was er anfaßt oder tut.

Das Paradies ist Liebe. Jeder Liebende war für kurze Augenblicke im Paradies, wer aber in der Liebe Gottes lebt, der lebt immer dort.

Auch die menschliche Liebe ist ein schwacher Schimmer der Ewigkeit. Es ist jedoch eine flüchtige Ewigkeit. Man sieht undeutlich die Ewigkeit durch diese Flüchtigkeit hindurchscheinen, denn das Leben Gottes ist auch Flüchtigkeit, aber eine ewige Flüchtigkeit, eine unendliche Gegenwart, die nie vorüber geht. Die menschliche Liebe ist eine flüchtige Ewigkeit, aber die Freude Gottes ist eine ewige Flüchtigkeit, weil die Ewigkeit Gottes nicht statisch ist, sondern ewiges Leben. Gott ist der Quell allen Lebens und aller Bewegung.

Die menschliche Liebe nahm ihre Sprache von der mystischen Liebe, wie Bergson sagt, und es war nicht die mystische Liebe, die ihre Sprache von der menschlichen Liebe nahm.

Heutzutage scheitern so viele Ehen, weil die Ehe fast wie diese mystische Liebe angesehen wird. Das moderne junge Mädchen geht mit der gleichen Erwartung in die Ehe wie die Nonne ins Kloster. Und von der kommerziellen Werbung wird das Familienleben dargestellt wie eine Art Paradies auf Erden. So erwartet man, der andere sei wie ein Gott und das Familienleben könne alle unsere Wünsche befriedigen. Der unendliche Durst im Menschen kann aber von keinem anderen Menschen, sondern nur von Gott gestillt werden.

Ruhm, Kenntnis

Wir alle haben den Wunsch, bekannt zu sein. Die Ameise arbeitet fröhlich vor sich hin, zufrieden mit dem kleinen Stück Schöpfung, das Gott ihr zugedacht hat. Sie will weder bekannt noch berühmt sein, sondern ist glücklich in ihrer Anonymität, in der Gott sie schuf und zufrieden damit, einfach zu existieren. Gott kennt sie, und das genügt. Wir aber spüren es, wenn unser Leben klein und unscheinbar ist. Wenn wir in der Welt nicht bekannt und anerkannt sind, ist das für uns fast so, als ob wir überhaupt nicht existierten.

Auch die Spinne in ihrem Netz fragt nicht nach Popularität. Eine Libelle gibt keine Autogramme, und doch ist ein Filmstar in all seiner Herrlichkeit nicht gekleidet wie sie. Der virginische Fink durchstreift die Wälder, er flieht vor jeder Öffentlichkeit und sucht seine Schönheit eher zu verstecken. Und das wilde Kaninchen verbirgt sich in den Feldern und ist glücklich über sein kleines Leben. Wir aber wollen beachtet sein, wollen kein unscheinbares Leben.

Tatsächlich bedeutet bekannt sein, lebendig sein, und daher ist unser Hunger nach Ansehen verständlich. (Und wenn wir nicht angesehen sind, fühlen wir uns wie Schatten.)

Glorie heißt auch Ruhm, und die Glorie des Himmels ist das gleiche wie menschlicher Ruhm, nämlich bekannt sein. Aber der menschliche Ruhm ist ein falscher Ruhm, ein falsches Berühmtsein, denn die Menschen, die uns kennen, sind ja selbst nicht mehr als wir, und ob wir nun bei ihnen angesehen sind oder nicht, hat überhaupt keine Bedeutung für unser wirkliches Sein. Wenn wir ein unscheinbares und unbekanntes Leben in dieser Welt führen, sind wir weder weniger noch mehr als die, die ihr Ansehen ihrem Manager verdanken, die ihren Namen täglich auf den Titelseiten der Zeitungen sehen und Radio- und Fernsehinterviews geben.

Unsere wirkliche Existenz besteht darin, bei Gott bekannt zu sein. Je bekannter wir Gott sind, desto mehr sind wir. Und wenn Gott uns nicht kennt, existieren wir auch nicht, denn Gott *kennt alles.* Nur das Böse ist Gott unbekannt, denn Er ist unendlich unschuldig.

Darum wiederholte der heilige Franz von Assisi so oft: »Ich bin nur der, der ich vor Gott bin.« Durch Christus wissen wir, daß Gott den, der nicht im Himmelreich aufgenommen wird, mit den Worten abweist: »Ich kenne dich nicht«.

Wir sehnen uns nach Ruhm und Ansehen, weil wir dunkel ahnen, daß wir nicht wirklich existieren, wenn wir nicht im Bewußtsein irgendeines Menschen oder irgendeiner Macht außerhalb unserer selbst existieren. Wir fühlen, daß Unbekantsein so viel bedeutet wie Nicht-Sein. Das Ansehen bei den Menschen macht uns jedoch nicht unsterblich, denn alle anderen sind ja genauso vergänglich wie wir und wollen sich ihrerseits genauso wie wir im Bewußtsein eines anderen widergespiegelt sehen, um nicht als Schatten zu existieren. Unsere

Wirklichkeit hängt also im Grunde von anderen Schatten ab. Wir glauben, wir seien wirklich und sehen uns doch nur in der Unwirklichkeit der anderen widergespiegelt. Wir sind also Schatten von Schatten. Und darum ist aller menschlicher Ruhm eitel Schall und Rauch.
Das ewige Leben bedeutet auch erkennen. »Ich werde erkennen wie ich erkannt worden bin.« Der Himmel ist Sehen, Betrachten und Schauen. »Unser Preis wird das Sehen sein«, sagt Augustinus. Denn Sehen und Verstehen und Wahrnehmen heißt Besitzen. Das ist das »Erkennen« im biblischen Sinn. Sehen bedeutet Empfangen. Wie wir mit den Augen und den übrigen Sinnen die ganze Wirklichkeit, die uns umgibt, in uns aufnehmen, so sehen und empfangen und besitzen wir auch Gott. »Wir wissen aber, wenn Er erscheint, werden wir Ihm gleich sein.«
Die Seele ist vor allem wie ein Spiegel und darum in sich selbst nicht viel wert, wie der Spiegel, der nur ein Stück Glas ist. Erst die lächelnde Schönheit, die er widerspiegelt, macht ihn wertvoll. Die Schönheit der Seele ist die Schönheit Gottes, die sich in ihr widerspiegelt. Eine Seele ohne Gott ist daher wie ein Spiegel ohne Wiedergabe, ein leerer Spiegel, also eigentlich etwas, das gar nicht existiert.
Der Mensch hat von sich aus einen Durst nach Wissen, nach Erkennen und Besitzen, das ist der Durst nach Gott. In allen Dingen suchen wir die Erkenntnis Gottes: in allen Reisen, in der Wissenschaft, in den Büchern, in der Liebe. Dieser Wissensdurst in uns wird nur gestillt, wenn wir Gott schauen. Therese von Lisieux freute sich auf den Himmel, weil sie dort alles verstehen würde, den Wind, die Blumen und die Vögel.
Wissen, wissen, wissen.
In der Ewigkeit werden wir aber nicht nur die beschränkte Wirklichkeit, die durch unsere fünf Sinne in uns eingeht, kennenlernen, sondern die ganze Wirklichkeit, so wie sie tatsächlich ist, mit dem »Erkennen« im biblischen Sinn, im liebenden Besitzen.
Cesar Vallejo hat das einmal so ausgesprochen: »Auch die ungeküßten Küsse werden euch gegeben werden.«

Evolution

Die Bienen geben uns Honig, und die Seidenraupen kleiden uns; der eigentliche Sinn der Pflanzen und Tiere ist aber nicht, den Menschen zu kleiden und zu nähren oder ihm indirekt durch andere Tiere zu nützen, sondern ihm durch die lange Kette der Evolution das Leben selbst übermittelt zu haben. Die Natur ist ein Teil des Menschen und dazu ausersehen, gleichzeitig mit uns an der Auferstehung teilzunehmen. Die vor 500 Millionen Jahren versteinerten Trilobiten starben nie wirklich aus, sondern gaben unserem Körper ihr Leben weiter und leben also praktisch noch in uns und erwarten mit uns die Auferstehung.

Der Mensch ist solidarisch mit der ganzen Schöpfung. Als Adam sündigte, wurde die ganze Natur seinetwegen mitverdammt. »Verdammt sei die Erde deinetwegen«, sagte Gott. Als Gott bereute, den Menschen erschaffen zu haben und die Sintflut schickte, bereute Er gleichzeitig die Erschaffung der ganzen Natur: »Ich werde vom Antlitz der Erde auslöschen den Menschen, den ich schuf und mit ihm die Säugetiere, die Reptile und die Vögel des Himmels . . .«

»Durch den Menschen«, heißt es in der Genesis, »kam die Gewalttätigkeit auf die Erde, und alle Kreatur wurde verderbt auf dem Erdkreis.« Als Gott dann mit Noah einen neuen Bund schloß und als Zeichen den Regenbogen einsetzte, versöhnte Er sich auch mit der ganzen Natur. Auf die gleiche Weise umfaßt der neue Bund Christi nicht nur die Menschen, sondern alle Kreatur. Nach Seiner Auferstehung sagte Christus zu den Aposteln, sie sollten das Evangelium *aller* Kreatur predigen, nicht nur den Menschen. Und darum schreit alle Kreatur mit uns in Geburtsschmerzen und erwartet mit uns die Auferstehung.

Durch die biologische Evolution sind wir mit allen Wesen der Erde verbrüdert, und unsere Auferstehung wird einfach ein weiterer Schritt, der letzte, dieser Evolution sein. Christus ist der erste Entwurf dieser neuen »biologischen« Ära oder, wie Paulus sagt, »der Erstgeborene« und »die Erstlingsgabe der Auferstehung«. Unsere Auferstehung ist eine weitere Metamorphose. Alle anderen Metamorphosen des Lebens vom Präkambrium und Kambrium an über das Silur und Devon und Karbon und Perm bis zur heutigen Zeit helfen uns, diese neue und letzte Umwandlung zu verstehen. (Paulus sagt, es genüge schon, wenn wir die Verwandlung, die ein Weizenkorn durchmacht, verstehen.)

Alle Geburt ist schmerzhaft, weil sie auch eine Art Sterben ist. Das Heraustreten aus dem mütterlichen Schoß bedeutet für das Kind das Aufhören seiner früheren Existenz, seines behaglichen embryonalen Zustandes, und darum tritt es mit einem Schrei ins Leben.

Alle Stufen des Wachstums sind weitere schmerzhafte Tode, durch die jeder von uns hindurch muß.

»Es sei denn, daß das Weizenkorn in die Erde falle und ersterbe, so bleibts allein, wo es aber erstirbt, so bringt es viele

Früchte.« Und wenn die Zelle sich nicht teilt, bleibt sie allein, wenn sie sich aber teilt, bringt sie viele Frucht.
Das ganze Weltall ist wie ein Weizenkorn und wartet, wie ein Kind im Mutterleib, auf seine Geburt. Darum heißt es, »die Kreatur seufzt in den Schmerzen der Geburt«.
Auch unsere Wiedergeburt ist schmerzhaft, wir möchten ihr widerstehen, denn wir fühlen uns so behaglich in der Enge unserer gegenwärtigen Welt, wie in der Dunkelheit und Wärme des mütterlichen Leibes. Wir schlafen eher, als wir leben und wollen nicht geboren werden, nicht ins Leben hinaustreten. Der Prozeß des Lebens läßt sich aber nicht aufhalten; wenn wir nicht geboren werden, sterben wir. Christus sagt zu Nikodemus: »Wer nicht wiedergeboren wird, kann nicht in das Himmelreich eingehen.«
Christus ist der Erstgeborene dieses neuen Lebens, der »Erstgeborene unter den Toten«. Das leere Grab am Ostersonntag ist wie der Leib, aus dem der erste Sohn geboren wurde. Ein Teil unserer Materie (Kalk, Eisen, Phosphor, Kalium) sind bereits aus dieser Welt ausgetreten und gehören schon zur neuen Schöpfung. Als das Grab am Ostersonntag leer blieb, entstand ein Stück Leere in der Materie des Universums.
Das alles ist ein natürlicher biologischer Prozeß, der ganz klar in diesem Gleichnis beschrieben ist: »So ist es mit dem Gottesreich, wie wenn ein Mann den Samen übers Land wirft. Er schläft und wacht wieder auf, so Nacht für Nacht und Tag für Tag. Und die Saat sproßt und wächst, wie, weiß er selber nicht. Von selber trägt die Erde Frucht: Saatgrün zuerst, dann Ähren und dann in den Ähren volles Korn. Läßt es die Frucht zu, so legt er sogleich die Sichel an: die Erntezeit ist da.«
Die Ernte kommt früher, als wir denken. Der Prophet Amos sagt, daß in jenen Tagen der, der pflügt, den Schnitter schon hinter sich sieht.

Vermenschlichung der Menschheit

Christus hat uns in vielen Gleichnissen erklärt, daß das Himmelreich ein Evolutionsprozeß ist: ein Weizenkorn, ein Same, der ins Land gesät wird, Hefe, die eine Frau in den Teig knetet, oder ein Senfkorn, das kleinste aller Samenkörner, das später als Baum alle Pflanzen überragt und in dessen Zweigen die Vögel des Himmels nisten.

Man kann annehmen, daß Er Vergleiche aus der Natur und aus dem täglichen Leben nahm, um uns zu zeigen, daß das Himmelreich dem gleichen Prozeß der Natur und der gewöhnlichen Dinge angehört. Gleichzeitig wollte Er auch damit sagen, daß das Himmelreich ein langsamer Prozeß ist, so langsam wie die Entstehung der Sterne durch Millionen und

Billionen von Jahren hindurch und wie die Entstehung der Erde durch lange geologische Zeitalter, währenddessen sich das Himmelreich schon langsam auf der Erde formte.

Das Weltall ist nicht nur aus Raum, sondern auch aus Zeit geschaffen, oder aus Raum, der Zeit ist. Wenn wir die Augen zu den Sternen erheben, sehen wir nicht nur durch den Raum hindurch, sondern auch durch die Zeit. Wenn wir im Teleskop weit entfernte Sterne betrachten, weicht nicht nur der Raum zurück, sondern auch die Zeit, denn was wir sehen, liegt viele Äonen zurück.

Diese Ausdehnung der Zeit im ganzen Weltall ist ebenfalls wie ein Gleichnis vom Himmelreich. »Wenn ihr nur soviel Glauben hättet wie ein Senfkorn ...«, sagt Christus. Und wir wissen ja, daß in einem Senfkorn der ganze Senfbaum mit eingeschlossen ist. Auch die ganze biologische Evolution war in der ersten Zelle eingeschlossen. Wir haben nur die Samen, unscheinbare kleine Körner. Glauben heißt, ein Häufchen häßlicher, verschrumpelter, trockener Samenkörner in der Hand halten.

In diesen Gleichnissen von den Samenkörnern liegt ein tiefer Sinn: Die Samen gehören auch zum gleichen Stammbaum der Evolution. Wir stammen von ihnen ab oder sind vielmehr eine spätere Entwicklungsstufe dieser Samen. Zusammen mit allen anderen Lebewesen der Tier- und der Pflanzenwelt bilden wir einen gleichen Stammbaum des Lebens. Das Himmelreich ist nicht nur *wie* ein Samenkorn, es *ist* ein Samenkorn. Eine erste Zelle fing an, sich zu teilen und zu vermehren und formte so zuerst den Weizen und den Senfbaum, danach den Menschen und im Innern des Menschen – eingeschlossen wie die Pflanze im Samen – das Himmelreich. Und genauso wie das Weizenkorn und das Senfkorn und jede Zelle sich teilen muß, um sich vermehren zu können, so muß auch der Mensch erst sterben, damit der wirkliche, vollständige Mensch, der mystische Körper geformt werde, bis »der Leib Christi seine volle Größe erreicht hat«, wie Paulus sagt. Und in diesem mystischen Körper sind alle Lebewesen eingeschlossen, unser ganzer Stammbaum, wie die Vögel des Himmels, die im Wipfel des Senfbaums nisten. Denn das Himmelreich ist Evolution, eine biologische Fortsetzung des Mineralreiches und des Pflanzenreiches und des Tierreiches und auch der Menschenreiche. Es ist

die Sozialisierung der Menschheit oder die Vermenschlichung der Menschheit, wie Teilhard de Chardin sagt.
Die Juden stellten sich unter dem Himmelreich ein irdisches Reich vor und hatten auch Recht damit, denn das Himmelreich ist auch irdisch, ist das auf Erden begründete Himmelreich, und darum bitten wir im Vaterunser, daß es zu uns kommen möge.
Das Himmelreich ist ein Reich oder – wie wir heute sagen würden – eine Republik, eine soziale Ordnung. Das Himmelreich ist sozial, eine ecclesia (Gemeinschaft der Gläubigen), ein geistiger Marxismus. Die Juden irrten sich aber, genauso wie die Marxisten heute, wenn sie dachten, das Himmelreich wäre eine der Regierungsformen, wie sie hier auf der Erde üblich sind. Denn Christus sagte zu Pilatus: »Mein Reich ist nicht von dieser Welt.« Es ist also anderer Art. Zu seinen Aposteln sagte Er: »Die Könige der Heidenvölker wollen über sie den Herrn spielen, ihre Mächtigen lassen sich ›Wohltäter‹ nennen. Bei euch soll es aber nicht so sein. Vielmehr der Größte unter euch soll wie der Jüngste werden und der Vorsteher wie der Diener.« Es handelt sich also um eine umgekehrte Ordnung. Das Himmelreich ist ein Reich ohne Untertanen, ein demokratisches Reich oder, wie Petrus sagt, »ein Reich von Königen«.
Jesaja hat uns dieses Reich wie eine wirkliche Sozialordnung angekündigt, die wir Menschen hier auf Erden realisieren sollen. »Der Wolf ist beim Lamm zu Gast, der Panther lagert bei dem Böcklein, und Kalb und Löwe fressen miteinander. Ein kleiner Knabe treibt sie aus, und Kuh und Bär befreunden sich und werfen beieinander ihre Jungen, und Stroh frißt gleich dem Rind der Löwe« (Jesaja 11, 6–8).
Christus kam auf die Erde, um diese Sozialordnung hier einzusetzen. Im Kleinen existieren solche Reiche in einigen christlichen Gemeinschaften, in Klöstern zum Beispiel, aber unter so künstlichen Bedingungen wie in einem Laboratorium. In den Klöstern wird die Gesellschaftsordnung der Zukunft ausprobiert, aber Christus wollte Sein Reich nicht nur unter Laboratoriumsbedingungen einsetzen. Seine Regierungsform sollte die gleiche an allen Orten, in allen Völkern, in der ganzen menschlichen Gesellschaft sein. Die Kirche ist die Menschheit. Und unsere Kirche heute ist das kleine, unscheinbare Samenkorn dieser Menschheit.

In all diesen Gleichnissen – vom Hausvater, von der Hefe, vom neuen Wein – will Christus uns verständlich machen, daß das Himmelreich ein Naturprozeß ist, ein Prozeß des ständigen Werdens und Vergehens, das aller Natur eigen und das auch ein Gesetz des Lebens ist: Tradition und Revolution, Abenteuer und Ordnung, Neu-Erfinden und Am-Alten-Festhalten. Das Samenkorn stirbt und wird neu geboren, die Jahreszeiten kommen und gehen, die Menschen werden geboren und sterben, das ganze Leben ist eine immerwährende Erneuerung.

Weltall, Mensch

Wenn wir uns in einer sternenklaren Nacht in die Unendlichkeit des Weltalls vertiefen (unsere Milchstraße hat 300 000 Millionen Sterne; es gibt Sterne, die so hell wie 300 000 Sonnen sind und 100 Millionen Milchstraßen im erforschbaren Weltall), dann sollten wir uns nicht klein und unscheinbar fühlen, sondern uns vielmehr gerade unserer Größe bewußt sein. Denn der menschliche Geist ist unendlich viel größer als alle Welten, weil er sie verstehen und in sich aufnehmen kann. Die Welten dagegen können den Menschen nicht begreifen. Sie sind aus einfachen Molekülen zusammengesetzt wie der Wasserstoff, dessen Moleküle nur aus einem Kern und einem Elektron bestehen. Der menschliche Körper aber besteht aus vielen komplizierten Molekülen, und vor allem hat er ein Leben, dessen Vielfältigkeit über die molekulare Welt hinausgeht.

Der Mensch hat ein Gewissen und kennt die Liebe. Wenn ein Verliebter sagt, die Augen seines Mädchens glänzten heller als tausend Sterne, so hat er tatsächlich recht damit, auch wenn Sigma des Dorado 300000mal heller als die Sonne ist. Denn aus diesen Augen strahlt das Licht der Intelligenz und der Liebe, und einen solchen Glanz haben weder Sigma des Dorado noch Alfa der Leier noch Antares. Und wenn der Radius des Universums auch 100 000 000 000 Lichtjahre umfaßt, irgendwo ist er doch einmal zu Ende. Der elendste aller Menschen ist größer als das ganze Universum, seine Art von Größe geht über die Masse bloßen Rauminhalts hinaus. Denn das ganze materielle Weltall kann zu einem kleinen Punkt im Hirn eines Menschen zusammenschrumpfen.

Und diese Welten sind stumm. Wohl loben sie Gott, aber unbewußt, und ohne es selbst zu wissen. Wir aber sind die Stimme dieser Welten und ihr Gewissen. Auch zur Liebe sind sie nicht fähig, wir aber sind in Liebe verwandelte Materie.

Unser Begreifen trennt uns jedoch nicht von diesen Welten. Wir selbst sind dieses unermeßliche Universum, sein Gewissen und sein Herz. Wir sind das grenzenlose Weltall, das fühlt und denkt.

Denn die Seele vervollständigt das Universum, wie Platon sagt, sie wurde geschaffen, damit das Weltall einen Intellekt habe. Der Mensch ist die Krone der sichtbaren Schöpfung, es geht also nicht an, ihn unscheinbar und niedrig zu heißen (»gemeiner Erdenwurm«), denn das würde ja bedeuten, wir fänden das ganze Werk Gottes unscheinbar und niedrig.

Wenn wir also in einer sternenklaren Nacht die Unermeßlichkeit des Weltalls bedenken, wird diese Unermeßlichkeit noch viel größer, wenn wir uns gleichzeitig auch in unsere eigene Seele vertiefen. Das Weltall sind wir selbst – da betrachtet also das Weltall das Weltall.

Wir sind das Gewissen des Universums. Die Fleischwerdung des Wortes in einem menschlichen Körper ist gleichzeitig seine Fleischwerdung im ganzen Weltall.

Denn auch die Teile des Weltalls stehen untereinander in Verbindung. Das Kalzium unseres Körpers ist auch im Meer enthalten. Wir haben es aus dem Meer mitgebracht, denn unser Leben entstammt dem Meer. Und das Kalzium unseres Körpers und des Meeres ist auch in den Sternen und in den interstellaren Ozeanen, aus denen die Sterne hervorgegangen sind, vorhanden. Die Sterne sind eine Konzentration der schwachen Materie der interstellaren Räume und sind aus ihnen hervorgegangen wie wir aus dem Meer. In Wirklichkeit sind die interstellaren Räume und die Räume zwischen den Milchstraßen ja auch nicht leer. Das ganze Weltall besteht aus der gleichen Materie, die nur mehr oder weniger verdünnt oder konzentriert ist, so daß der ganze Kosmos eigentlich ein einziger Körper ist. Die Elemente von den Meteoriten, die von den entferntesten Sternen kamen (Kalzium, Eisen, Kupfer und Phosphor), sind die gleichen wie die unseres Planeten und wie die unseres Körpers. So sind wir praktisch aus Sternen gemacht oder, wie man auch sagen könnte, das ganze Weltall besteht aus unserem eigenen Fleisch. Als das Wort Fleisch wurde und unter uns wohnte, hätte es mit Adam von der ganzen Natur sagen können: »Das ist Fleisch von meinem Fleische und Knochen von meinen Knochen.« Im Leib Christi ist wie in unserem Leib die gesamte Natur mit eingeschlossen. Wir alle sind der Mystische Leib Christi und die ganze Schöpfung mit uns.

In unserem Körper vereinigen sich alle lebendigen Tiere und alle Fossilien, alle Metalle und die gesamten Elemente des Universums. Der Bildhauer, der einen Stein behaut, besteht aus der gleichen Materie wie der Stein. Er ist das Gewissen des Steins, und der Stein ist auch der Künstler, ist Materie plus Seele. Wenn ein Mensch Gott liebt und sich mit Ihm vereinigt, schließt sich ihm die ganze Schöpfung mit ihren drei Reichen – dem Mineralreich, dem Pflanzenreich und dem Tierreich – an und liebt Gott mit ihm.

So ist die Natur für den Christen heiliger, als sie es je für den heidnischen Pantheismus war. Wir sind mehr als Pantheisten, das Christentum geht weiter als aller Pantheismus, und die Fleischwerdung des Wortes geht über alles hinaus, was sich pantheistische Philosophen je träumen ließen.

Unsere Körper sind heilig. Sie sind Tempel, wie Paulus sagt. (Und für den Juden gab es nichts Heiligeres als den Tempel.) Und alle Materie hat Teil an der Heiligkeit unserer Körper. Gregorius Magnus nennt die ganze Schöpfung einen Tempel. Der Baum, die Steine, die Eidechse und das Kaninchen, die Kometen und die Sterne sind heilig durch uns.

Das ewige Fest

Die Natur kommuniziert ständig mit sich selbst. Und Kommunion heißt Essen und sich zum Gegessenwerden hingeben. Das Essen ist die Kommunion des Lebens. Und Essen ist eine prosaische Sache. Der Schöpfer wollte, daß wir uns, um zu leben, von anderen Lebewesen ernähren sollten. So sollten alle Lebewesen in ständiger Verbindung miteinander stehen. Wir sollten nicht unabhängig voneinander sein und uns selbst genügen, sondern ständig andere Lebewesen in uns assimilieren und durch diese Assimilation in steter Verbindung mit dem ganzen Kosmos stehen. Die Kieselalgen werden gefressen vom Kopffüßer und der Kopffüßer vom Hering, der Hering vom Tintenfisch und der Tintenfisch vom Barsch. Und wenn der

Barsch stirbt und zum Detritus wird, dient er wiederum den Kieselalgen zur Nahrung, oder er wird vom Menschen gegessen, und der Abfall (Detritus) des Menschen ernährt die Kieselalge. Leben und Tod ist ein und dasselbe, und das Leben wird immer wieder aus sich selbst wiedergeboren. Es fällt uns schwer, uns die Auferstehung des Fleisches vorzustellen, weil unser Fleisch ja inzwischen Fleisch von anderen Lebewesen geworden ist und durch diese von wieder anderen. Aber gerade in dieser Tatsache sehen wir ja jetzt schon unsere Auferstehung. In welchem Körper erleben wir dann also unsere Auferstehung? Wir auferstehen in allen Körpern und in allen Altern, oder besser gesagt, in einem einzigen Körper mit vielen Altern, in dem wir alle eingeschlossen sind, einer im anderen, wie Kinder im Mutterleib. Nur die Verdammten gehören nicht zu diesem Körper, darum ist die Verdammnis eines Menschen die Verstümmelung des Mystischen Leibes. Paulus sagt, alle Kreatur – auch die Pflanzen und Tiere – seufzt und erwartet die Auferstehung unseres Leibes. Und darum genügt es, wenn ein einziger Leib aufersteht, damit alle anderen gleichzeitig mit ihm auferstehen. So genügt es, daß Christus auferstanden ist – der Erstgeborene unter den Toten –, daß die ganze Schöpfung mit Ihm aufersteht.

Christus hat nicht nur die menschliche Natur erlöst, sondern die gesamte Schöpfung. Auch das Brot und der Wein und das Wasser wurden erlöst, die ganze Materie wurde heilig durch Ihn. Die Vögel und die Fische haben teil an der Heiligkeit Christi und an unserer Heiligkeit.

Wenn wir mit Christus kommunizieren, kommuniziert der ganze Kosmos mit Christus. Die Mayas glaubten, der Mensch sei aus Mais. Ihnen war diese geheimnisvolle Kommunion also bewußt. Und die Opfergaben der Mayas und aller heidnischen Eucharistien waren ein unbewußtes und unvollständiges Teilnehmen an dieser kosmischen Kommunion, an diesem Mystischen Körper. Gott hat den Juden durch den Mund des Propheten Malachias gesagt, auch andere Völker brächten Gott reine Opfer dar. »Vom Sonnenaufgang bis zum Niedergang ist groß mein Name bei den Heiden, so wird an jedem Orte meinem Namen dargebracht ein Räucherwerk, ein reines Speiseopfer. Groß ist mein Name bei den Heiden, so spricht der Herr der Heerscharen« (Malachias 1, 11).

Christus wählte Brot und Wein für die Eucharistie, weil das die Grundnahrungsmittel des Mittelmeerraumes waren (der Weizen ist noch heute das meistangebaute Getreide auf der Erde). Sie stehen aber für alle Früchte, für Mais und Kakao und Tabak und Kartoffeln und Zuckerrüben. Und jede Frucht ist ein Inbegriff des Kosmos, ist ein Stück eßbares Weltall. So vertreten also Brot und Wein des Abendmahls das ganze Weltall. Sie vertreten auch unseren Körper, denn auch unser Körper ist Frucht, wir sind diese verdauten Früchte, in Körper verwandelt. Unser Fleisch und Blut sind Brot und Wein. Und wenn sich Brot und Wein in das Fleisch und Blut Christi verwandeln, so verwandelt sich unser Leib in Christi Leib.
Alle Lebewesen bewegen sich im gleichen kosmischen Rhythmus. Die Rotation der Atome und unsere Blutzirkulation, der Saft der Pflanzen und die Gezeiten des Meeres, die Phasen des Mondes, die Drehung der Sterne in den Galaxien und die Bewegung der Galaxien selbst, alles bewegt sich im gleichen Rhythmus, alles ist ein Lobgesang des Kosmos. Alle Naturgesetze, sagt das Buch der Weisheit, sind wie die Saiten eines Psalters. Der Chorgesang der Mönche, die Liturgie des Kirchenjahres, das Leben und der Tod (auch Christi Leben und Tod), alles nimmt teil an diesem kosmischen Rhythmus, wie das Leben des Menschen teilnimmt an der Bewegung des Meeres und der Sterne, an der Fortpflanzung der Tiere und der Sterne. Auch die heidnischen Feste, im Rhythmus der Ernten und Jahreszeiten, nehmen den Menschen in diesen kosmischen Rhythmus auf, auch wenn ihn der moderne Mensch in den Städten fast verloren hat. Denn dieser Rhythmus ist Religion. Wie die Austern in ihrer Fortpflanzung von den Gezeiten des Meeres abhängig sind und der Palolowurm der Südsee von den Phasen des Mondes, so hängt der Mensch von den Rhythmen und liturgischen Zeitkreisen ab. Denn die Religion, sagt die Bibel, gibt dem Menschen sein Gleichmaß. Und darum ist das Leben in New York so schrecklich monoton. Darum ist alle Religion katholisch – das heißt allgemein –, weil sie nicht nur die Religion aller Menschen, sondern auch die Religion des ganzen Universums ist. Unsere christliche Religion umfaßt alle Mollusken und alle Sterne und auch alle anderen Religionen. Sie umfaßt mehr als das, was im konventionellen Sinn Religion genannt wird, sie schließt den ganzen

Menschen ein, mit seiner Dichtung und Kunst, mit seiner Folklore und seinen Tänzen, mit Saat und Ernte, mit dem Wachstum der Pflanzen und der Tiere und mit der Liebe zwischen Mann und Frau; und außerhalb dieser Religion gibt es keine Rettung.

Das ganze Weltall ist Gesang: Lobgesang und Festgesang und Hochzeitsgesang (»... ein König bereitete seinem Sohn ein Hochzeitsmahl«). Wir sind noch nicht im Festsaal angelangt, wir sind aber eingeladen und sehen schon die Lichter und hören schon die Musik. »Um Mitternacht erscholl der Ruf: ›Der Bräutigam! Auf, geht ihm entgegen‹« (Matth. 25, 6). Johannes der Täufer kündigt uns Seine Ankunft an mit den Worten: »Wer die Braut hat, ist Bräutigam, der Freund des Bräutigams indes steht da und hört ihn und freut sich herzlich ob der Stimme des Bräutigams« (Joh. 3, 29).

Die Liturgie ist die tägliche Erinnerung hier auf Erden und hier in der Zeit an dieses Hochzeitsmahl, das in der Ewigkeit seinen Anfang nahm. Für die Kirche sind darum alle Tage des Jahres Festtage, und in der Liturgie wird jeder Tag »feria« Fest, genannt. Jeder Tag des Kalenderjahres und des Kirchenjahres ist für uns ein Bild dieses ewigen Festes, das kein Ende hat. Und unser Lobgesang, zusammen mit dem Lobgesang der Sterne und der Atome, ist der gleiche Lobgesang, den die Engel und vielleicht auch andere unzählbare Menschheiten und andere unzählbare Planeten singen. (Es ist möglich, daß sich das Buch Hiob, wenn es von Morgensternen spricht, auf denen die Söhne Gottes jauchzen und frohlocken, auf diese Planeten bezieht.)

Wir warten hier noch in der Dunkelheit der Nacht auf die Ankunft des Bräutigams, wir sehen aber schon ein Licht in der Ferne und hören einen Lobgesang in der Nacht.